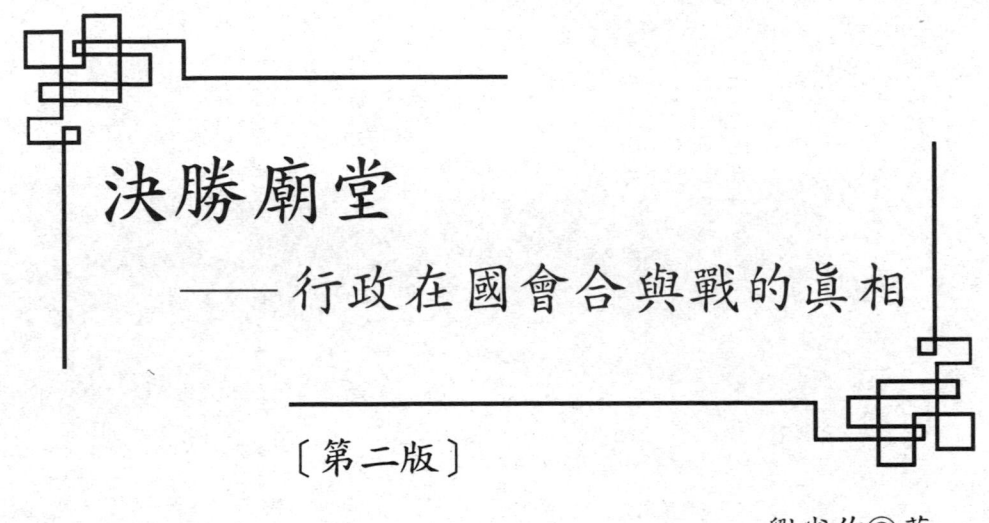

決勝廟堂

——行政在國會合與戰的真相

〔第二版〕

劉省作◎著

紅塵浪裡，隨緣自在

坊間，描述或探討國會的文章，可謂汗牛充棟。其中，學界多以探究國會的制度、架構，並與民主先進國家類比為主；媒體則以單一事件，或極少數人之一時表現，用以臧否國會；間亦或述及行政與立法互動的各種情況。而《決勝廟堂》可以說是國內第一本持平的從行政的角度為出發點，以行政部門間之部（府）際關係、各級政務領導與公共管理者間之領導互動因素、加上影響法案及政策極深遠的各社團、企業甚或公部門自身所形成的利害關係團體等三大要素，從三個國會實務案例之修、立法過程與結果，有本有源的引證出國會運作的全豹。更難得的是，作者獨創的「魚骨圖」，將國會整體環境與運作有關之場域、人、事等，清楚簡潔地呈現；配合洗鍊的文字、流暢的敘述，使本書成為有志於瞭解國會及其運作者，極佳的一本入門書。

認識省作將近二十年。從在警總擔任國會聯絡人、到衛生署、國家衛生研究院、迄今在中央健康保險局擔任國會聯絡室主任，他一貫的誠懇與務實、熟悉業務職掌、盡心耐煩地服務立委及民眾、細膩且周到的處世態度等，在在均獲得本院同仁的讚賞。而以他逾十八年無間斷的國會歷練，卒能以親身所見，將國會運作較為艱難且複雜度較高的中央健康保險局在國會運作之種種，在不涉及人事臧否之情況下，藉淺顯的理論，輔以國會相關文獻，還原國會運作之真相。此非有嫻熟的國會運作經驗、及足夠的參贊機要深度、與細膩堅韌之願力，將難以竟其功。渠處於大社會縮影的國會，以不懈的精神，隨緣自在的揮灑，用臧取捨之間，倍覺其可貴。

國會議員，來自社會各個階層與行業，背負著沉重的選民壓力。此所以合議制的國會議事，主要即在調處各種不同的意見，及拉近國

家有限資源的合理配置。以「兩性工作平等法」案之立法而言，講究倫理的行政部門為整合內部之意見，即花了五年的時間，才推出草案；甚且臨出門前，為了草案名稱之更改，行政院院會還因此再延了一次院會時間。反觀立法院在本案之表現，在沒有行政院版草案及法案屆期不連續之影響外；於有效利用政黨協商的機制下，前後不過二年的時間，即將全案完成三讀。顯見國會議事自有其步調，不容任何人惡意汙衊。

　　其次，就「軍人納保案」之健保法修正案而言，在沒有行政院版草案的情形下，本院相關委員同仁的主動提案，配合行政部門的協調運作，亦得以逕付二讀方式，完成三讀修法。另外，在「擴大費基案」的健保法修正案中，從行政院版函送本院、付委、併委員提案審查、院會審查、交付政黨協商、以迄完成二、三讀。於字裡行間，俱見相關行政部門之用心與本院同仁為選民付託所做的努力。雖說行政部門對其結果或未盡滿意，而政治的本質原就是在「妥協」；何況國會合議之精神，本在獲致最大多數立委的支持與同意。因此，行政部門的掌握時效，適時迴旋，某種程度言，即是創造了兩院良好互動的一個案例。

　　從上述之三個案例中，吾人可以瞭解，行政部門由於部（府）際的既競爭又合作的關係，與資源的有限性，所以在國會有關修、立法及預算案之審查，皆需要各該行政部門之首長，善自體會國會文化，自發且積極地尋求國會的支持，才可能實現自助人助的政策願景。若一味以為法案函送至國會，即是立法院的事；甚或以「立法不力」相繩，則相關人員，顯然有所誤解於兩院之互動精神，也低估了行政部門間之矛盾與衝突本質。仔細琢磨本書，您將有所體悟。

　　國會的遭致誤解，非始自今日。以會期之有限時間，要完成動輒近千件的法案提案之審查，是有其先天之限制；何況其間尚需扣除預（決）算案之審查相關的時程。因此，使所有關心國會運作的人，皆能認識行政部門在國會運作的實況，並從國會運作之結果，理解國會監

督行政天職的貫徹和作爲，此對民主素養之提升與兩院互動之和諧，
或將有所助益。

　　曹丕先生在其傳世之作《典論論文》中，述及：「蓋文章，經國
之大業，不朽之盛事。……」面對國內政局之起伏，文官體系的穩定
與國會的發揮監督力量，乃是非常重要的功能。《決勝廟堂》一書，
以案例舉隅方式，細數國會運作之各種具代表性之情況；且從觀念上
正視行政、立法互動應有的態度與作法，寫前人之所未書。見微知
著，對於有志於民代或政治、行政管理領域之各界方家，乃至企業界
與各社團人士，應有相當高的參考價值。

國會運作之中流砥柱

　　走入仕途，是個人生涯規劃之外的一個意外。因著此一際遇，個人才有機會深刻了解到政府機構的決策與運作；而與國會的溝通與互動，則是其中最複雜、最困難的部分。

　　二年四個月的衛生署署長的經歷，個人深深體會到一個好的衛生政策，至少必須經過：審慎周詳的規劃、國會順利的支持、與執行單位的落實等三個步驟。其中的每一個環節，都各有其不同的困難。就規劃而言，事前背景資料的充分準備、先進國家成功的類似經驗的蒐集、本地民情與體質的充分掌握、資源的籌措及時限的評估、與部際之間的溝通等等，皆事關成敗，環環相扣。而在國會的支持方面，更是行政部門面對民意監督，必須全力爭取的關鍵；因為行政部門執行政策所依據的法律及預算，都來自國會的審查通過，因此，在政策規劃之初的先期溝通、說明與進度的報告，都是日後爭取支持的有利先導。至於同仁的落實乙節，實又有賴相關部門的充分參與，與首長的意志力的貫徹。

　　在國會溝通與互動方面，一般的政務官，尤其是非政界出身的人，在政策制定與推動的過程，來自外部因素最重要的國會監督，往往是他們最不熟悉，也是最需要學習的一個部分；甚至有關國會運作的自我調適、觀念調整與實務操作，可以說是政務官最難的一個課目。

　　國會的複雜，源自於225位國會議員，各有其代表性；而台灣選舉的複雜與困難程度，恆常使每一個立法委員不敢輕忽來自選民與樁腳的聲音。因此，在與立委溝通的過程，會發現很多情況並非可以完全訴之於理性，而須行政官員對民意代表之背景及問題的形成，有一定程度的認識；否則光有溝通誠意，往往因不得法而氣餒或甚至形成

僵局。在政黨政治漸已成行的今天，黨團常是溝通時可以借重的力量。國會運作，誠如省作所言，已然是發展成形的體系，在這個以立委為核心的運作場域，有其自成一格的遊戲規則，依個人之經驗，政黨協商確實縮減了議程的進行，也提供了國會最好的凝聚共識的平台。

省作來自高雄美濃，渠一貫的真誠待人，與對業務的熟悉，和細膩的應對進退，在在顯示其良好的家教與個人修養。他不僅擔任健保局的國會聯絡室主任，也同時兼任國家研究重鎮的國家衛生研究院與藥品查驗中心的顧問，並出任國家文官學院之講座，可見其專業之深受肯定。以出身理工而能擅美於國會運作領域，省作堪稱是一個異數。

在國會的運作，位階較低的單位與資源較豐沛的體系，往往在議事過程中，遭受較多挑戰與挑剔；中央健康保險局即是一個明顯的例子。而在個人任期內的兩位健保局總經理賴美淑女士與張鴻仁先生，俱是十分倚重省作，且省作在國會的表現，如「軍人納保案」的整個運作過程，在國會沒有任何提案的情況下，而能結合立委的主動提案，終能達成三讀修法之目的，此事是非常不容易的一件事。其次，在健保「擴大費基案」的運作上，個人雖親自披掛上陣，歷經多次努力，依然前途多艱；幸好省作掌握清楚訊息，提供張鴻仁總經理作適切的研判與傳遞，也才能有一個好的結果。而在「兩性工作平等法」的立法過程，責任心強的總經理，忍辱負重周旋於國會及諸位長官間，其間的難處我最清楚；而要達成這麼一個跨部際領域的艱困任務，省作在其中更扮演了運籌帷幄與衝鋒陷陣的角色。也因著上述幾個案例的呈現，個人才有機會回味當年共事的情景，更倍覺渠國會運作的精湛，對政務之推動實有很大的幫助。省作不僅是健保局的資產，也是行政團隊的戰將。

《決勝廟堂》一書，是省作經驗的結晶，作為國會最資深的國會聯絡人（前後十八年），以其豐富的學養、優質的處事態度，淬煉出深具

內幕而又深入淺出的文章；流暢的文筆與結構的嚴謹，及用字遣詞的精準，使整本書讀起來，彷彿是在看國會故事。個人樂見本書之發行，也深信因著本書之出版，必將對全體公務員，有好的參考；而有心參政或關心政局者、或企業人士，也將因此對政治環境、國會生態、行政體系等有著進階的認知，裨助於個人、家庭與事業。

李明富

問渠哪得清如許？爲有源頭活水來

　　中華民國第六屆立法委員，業於2004年12月11日選舉產生，其結果仍是延續「朝小野大」的現況。可預見的未來，行政部門間的互動暨與國會的運作，仍將是滿布荊棘，一如本書所述的實況。

　　當年，衛生署的張署長博雅與石副署長曜堂，一再的督促筆者，寫一本有關行政部門在國會聯絡與運作的書；而兩位長官所持的理由，恰是李前署長明亮在序言中認爲的：有關國會運作的自我調適、觀念調整與實務操作，可以說是政務官最難的一個課目。英雄所見契合，且同樣憂心政務阻滯會累及民生。

　　本書脫胎自筆者之碩士論文「行政部門在國會運作之研究：以中央健康保險局爲例」。由於學界以探究國會之制度、架構爲主，對於行政部門在國會運作之實務，並無有系統的論述出現；復見於行政、立法兩院之互動，不僅民間與媒體每有未見癥結即驟下論斷之誤解，甚至行政部門之政務領導與公共管理者，對國會往往不甚熟稔，也常有不甚正確之觀念，以致衍生失當之態度與作法，肇致相關首長在國會遭受質疑，甚或殃及法案與預算。且此類情況，一再重演，實乃戕喪兩院互動基礎之重要原因。筆者躊躇再三，在賴教授美淑與吳院長成文的鼓勵下，方才決定將本書改寫付梓。

　　誠如李前署長在序中所言：在國會的運作中，行政位階較低的單位與資源較豐沛的體系，往往在國會遭受到較多的挑戰與挑剔，而中央健康保險局正是兩者並具的一個單位。爲讓所有關心國會運作的人，能清楚地瞭解行政部門在國會實際運作的情況，本書特以案例舉隅之方式，讓部（府）際關係、領導因素與利害關係團體等三大運作要素，貫穿三個情境不同的代表性法案及其審議之背景、過程與結果，期望因著實務的呈現，能使有心於政治者、公共管理學界、企業

界人士，乃至公務人員，能從中了然行政體系之本質，與國會生態之多樣，從而在五光十色的政治環境的變幻中，尋得定位，為單位、為志業，標示出努力與運作之方向，務期不再虛擲光陰與投資。

政務官與公共管理者皆是單位的領導者，本於立法監督行政之憲法規定，除了嫻熟的本職專業外，對於國會的認知，舉凡人與事，乃至場域，必須徹底、清楚；對於國會運作，應本乎寬容與通權達變，多站在民代的立場看問題，常常也可有意外的收穫；對國會的態度，應誠信、謙和、不迴避、不漠視，更不應敵視，此一特質，往往正是資深的政務官共同的成功標幟之一。至於在行政資源的運用方面，行政資源固然是與國會互動的好工具，但若誤判情勢或用錯方向，則好工具也可能正是割喉的雙面刃；反之，則可以談笑用兵，使政務之推動得以水到渠成。惟國會運作，筆者以為，首長們仍宜用臨深履薄之心，謀定而後動，慎記：給立委面子；給自己裡子。畢竟，面子的內涵，有裡子的光暈；而裡子的包覆，有面子的實質，融匯貫通，或可確保人和而政通。

在國會聯絡員方面，筆者雖歷練數個單位，也虛擲了未曾間斷的十八年多光陰，依個人淺見，國會歷練並非越久越好。放眼國會各個行政單位的聯絡人員，除了軍、情系統外，資歷超過十年的並不多，且因各單位首長之好惡有別，近年新人異動頻頻的情況亦所在多有。茲筆者謹以誠信、能力、合作及適應力等特質，與所有有心國會聯絡或正從事類似工作之同儕共勉之。另外，正如恩師陳教授敦源所好奇的：「你從事國會聯絡工作十八年，仍樂此不疲的原因何在？」，個人以為：受人之託，忠人之事的家教，與得意且淡、失意宜忍的自我調適態度，及肝膽兩崑崙的任事氣度與責任感，俱是個人工作學習與成長的動力；當然首長的知遇與授權，更是全力以赴的泉源。

《決勝廟堂》之書名，係有鑒於國會實乃行政執行之法律與預算之根源所在，而行政部門，不管是部際或院際；也不論水平或垂直，由於資源的有限性與施政之優先次序使然，在在皆充滿合作與競爭。揆

諸事實，立法院也往往扮演最後的「仲裁」角色。而其間的複雜性，更因代表各個社會層面的立委加入，與虎視眈眈的利害關係團體的伺機出手，使得結果的呈現，詭譎而多變。而這正是影響深遠的國家大政運作的場景，事關生民與國運，所以以范文正公《岳陽樓記》中的名言：「居廟堂之高，則憂其民。」用符事實，並有以期許。

　　本書的緒論，在說明撰寫的動機、背景、問題、目的、範圍與限制；第二章，則用以敘明憲政體制下的行政與立法關係，並兼涉國會自治與相關法規，使讀者對於兩院關係及國會內規與權責，能有概略的認識；從而藉理論之建構與問題的探討，對中央健康保險局在相關的部（府）際關係、領導因素及利害關係團體三個要素，於三個實務案例之運作比重，能有一個清晰的輪廓，有利於後續章節之閱讀。

　　第三章，首先陳述國會環境之變遷與行政部門在國會運作體系之沿革，並藉自創的「魚骨圖」用以呈現國會聯絡員在國會面對的制度環境與運作的事務與場域；且有鑒於國會運作的核心問題，皆是以立委為主軸的「人」之問題，故特別將有「國會權力環境之舵」之稱的國會聯絡員的人際網絡與工作範圍，作一有系統的介紹。第四章，則就中央健康保險局在國會運作的健保「軍人納保案」的修法過程、「兩性工作平等法」的立法過程及與健保「擴大費基案」的修法過程等三個實務案例，引經據典的作一翔實報告。期待在真相的表達中，瞭解國會運作的繁瑣與複雜，讓所有關心國會運作的讀者，不再有霧裡看花的感覺。

　　第五章，則針對國會運作的三個要素與三個案例作綜合性的比較，既呈現部（府）際關係的艱困與平順面；也具體表示了公共管理者在領導因素上，受制於行政位階與黨內倫理的困窘實況，同時也就政務領導與公共管理者的同心一致，有深刻的引證與論述。至於利害關係團體的實務操作，更是具體的實現了叢林法則——沒有組織，確實沒有關懷。以上諸般情節，均在第六章的結論中，藉圖示之方式，表達出三大要素於三個案例之強弱影響情形；同時，並引用筆者向中

研院李院長遠哲建言之函件，作為本書之反省與對有志於國會運作者之真誠告白。

　　出入國會逾十八載，長期面對每三年必須重新接受選民檢驗的立委諸公，筆者對此潮來潮往的諤諤多士，既感謝渠等的包涵與指導，也歡喜接受此一難得的時空見證與學習。國會從來即是大社會的縮影，誠如立法院王院長的謬讚，筆者之所以能以不懈的精神，隨緣自在的在國會努力，最該感謝長官的授權，與同仁的協助，及家人的諒解、支持。筆者私慕李冰先生父子於西元前270年，以14年時間，在岷江興建的水利工程「都江堰」，迄今歷時2,260年，在「金剛堤」的「魚嘴」與「人字堤」的分流中，經「飛砂堰」的順勢導砂，江水終能無礙地順流「寶瓶口」，灌溉千萬畝的成都平原，一直造福無數黎民百姓；此亦驗證大儒朱熹先生：「半畝方塘一鑑開，天光雲影共徘徊；問渠哪得清如許？為有源頭活水來。」的意境，福田即是心田。筆者珍惜國會運作的挑戰、成長與樂趣，也願以無悔的活水心情，繼續戮力於斯，並略效棉力。

　　本書的完成，感謝恩師陳教授敦源的諄諄指導；立法院王院長金平及李前署長明亮兩位德高望重的長者的撥冗賜序與推薦，更使本書增色；張前部長博雅、吳院長成文、賴教授美淑以及張前總經理鴻仁的殷殷敦促與指正，尤使晚輩銘感；十位深度訪談對象的慨伸援手，既還原了歷史真相，對於關鍵內幕與決策、協商過程的一手資訊的掌握，亦大有裨助於本書之撰寫；另外，中華民國漫畫學會唐理事長健風的義助插圖；鄭老師新民的揮毫贈以墨寶；盛山兄賢伉儷的鞭策；與揚智文化林新倫總編輯、閻富萍副總編輯的盛情，皆是本書得以如期面世的推手，俱令筆者永銘五內。由於筆者志在貢獻管見，不合學界或方家體例與見解之處，應所在多有，敬祈　惠予宥諒，並有以指教。

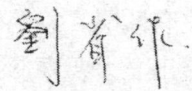

2004.11.17 於台北文山

再版序

　　2005年6月10日修憲廢除國民大會後，立法院實質上已成單一國會；同時，立法委員總額並明定自第七屆起，由總額225人修訂為113人；選制亦由「複數選區單記不可讓渡制」改採「單一選區兩票制」；且明定各政黨全國不分區與僑居國外的國民立委當選名單中，婦女當選人名額不得低於二分之一，即不得少於17人；任期則由3年修正為4年。2008年1月12日立委選舉投票，結果國民黨贏得82席，泛藍取得超過113席中的四分之三，終結了1996年2月以來的朝微過半乃至朝小野大的局面。此對未來政局之走向與行政部門在國會的運作，必將產生鉅大且深遠的影響。至於2008年3月22日選出的總統，也由國民黨籍的馬英九先生勝出，少了國會在野黨的強勢掣肘，或可為中華民國國會運作與政黨政治發展的遞嬗，寫下新的典型，吾人且拭目以待。

　　為因應修憲所帶來的變革，立法院分別於2007年11月30日及12月7日與2008年4月5日和5月9日對國會五法等相關法規作了修正：常設委員會數目由12個調整為8個；每個委員會席次由21人修訂為13至15人為限，參加時間也由每一會期延長為1年，召集委員之任期也同步予以修正，且由3人變更為2人，議程並由輪值召集委員決定；黨（政）團數合計以5個為限，每屆立法委員選舉當選席次達3席且席次較多的5個政黨得各組成黨團，每1黨團至少須維持3人以上，未能依前項規定組成黨團之政黨或無黨籍之委員，得合組4人以上之政團；總預算案不再交由預算及決算委員會召集全院各委員會聯席會議，回歸各委員會審理（追加減預算及特別預算，仍須交財政委員會會同相關委員會審查。）公費助理部份，由現行每席立委6至10人，增加為

8 至 14 人，黨團助理則修正爲 10 至 16 人；程序委員會人數，亦由 36
人修正爲 19 人，依各黨團席次分配，且每一黨團至少 1 人。至於職權
行使及議事有關連署或附議人數，也都配合立法委員席次減半的改
變，各加以減半，但爲避免委員會會議臨時提案及修正動議提出門檻
過低，明定須經 3 人以上的連署或附議始得成立；在人事同意權的行
使方面，也將「經全體之立法委員二分之一以上之同意通過」，修正爲
「經超過全體立法委員二分之一以上同意爲通過」。黨團協商全程錄
影、錄音、記錄，併同協商結論，刊登公報；議案交黨團協商逾 1 個
月無法達成共識者，由院會定期處理；並明定立法院得於每年集會
時，聽取總統國情報告。以上的修正，對第七屆立法委員來說，是權
力的加重與責任的賦予，也爲我國國會運作的民主進程——「委員會
中心主義」，樹立了一座可靠的里程碑。

　　本書的出版，由初版一刷、二刷，已屆三年。期間，渥蒙 諸多政
治及公共行政先進之不吝指教與支持，個人敬表謝意。茲適逢第七屆
立法委員第一會期運作伊始，緣於在初版時，即曾對議事事務部份該
不該放入復議與覆議乙節有所躊躇；另外，由於部份錯、落字之出
現，亦有更正之必要。因此，特於修訂版中，加以增列、處理。至於
「兩性工作平等法」因考量時代演進之意義，已於 2008 年 1 月 16 日修
正爲「性別工作平等法」；惟爲顧及本書撰寫時之背景，故仍沿用原
有名稱未予更新，特此說明。謹請 各界方家，續惠包涵與鞭策。

劉育作

2008.06.22 於台北文山

目錄

二、建議 196

參考文獻　199

附錄　217

表目錄

圖目錄

第1章

緒　論

對當代的公共管理者而言，國會運作攸關政務推動的成敗；復由於國會聯絡工作龐雜細緻，不易透明，除了少數兼具實務之學者外，學界鮮少著作能窺得堂奧；而行政、立法兩院的互動，在部（府）際關係、政務領導與公共管理者等的領導因素，以及利害關係團體的運作方面，均隨政治的民主化，逐步擴大對政策走向的影響；至於其間的糾結情況，更是日甚一日。因此，筆者為呈現國會此一權力場域運作之真貌，包括：部（府）際關係的衝突、議事法規的修訂、外部環境的變化、問題的核心策略之擬定與運作、成功與失敗案例的說明等等，大部分是屬於正規公共管理領域者；但也同時會述及顛覆傳統父權或回應式決策的過程與結果。讓想瞭解國會運作的人，能在平鋪直敘的案例舉隅中，理解到國會平日之情況，與國會聯絡員之人際互動，及事件的處理過程與結果；聯結國會與政務運作，回歸團隊作戰協助政務順利推動之本質，從而使行政部門在國會之運作可以更加圓熟與流暢；兼又使立委及其關係人，可以更瞭解與行政部門互動之原則與方式，乃是個人撰寫本書的根本所在。

有關對國會聯絡工作者產生的描述，陳敦源教授說得好：

民主政治中，行政立法的權力分立，有兩項積極的目標，一是分工效率，二是權力制衡。前者面對龐雜的公共事務，藉由行政部門的規劃與執行，與立法部門的合法化與監督，讓兩權各有所統、互補有無，以達到降低治理成本的目的；而後者則是由於對絕對權力的「不信任」，要讓「野心壓制野心」的一種預防性的制度設計，主要是在兩權競爭的過程中，能夠保障人民權益，也讓政府作為更加透明化。然而，上述兩種權力分立的積極目的，卻也造成了社會學者 Ronald Burt 所稱社會網絡的「結構間隙」（structural holes）現象。一方面……，這種結構間隙讓政府運作的現實面，充滿了跨越間隙的管理需求；另一方面，這種間隙也是一種權力場域，一種社會地表上的「開放空間」，以資訊傳遞及協商為主的「掮客

（broker）」就應運而生（轉引自陳敦源，2002b）。

　　陳教授這一段寓意深長的文字，鮮活的表達了行政、立院兩個部門間，國會或政府聯絡員產生的歷史背景與緣起；至於聯絡人的角色功能，其實又比「捐客」要來的複雜許多。舉凡國會生態的掌握（包括：政黨、次級團體、委員會之慣例、委員間之互動、國會幕僚的影響狀況、立委之動態等）、利害關係團體在國會運作之情況（包括遠、近程目標），以及媒體的動態等，都是國會聯絡員所不能不知道的外在環境狀況；至於內部的溝通協調，與長官的互動情形，乃至專業形象之充實與形塑，都是十分必要的。同時，由於公務員講究倫理與服從──「紀律」，所以有時內部的矛盾與衝突問題，會比外在環境的掌握與處理來得棘手。凡此種種，在在俱是國會聯絡員所必須親身經歷與處理的；此所以行政部門在國會之運作，是以國會聯絡員為主要之執行角色，其前提則是必須有單位首長之強力支撐。

　　政治民主化後，龐雜的公共事務的管理即不再只是行政部門的內部問題，國會不僅是立法者，也同時是監督者（楊泰順，2001a：

31）。而國會五法的制定、立法院法制局、預算中心及國會圖書館的設立，均可視爲國會健全組織與制度的一個重要里程；立法院已然再度成爲國內民意的焦點，與政治上的重心（沈中元，2001：141）。連帶的，國會聯絡事務也已是政治管理上最重要的「連結環」。

國會聯絡機制已經是一個發展成形的體系（何鴻榮，2001：論文提要），也確實在行政、立法兩院的互動中，扮演著橋樑的角色。就如同某位美國著名的國會議員於1965年所說的：「在我未到華盛頓前，過去我聽過遊說，並期待當我到華府時，被一群人包圍著；但是，眞實的情況是，一群各部會的行政官員及助理，拿著文件、文獻及立法計畫書等來找我。」（Pipe, 1996）。

今天，中華民國各行政部門的國會聯絡員（約488人）[1]，在國會全面建立了聯絡網絡，積極的介入或參與國會的議事運作，深植於立法過程（包括預算）的每一個環節。從對立委的服務、政策諮詢服務、選民服務、資料的提供等，善盡公僕的服務角色，使行政、立法兩院關係的平衡，擔負起「見證」及「實踐」的功能，此在「朝小野大」的第五屆立院會期中，尤其可以充分瞭解此一實況。

鑑於傳統的國會研究與府會關係研究，普遍過於偏重法律面之應然論述和靜態的結構描述；以致以政策觀點作爲切入，將對於政策或法案在實際運作上具有決定性之因子——部際關係與行政首長間之互動及利害關係團體（包括其他行政單位）及其運作（呂亞力，1999：273），和處於第一線之國會聯絡運作實務等，反顯得甚少觸及。此可能之原因，一者大部分的學者係擷取西方之理論與見解，比較浮面的與台灣之立法院或議會之體制與現象做類比，對實務操作與深層的互動等，受限於不易介入及個中隱密運作太多，資料取得不易；二者或

---

1 依2004年2月立法院人事室出版之立法院第五屆第五、六會期立法委員通訊錄所載，中央各機關列名聯絡人通訊錄者有488位，此是有案可稽者；而各部會及事業單位亦參與聯絡事務之機要等，則未計算在內。（立法院人事室，2004：301～398）。

因學者本身層次高，而較少涉及檯面實務之行動及參與；或因國會人事紛雜，為免於衍生不必要之麻煩，而有意略過。惟不管原因為何，誠如上文美國某國會議員所期待的「遊說」情況，盛行於美、英兩國的利害關係團體及其運作，已然是行政部門在國會推動業務所無法忽視且必要付出之代價。

　　民主化的發酵緊連著政黨輪替，行政部門的管理者，過去長期處於黨國一家情況下，所養成的「蕭規曹隨」、「例行公事」式的運作模式，在民意（public opinion）的覺醒、政黨的競爭與國際化的要求等壓力下，主動的或被動的不斷被推著往前蛻變，用以因應來自法定管道（民意機關與民選首長），與非正式管道（政黨、媒體、利害關係團體與專業人員）而來的監督或要求（陳敦源，2000：127～177）。而在此一過程中，來自國會的變化無疑是最迅捷且明顯的。身處橋樑角色的國會聯絡員，尤其應能早期預警、轉換心境、調適作為，期許能朝向建立一有效率（efficient）、負責任（accountable）、有應變力（responsive）的傾聽型（EAR）政府（黃榮護，2000：520～580）的服務型夥計來努力。

　　筆者忝為國會聯絡員，對於行政部門在國會運作之實務，頗多著力，復因見於全民健保之議題，是政府整體施政民眾滿意度八年來一直維持在70%以上的唯一政策（健保局，2002，健保雙調說帖）；而其支出由1995年的2,100億元到2004年的預算數為3,507億元，與同時期的GDP相較，成長幅度，不可謂不大（5.27：5.99）[2]。事關全國民眾就醫之福祉，有其極佳的覆蓋性；加上健保法因為政治性極高[3]，每每因政治考量而難於落實立法之精神（如轉診制度、醫藥分帳、安

---

2 依行政院主計處第三局第四科（2004.05.14）國民所得統計資料顯示：1995年之國民生產毛額（GDP）為264,928百萬美元，醫療保健支出占GDP的5.27%；2001年之GDP為281,921百萬美元，醫療保健支出則占GDP的5.99%（www.dgbas.gov.tw）。
3 陳水扁總統2004年1月30日會見台商代表所開出的四大利多即包括健保項目（2004，1月31日）。《自由時報》，3版。

全準備之規定、保費精算與調整等），更因此肇致反對黨常可以以「議題主導」方式作為攻擊之標靶，甚或擴大渲染至流於情緒性對抗之境地[4]。可以說健保局在國會運作之情況，由於定位、職掌與行政位階、預算金額龐大等問題，致遠比一般行政單位要來得艱困；何況其間每每因利害關係團體之介入而更形困難。加上國會聯絡事務先天的隱密性，以致可資取法或佐證、參考的資料或文獻，實在十分稀少；而國會事務的變化快速，常常使第一線的聯絡員無法有充足的反應時間，此又常造成與內部長官關係的緊張。所以，為探求國會運作之真貌，用以補綴學者大作之餘緒；並試將處於部（府）際與院際夾縫單位之國會運作現況，暨渾沌神秘之利害關係團體運作情況，以「案例舉隅」之方式呈現，期能導入以學術理論整理實務情境的方式，將事實清楚記述，提供有志於瞭解國會運作者卓參。

有關國會聯絡或府會聯絡之研究議題，邇來稍有增加，然多偏重在組織架構或其機制方面；對於法案或預算之實際推動過程、可能遭遇之問題、排除之方法等，則一般僅作原則性之介紹。致使學者或有志於斯之公、私部門人員，常有隔靴搔癢之憾。

身處行政部門擔任國會聯絡員，深知國會聯絡工作並沒有一套經驗傳承的作法；加上政黨輪替之後，政務官更換之幅度不小，常常新首長任用的國會連絡員尚不熟悉國會業務；又換新的一批人負責[5]，

---

4 此可由軍人納保、軍公教全薪納保、健保雙調、健保員工年終獎金、健保預算、部分負擔、重大傷病範圍之擴大、IC卡推廣及特赦條款、境外緊急醫療給付等議題可知。

5 ·一般而言，各公部門國會組（處、室）之負責人員，大部分會隨首長之異動而換人，如：經濟部、內政部、國防部、財政部及農委會等；但亦有繼續沿用舊人之情形，如：教育部、青輔會、國科會，公平會等等。

·國會聯絡組（處、室）負責人以外之成員異動之情形，相對較少；且這一部分之成員，往往是國會聯絡工作中最頻繁的部分，即量的部分的擔綱者。

·少數部門，如外交部。其國會聯絡工作，似乎被視為幹部歷練之一環，任期均在二年左右，少見久任一職之情形；而或因外交專業特性使然，該部與國會之互動，亦未見銜接不良之情形，此是特例。

致衍生業務銜接與立法對行政觀點不佳的問題。為此，筆者不揣淺陋，並衡酌一己能力之有限，擬僅就中央健康保險局在國會聯絡的運作情形，舉出「軍人納保案」、「兩性工作平等法」案、「擴大費基案」等三案作全般性之陳述、反省與檢討；並針對部際關係、領導因素與相關利害關係團體的形成及實際運作方式，以參與觀察方式，伴以深度訪談與個案研究、文獻印證、比較法等方式，用以印證並期望能更清楚地呈現健保局國會運作之真相。冀能踵武前賢，從中尋求問題可能的疏處之道，拉近行政與立法兩部門之共識，嘗試營造多贏之局面（或至少給了立委面子，公部門有裡子）。

　　而之所以選擇此三個個案，就「軍人納保案」而言，係屬逕付二讀案，且未經朝野協商，即直接進入二讀程序之修法案；另就「兩性工作平等法」案來說，係屬他部會主導之立法案，恰巧部分內容涉及中央健康保險局之業務，且在本案二讀前，中央健康保險局始介入運作法案，亦有其代表性；至於「擴大費基案」則係屬「全民健康保險法」本身之修正案，在正常之修法進程，卻於進入院會時橫生枝節。以上三案，各有代表性，並涵括法案在國會所可能遭逢之境遇。故為求能夠從案例舉隅中，舖陳出實務運作的種種面向與結果，本書嘗試提出如下的問題：有關我國現行的政治體制，對行政與立法的互動，將產生何種規約與實質影響？對行政部門在國會的運作，引發了怎樣的效應？又為肆應研究的需要，所採取的理論架構為何？其間國會體系又有怎樣的變遷？在國會權力環境的各種場域，議案運作的機能與相關因素之比重為何？國會人際網絡與國會運作之關聯性又如何？本書所舉之三個法案案例，相關部（府）際關係分別如何影響政策的運作？政務領導與公共管理者又如何克服行政與立法的瓶頸，用以貫徹施政的決策？利害關係團體復以何種方式？如何介入立（修）法實務的運作？而其間複雜的交互運作情況與結果又是如何？等等問題的提出，無非是為了重現議案在國會運作的實況，還原相關因素的互動機轉及其影響；同時，為了能更清楚呈現行政部門在國會運作的此種複

雜的情境，與勾勒出交織其間的人、事、場域結構，從而回答前述的問題。筆者歸納多年的實務經驗，特繪就國會權力環境的「魚骨圖」（如附錄圖一），期使關鍵的運作要項，可以按圖索驥一覽無遺。

本書既在凸顯中央健康保險局業務的深具政治性，其欲呈現的目的至少有如下三個方面：

第一，在看似平順的立法或政務推動的過程，呈現部（府）際關係的合作、衝突或既合作又衝突的真相；同時，在國會場域，又以怎樣的樣貌運作；終於又有怎樣的結果。

第二，在不同的領導者（如：公共管理的領導者與政務領導之間或政務領導與上一級的政務領導者之間）的互動中，在實務運作上，由於對業務的熟悉程度、視野的差異、優先次序的不同、利益差距等等，都可能對政策、法令的修立等，造成不同的競合情況。而實務的舖陳，適可以解答一部分的問題。

第三，相關利害關係團體的運作——不管是在國會或對行政部門，已是公開的事實。如何藉案例的研究，探求對立法過程及對政策的影響，是有趣又嚴肅的事；而其初探結果雖未必能收到撥雲見日的效果，但至少是一個好的開始。

上述三案，雖與部際關係、領導因素與利害關係團體互有牽扯，揆諸實況，並不十分複雜；且發生的時間距今不遠，十分容易查究，所以筆者擇定此三案加以研究。惟巧合的是，此三個個案中的「軍人納保案」與「擴大費基案」，皆發軔於詹啟賢署長任內；而成就運作則發生在衛生署李前署長明亮任內。「軍人納保案」發生於李前署長就職後的半年；「兩性工作平等法案」發生於李前署長任期一年半之時；「擴大費基案」則發生在李前署長任期末（如附錄表一），適亦可以在研究之過程，瞭解政務領導者在業務逐漸熟稔的情況下，對各研究因素究竟有何影響。同時，在同一時期，健保局的領導者則分別由賴美淑女士及張鴻仁先生出任。在同一個政務領導者，分別帶領二位不同的公共管理領導率領的同一團隊，其在三個個案中，與部際關

係、領導因素與利害關係團體各有何異同，又與國會產生怎樣的互動，正是本書所擬探討表達之精華所在。

　　由於行政部門在國會運作，就目前而言，包括：總統府、行政院、監察院、考試院、司法院及行政院下屬各部會、獨立單位與所屬國營事業或轉投資之財團法人機構，均有指派專任或兼任之國會聯絡員，此所以本書將之統稱爲行政部門之原因。而本書所述及之單位，原則上仍以行政院、各部會及各部會所屬之國營事業爲主要範圍，而運作所指之主軸則爲中央健康保險局。

　　至於國會的部分，則主要指院會、委員會、聯席會、程序委員會、朝野協商等場域及有關之人與事。在人的部分即包括：立法委員及其關係人[6]、自費助理、立法院職員、相關媒體、黨工、國會聯絡同儕、及相關在國會活動之利害關係團體（interest group）等爲範圍（朱志宏等，1989：5）。而時間原則上以第四屆立委到任時之1999年2月1日起，迄第五屆之2004年2月爲範圍，以求其新；惟相關事例之舉證與人物之說明，亦不免會有牽涉以前時間者。至於案例探討的範圍內，有些事涉敏感，取證不易，或無法確實指出當事人究係何人之情況，必勢所難免。是本書之主要範圍與限制之所在。

　　本書的起草，係以實作實證的實務爲藍本，加上國會運作本身即有相當隱密性；而部（府）際互動與領導因素，乃至利害關係團體之運作，每每是高來高去的微妙難求，偶有蛛絲馬跡，往往如獲至寶，或按圖索驥、或旁敲側擊、或求諸塵封已久的關係文書，雖不敢謂是上窮碧落下黃泉，然枯腸搜盡，間亦有意外驚喜；至於國會諸好友的義助，更覺溫馨。凡此種種皆有助於本書之撰寫；而被深度訪談的諸位長官、先進的不辭辛苦，慨然援手，或以秘辛相告；或示之於不傳，在在俱見提攜之情，與對還原眞相的堅持。此是信任也是託付。

---

6 立法委員行爲法第二條：「本法所稱立法委員關係人，係指下列人員：一、立法委員之配偶及其直系親屬。二、立法委員之公費助理。」

期許本書之呈現,能有些許貢獻,則對指導教授與上開諸人,才有起碼的交代。

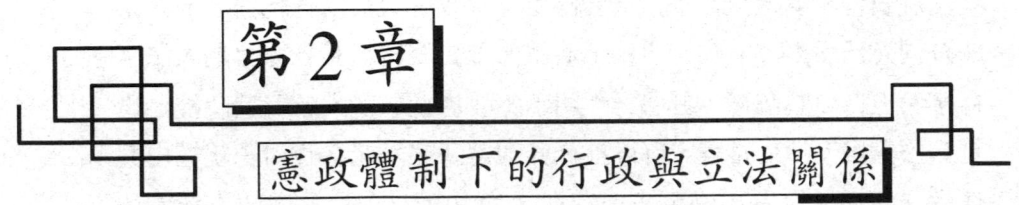

第2章

憲政體制下的行政與立法關係

- 我國行政與立法關係之探究
- 國會自治與議事相關法規
- 理論建構

第一節　我國行政與立法關係之探究

　　我國憲法增修條文第三條第二項雖然明定：「行政院依規定，對立法院負責。」但憲法第五十五條：「行政院院長由總統提名，經立法院同意任命之。」規定已停止適用，改由總統直接任命；嗣大法官釋字第五二○號解釋，更進一步明示：「總統候選人於競選時提出政見，獲選民支持而當選，自得推行其競選時之承諾，從而總統經由其任命之行政院院長，變更先前存在，與其政見未洽之施政方針或政策，毋乃政黨政治之常態。」可見我國憲政體制已走向學理上之「半總統制」。換言之，即從行政向立法負政治責任的關係，逐漸走向權力分立與制衡關係（羅傳賢，2004：631）。而憲法乃是國家的根本大法，舉凡國家的政治權力的分配與運用、國家機關的設立、乃至人民權利義務的保障和限制，都應依照憲法之規定辦理。行政與立法兩院的架構與職權，自不能自外於憲法之規定。所以，行政部門在國會運作的依據，必然在遵行行政與立法兩院之憲法關係下運作。

　　憲法體制的類型主要有：總統制、內閣制、雙首長制（即半總統制）三種，依前文所言，我國已然走向「半總統制」之憲政體制；惟本書之目的不在探討憲政之體制，或比較制度之優劣，重點只在瞭解我國之現行體制，可能會對行政與立法之互動產生何種規約與實質之影響，並對行政部門在國會之運作，引發怎樣的效應。茲僅概述不同憲政體制下之行政與立法關係如下：

一、總統制

　　總統制的代表性國家就是美國。其總統與國會皆有固定任期，各向人民負責，也各有各的正當性，互不統屬。總統制國家為了避免國

家機關的擴權和濫權，並防止政府的暴虐和壓制，與對人民的自由權利構成威脅；因此，採用行政、立法、司法彼此獨立、相互制衡的三權分立制，用以防止政府中的任何一個人或任何一個機關，有機會獨攬政府權力，且每一部門對其它部門具有若干牽制，以保持適當的平衡。此即所謂「分權」（separation of powers）與「制衡」（check and balance）的原則（陳敦源等，2001：72）；但也因此，在運作過程中，每每容易出現僵局。

由於美國採取嚴格的權力分立原則，國會不僅是行政機關政策合法化的機構，且憑藉龐大的幕僚系統，強化資訊和各種專業與圖書設備；對於法律案之提出，均以主動積極方式行之，而預算權與同意權配合各種聽證會與調查權之行使，更對行政部門產生十分有效的監督。於是，行政部門為了有效溝通，紓解國會的壓力，其國會聯絡機制龐大且深入，甚至設法塑造民意，藉以支持倡導的計畫和政策，用以顯示政府是民意支配的政府（彭懷恩，1998：317）。

二、內閣制

內閣制政府是由國會多數黨領袖出任內閣總理的一種憲政制度。以英國為例，其閣員皆依國會議員之實力與倫理來自國會（國會議員可以兼任官吏），是一種行政與立法合一的制度。雖然，在形式上國會與行政部門仍有區別，但事實上權力未能分立，此即總統制和內閣制最大的區別。行政部門之人事與任免，均在內閣手中，而內閣領導國會，行政部門凌駕在國會之上，且內閣成員泰半來自國會，在權力共享的現況下，因此不易出現互動僵局與憲政危機。如此，行政部門在國會之運作，自然沒有迫切之需要，只需一般的聯絡即可；而各相關內閣，才是溝通運作的當事人。

至於在法案的提案方面，絕大多數的法案提案都來自行政部門，且行政部門的提案通過率高達三分之二以上；而來自議會之提案成功

率，可用微乎其為來形容，顯見內閣制下的議會黨紀之嚴格。

三、 雙首長制

依據Maurice Duverger的說法，半總統制之要素為：①總統普選產生；②憲法賦予總統相當權力；③總理為首的內閣掌控行政部門，具行政權，傾向國會負責（Duverger, 1980: 165-187）。而半總統制又稱為混合制，即習稱之雙首長制，一般認為是介於總統制和內閣制之間的折衷制度。

誠如大法官釋字第五二〇號所釋，學者認為我國憲政體制已走向學理上所謂之「半總統制」，而雙首長制之代表性國家，一般習以歷經數個「共和」體制的法國為之。

雙首長制之權力賦予，係將總統的權力，以二元的權力結構，取代總統制的一元權力結構，也就是將權力與內閣總理分享；而如上文所述，總統係普選產生向選民負責；而總理則對國會負責。我國於修憲之後，行政院院長已不需經國會行使同意權，在實務運作上，總統亦不向國會負責，因此當少數政府的情況發生之時，由於欠缺憲政穩定的規範，朝野的衝擊與對抗，往往造成國會議事的癱瘓，常需仰賴「政黨協商」才可勉強進行；而此又予「關鍵少數的黨」的成員，或挾利害關係團體託付之立委個人，進行漫無限制之「勒索」的機會，此對行政部門在國會的運作，直接造成急迫性的需要。此亦符合我國國會近年，由於執政黨或是在立法院僅有微過半的立委或是朝小野大的情形，以致徒增國會議事亂象，久久未能有效戢止；而行政部門在國會之運作從而蓬勃發展；國會聯絡員亦因此有更多磨練的機會。所以，國會與行政部門越是衝突，國會運作越需要強化，而作為尖兵的國會聯絡員自然責無旁貸。

第二節　國會自治與議事相關法規

一、　國會自治

　　所謂國會自治，又稱為國會自律，係發源於英國之憲法習慣，出自「民主代表原則」與「權力分立原則」，其內容及範圍包括：有關議事程序、內部的組織、秩序紀律、懲戒、與議事規則及相關內規之制訂事項，對於國會議員以外之人，有排除的權力。然而，在超過國會秩序權所保障的法益以外之其他的議員個人不法行為，例如：議員傷害同僚之暴力行為，則非屬國會自治之範疇（李基勝，2004：123～127）。

　　我國憲法第三十二條、第三十三條、第七十二條及憲法增修條文第四條第八項，在在皆是肯定國會自治原則之例證。又從釋字第三四二號、第三八一號及第四三五號解釋觀之，大法官會議對於國會自治，顯然亦持肯定的態度。

　　國會之議案，包括應秘密之事務，若得任由司法權或行政權對國會進行搜索與扣押，難免妨礙議事之進行；甚至足以影響國家安全法益。此外，對於國會議員個人之搜索與扣押行動，必然間接影響議事。因此，若

不賦予國會議長有同意搜索與扣押之權，勢不足以確保國會議事之順遂（李基勝，2004：124）。

又學者認為，國會內部秩序之維持，若操在國會外部之人或機關手上時，則有因濫用而使得國會與議員之自主活動受到限制之虞，故為保障國會不受外力干擾之獨立自主，乃有必要使國會擁有維持內部秩序之權力（黃東熊，1994：55）。因此，國會具有：①家宅權——指國會建築物及其所在土地乃國家權之一部分；②警察權——由國會議長行使；實務上委員會之主席亦曾行使；③紀律懲戒權（又稱秩序權）（李建良，1996：490；李鴻禧，1997：352）。

二、 議事相關法規（國會五法）

依「立法院組織法」第四條第一項之規定：立法院院長是立法院會議與全院委員會之主席。而議長之任務，就是確保一個可以讓各種不同政治意見獲得充分討論的環境（陳淑芳，2001：196）。而此一角色，在立法院院長的諸多角色中，亦屬最難扮演的角色。

由於國會是個合議制分權的機關，從不同的場域環境乃至議事環境，不僅參與的人員要求不盡相同，隨議案性質的不同，其權力運作的方式亦有其差異。立法院行使其法定之質詢權、同意權、立法權、預（決）算權與調查權等，對行政部門達到監督施政、監控預算和參與決策等目的；近來國會藉考察或勘災之名，赴地方實地接觸民眾，更擴大了監督行政之實。但是上述國會所有的正式職權中，質詢權是唯一由立委個人行使者（也可聯合質詢），其餘之法定職權，皆必須透過議案之提出、討論及表決等程序始得進行並議決（周萬來，2000：1）。

而立委來自不同背景，對於議題的支持程度也各自不同，揆諸國會多年的議事實況，在一黨多數政府時代，議事效率及結果尚可期待；朝小野大的少數政府時期，政治性高的議題，小則徒生口水之

爭，重則延宕議程甚或癱瘓議事，甚至創下連年召開臨時會之情形。至於政治性不高但事涉利益鉅大的議案，不管是財經或民生法案，也非一定平靜無波，只要有個別委員強勢阻擾或以黨團名義杯葛，一樣有可能前途多艱。此所以有經驗的國會聯絡員，每每以臨深履薄之心慎重將事，議案無分爭議之大小，均要有充分的事前溝通與事中準備；全心的付出，無非在求得議案的順利如意，達成政務首長或公共管理者之政策目標。

　　所幸，國會叢林是生機盎然深富自然調適能力的地方，在第三屆立委任期結束前的第六會期，立法院劉松藩院長毅然在朝野協商完成後，同時新訂或修正了攸關國會自治與議事規範的國會五法：「立法院職權行使法」、「立法委員行為法」、「立法院組織法」、「立法院各委員會組織法」、「立法院議事規則」。而五法於1999年初迄今，於議事過程實質磨合後，分別亦以一至九次不等的修正，在少數政府的立法、行政兩院關係黯淡且又衝突不斷的時際，對議事的運作與政黨政治的持續推動、並維持國會應有的尊嚴上，確實發揮了一定的功能。而此一階段的行政部門在國會的運作，雖言艱辛，但至少有了共同可以依循的軌道。此皆拜國會諸公與議事諸幕僚之功，值得尊敬。茲僅將國會五法舉其犖犖大者概述於後。

(一)「立法院職權行使法」

　　「立法院職權行使法」係於1999年新公布的法律案，依立法院的職權分類加以規範，全文共十三章七十七條，主要之內容包括：委員報到、就職宣誓及院長、副院長之選舉、開會額數、議案審議、緊急命令追認、聽取報告與質詢、質詢事項不得作為討論議題、法案屆期不連續、同意權之行使、覆議案之處理、不信任案之處理、彈劾案之提出、罷免案之提出及審議、文件調閱及處理、委員會公聽會之舉行、行政命令之審查、請願文書之審查、黨團協商、黨團提案之連署及聽取總統國情報告等。

　　本法經過九次的修訂，益臻完備，對於行政部門而言，國會運作的相關議事策略，幾悉數在列，凡有志於國會聯絡工作者，應用心體悟，揣摩案例，期許能舉一反三，對國會聯絡或運作或能胸有成竹。本書之內容，就議案之審議、政黨協商、公聽會之進行、黨團提案、委員提案等，皆有實務之呈現，並力求過程的完整，應能發揮拋磚引玉之功能；惟國會變動亟速，進退之間仍宜多多斟酌。

(二)「立法委員行為法」

　　「立法委員行為法」亦為1999年新公布的法律案，主要在確立立法委員倫理風範及行為準則。全文分七章三十一條，主要之內容為：界定立法委員關係人之範圍、倫理規範的貫徹、義務與基本權益、及主席議事中立之規定、遊說及政治捐獻、利益之迴避、紀律與懲戒等。內容清楚，規範亦符合民主國家之標準；惟國情不同，況且本法屬國會自治範疇之部分為多。因此，就國會運作而言，行政部門非有實質扞格，似不宜置喙。

(三)「立法院組織法」

　　「立法院組織法」自1947年3月31日公布實施迄今，已歷三十一次的修正，全文也由原先的二十七條增修到三十五條，其立法依據係依憲法第七十六條制定，主要內容有：院長及副院長之產生與任期、會議公開之原則、臨時會召集、各種委員會之設置、局處設置及職掌、人員編制、公費助理、黨團與政團等。在立法院已成為名副其實的立法政策中心之後，在少數政府的激盪下，會有怎樣的蛻變仍難逆料；惟國會成員長期企求之美國國會所享有的龐大助理與幕僚機構和人員的設置，與國內政局版圖的推移等兩項因素，或將對行政部門在國會之運作，產生革命性的變革，頗值得關注。

(四)「立法院各委員會組織法」

　　「立法院各委員會組織法」亦於1947年12月25日公布施行，迄今已歷十二次之修訂，全文亦由二十一條修正為二十二條，其主要之內

容為：立法依據、委員會席次上限、召集委員之產生、立法計畫之擬定、議事之決定、聯席審查、聯席會議之主席及議程之議決、委員會人事及職掌等。由於立法院委員會係依據行政部門之業務職掌，而設有相對監督委員會，委員會隨民主潮流之融入，其比重亦有逐漸成長之勢。行政部門在國會運作與聯絡之時，對於委員會之人事異動，應有充分的瞭解；如此，在法案或預算之審理，乃至施政與專案報告時，或將有相當的助益。

（五）「立法院議事規則」

　　「立法院議事規則」於1948年5月20日由立法院第一會期第二次會議制定，迄今已然修正二十一次，其主要內容為：立法委員席次、委員提案、議事日程、開會討論、表決、復議、秘密會議、議事錄、黨團提案、委員會不得旁聽之規範等。因為合議制的國會，就行政部門在國會之運作來說，只能爭取多數立委之支持，或尋求少數的杯葛可以軟化。而議事規則之嫻熟，往往可以不戰而屈人之兵，同時亦較不傷害委員之間的和氣；對行政部門部際關係之緩衝（如「軍人納保案」），常也有一定的功效。至於復議案之提出，因提案之發動權在立委或黨團手上，更宜慎重評估，謀定而後動。

第三節　理論建構

　　由於行政部門在國會的運作，牽涉龐雜，且內部因素與外在環境，不但瞬息萬變兼且相互激盪，非局中之人，難窺全豹。而為建構研究理論，筆者於蒐集資料之初，本擬引用以研究政治系統、政治決策與政策輸入（input）與輸出（output）及因此過程取得平衡（balance）而聞名的大衛・伊士敦（David Easton）之系統理論（system theory）（袁頌西，2003：205～236）；但因系統理論視國家官僚系統為沒有自主性之黑盒子，而本書之部際關係、領導因素及利

害關係團體[1]之運作，幾乎全都是在探求國家與官僚系統的運作，因此，遂轉而尋求研究範圍包括：國家符號及機構作用、政府制度之設計及選擇、國家與社會之互動、世界體系地位等，並以「國家─社會」為其探討主軸之國家理論（任德厚，2003：140～152），作為本書之理論主軸。誠如，熟知系統理論轉換歷程（conversion process）且對國家論深有概念之亞蒙（Gabriel A. Almond）在《當代比較政治》一書中所說的：「公共政策只產生於社會而不會由政府提出的那種觀念，是不正確的；許多公共政策都是在政府機構內部由部長或大臣，由有權勢的參議員或眾議員，甚至由司法當局提出。政策被描繪成從社會到政府，然後再從政府回到社會的一種流動，這是簡單化的看法，過程可以從政府內部開始」（Almond, 1998）。惟國家的觀念不是傳統的領土、人民、主權的客觀組合，而是重視國家機關如何運作於社會之中（Easton, 1991）。此即是當代國家論之主要內容（轉引自彭懷恩，1998：21）。

由於我國立法委員之產生，需經過嚴厲的競逐（不管是區域席或不分區席）。如第五屆立委的選舉（2002），當選的225席立法委員中，有112人為新當選（包括曾任者），此可顯示立委的淘汰率之高。在採用以複數選區單記非讓渡投票法（single non-transferable vote under multi-member district system, SNTV-MMD）（王業立，2001：13；羅聰欽，2002：16）的區域選舉中，一個政黨在一個選舉區的提名人，常常不只一人，在政見雷同、選票重疊、政黨奧援類似的情形下，同黨候選人的廝殺程度，有時更甚於他黨候選人（謝復生，2001：9）；而選戰開銷的龐大花費、競選連任的壓力、國會舞台的有限等原因，均造成國會議員的力求表現；甚或為了連任而不惜脫黨。在此一嚴峻的政治氛圍中，肩負政務成敗的首長們及國會聯絡

---

[1] 國家理論原則上以探求國家機構有關之機轉與政策之形成為主，對利害關係團體較少涉及，但因本研究行政部門常轉化為利害關係團體，故引用似亦未違背其論述。

員，在面對國會時，內部體系之衝擊與施政優先順序之運作的艱困，可以想見；何況內外因素的各有不同，與可能的累積或加成效果，更是難測。爲此，引用國家理論用以闡釋本書的主題並析出結論，應是可行之方式。

至於國會運作之成敗，由於各行政部門屬性之差異，與短、中、長期目標的未必一致；加上首長個人之企圖心與專業度，及與上級或上上級長官之默契等之不同，各單位之國會聯絡員之績效自難客觀評量。但是，從學者之研究顯示，各中央部會之首長，對於各該單位之國會聯絡工作，普遍認爲滿意（何鴻榮，2001：335～336），顯示各中央部會及所屬機關之國會聯絡員之工作表現，獲得長官之認可。惟依筆者個人之淺見，國會聯絡工作之成敗，可以用首長所賦予之任務的達成狀況來評斷，此一綜合考評，每一首長心中自有一把尺。

「全民健康保險法」於1994年7月19日，歷經20餘小時的抗爭疲勞議事後，三讀通過；惟卻擦槍走火，命中心臟，將全民健保的根基「強制納保」條文刪除（黃文鴻等，1995：9）。迄新會期於1994年9月16日議事後，始通過強制保險制度有關之條文。綜觀整部健保法的立法過程，從行政院於1993年10月27日將健保法草案送進立法院起，由於各利害關係團體（勞工、雇主、農民團體、漁民團體、弱勢團體、醫／藥團體等）的合縱、連橫，淹沒了大眾支持的聲音；同時，行政當局既堅持己見，復想多面討好的作法，使得原本黨紀不彰的執政黨籍立委，紛紛表態，以選區（包括農、工、漁民團體立委）利益爲重，更使得利益糾葛難以有效調處。此所以「強制納保」條文的遭到刪除，並不令人意外。

從整個立法過程貫穿到今日，吾人仍可發現健保制度由於攸關全國人民生病就醫的權益，所以政治性極高；其次，因爲台灣從農業社會過渡到工業化之前，醫師與藥界，早與政界建立了綿密的人情網絡。所以，醫藥相關團體，一直是政界利害相關團體中的堅強成員，關係民代之獻金與人脈至鉅，事關民代之連任與否，立委自然爲之博

命演出。

　　最後，由於醫療事務十分專業，而健保法立法完成，健保局成為全國加保醫療院所的「唯一買方」，醫療利害相關團體，為了降低可能的風險，自然要壓低健保局的層級，並且以「公辦公營」為原則；甚至最好是「行政單位」，以方便立法院之監督。所以，從健保局成立迄今，整個的政經環境歷經更送，但健保的外在環境，日益艱困（如：安全準備不足、**轉診**制度不能推動、精算費率難以調整等）。

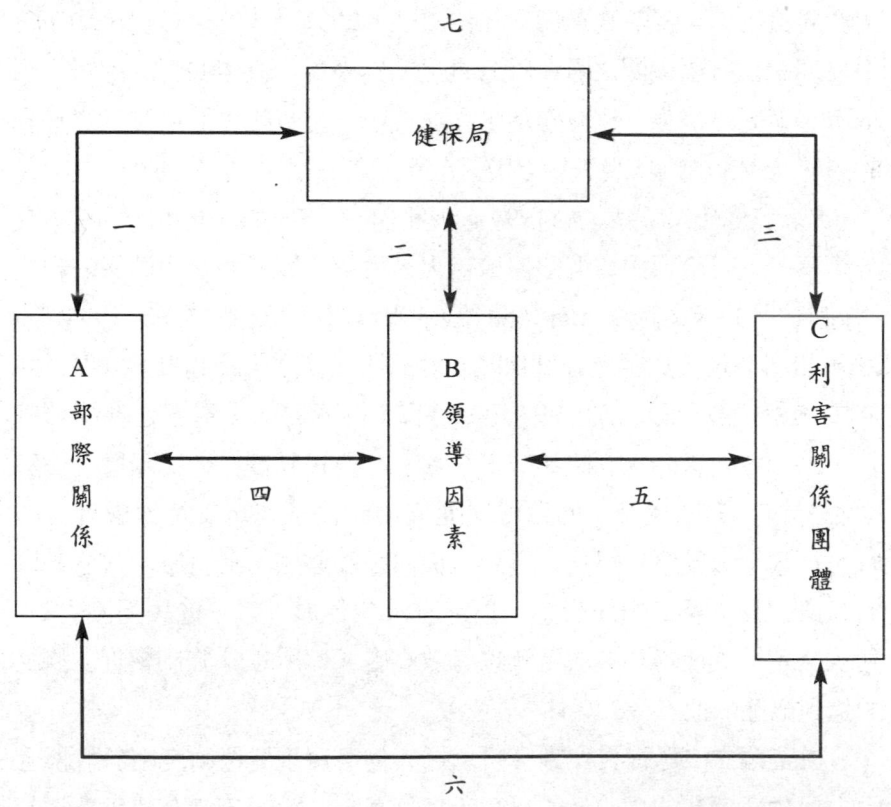

圖2-1　健保局在部（府）際關係、領導因素與利害關係團體等狀況　　　　　互動之運作關係圖

資料來源：作者自繪。

本書針對「軍人納保案」、「兩性工作平等法」及「擴大費基案」等三個攸關健保存續的法案，在國會運作之實際情況，從部（府）際關係、領導因素與利害相關團體等三個面向，並依據國家理論來加以探討陳述如下（如圖2-1）：

一、健保局之部（府）際關係

健保局係行政院衛生署之下屬單位，其行政費用全賴衛生署補助；而其復為國營事業，所以預算之審查於審公務預算時審查乙次，在審國營事業時，又要再審查乙次。而預算審查時，有關附帶決議、主決議問題之處理，與朝野協商決定刪減額度等問題，每每造成署、局間的緊張關係。至於法案之修立（如：「軍人納保案」涉及國防部之權責；「兩性工作平等法」案的主管機關在勞委會，但其執行復涉及行政院、主計處與勞委會等），往往事涉數個單位，甚至上綱到行政院的層次。但因健保局並無法與聞行政院院會，而衛生署復有其施政之優先順序，加上衛生署與國防部相較，勢屬弱勢（行政院院會），所以很多法案之推動，循正常之管道往往難有成效；另闢蹊徑，又會造成部際與院際關係之矛盾與緊張。

二、健保局與各利害關係團體之運作

Wilson（1993）將利害關係團體界定其要件為：「是有自主性的組織（organization），免於政府或政黨的控制，並且試圖影響公共政策。」（王鐵生譯，1993：9）。由於健保局3,507億元（2004年）之保險給付預算，事關勞工、農、漁民、軍、公、教人員與國庫、雇主等各階層之保費提供者；而其分食復與醫師、復健師、職能治療師、物理治療師、護理師、中醫師、藥師、藥商、醫療器材商及牙醫、中醫、基層診所與各級醫院等，均有切身關係。至於與本書有關之軍人

與軍眷、勞工團體、婦女團體等俱屬利害關係團體，且為立委選票之來源，與前述醫療利害關係團體之差別只在「選票與鈔票」而已。所以，在決策方面，相關利害關係團體無不卯勁爭取影響力，試圖能從中取得優勢。而在這場權力競逐的遊戲中，動見觀瞻的國會，正是最常被用來較勁的場域。

三、健保局之領導階層與其他垂直領導之關係

由於健保議題事關全民就診之權益，其利益之競逐可謂無日無之。但是，由於近年來衛生首長更迭頻仍，對健保之政策、財務壓力、國會障礙、利害關係團體之運作等，不易熟稔（誠如李明亮前署長於卸職前所述：剛接任時實不瞭解健保業務，好不容易熟悉了，也知道其困難與值得敬佩時，卻要卸職了），加上國會運作時機之掌握十分重要，且身處前線勢必無法事事請示；何況當家的難處，也常非他人可以清楚。因此，在推動健保議題方面，負責事務執行之中央健康保險局，往往逼不得已而必須走上火線，以求能永續經營。於是，「大、小頭」之間的互動往往形成微妙之狀態，此時，成果往往是「釋疑」的最好處方。套用約瑟夫.S.耐伊在政府領導新模式的說法：「領導人若要具備符合新時代的領導力，就必須瞭解這個世界的動態，以及全球化、市場化、資訊革命等趨勢對民主政治的影響。」（柯雅琪譯，2003：348）。

四、健保局與衛生署及各部會間，有關之利害關係
　　 團體之運作

利害關係團體既試圖影響政策，所以可能與政府或政黨過從甚密，也可能代表政府提供或經營政策執行事項；且如果利害關係團體強而有力，以致公共政策只不過是各利害關係團體意願的總合（王鐵生，1993：9）。觀諸國會立法或其他運作軌跡，某些案例（如：「醫

療法」修正案有關醫療法人一節）利害關係團體之運作確實斧鑿般般；而健保局以「小媳婦」之角色，又如何周旋其中，從容運作呢？持平而論，難爲而能爲，端賴領導者之決心與資訊之靈活。

五、健保局之領導階層與衛生署之領導階層之間，相關利害關係團體之運作

　　雅各·巴索（J. A. Basso）於1990年便以法國的例子指出：「眾多的利害關係團體，他們所採取的行動的疏密、強弱及走向都隨事件之不同與演變、輿論及有關當局之政策而轉移或調整。」（陳浩譯，1993：11）此在強調各該團體之「壓力」問題之重要性與複雜性，其中包括壓力發展的範圍，應採取政治化或非政治化的壓力尺度、方法、訴求點或目的，以及問題本身及後果的發展等。由於台灣地區選舉與政黨的關係十分複雜，加上利害關係團體彼此利害未必一致：或因個案的尋求利基；或因通案的創造突破，自然會爲了達成目的而給予不同的領導階層施加壓力。所以，垂直部際領導間，往往在制定政策或決策時，因著利害關係團體之介入而生出問題。

六、健保局之領導階層與衛生署之領導階層和各部會運作之關係

　　以「統治成本」（ruling transaction costs）的概念（陳敦源，2002a：165）來詮釋所擬陳述之三個案例來說，由於政務官的更迭頻繁，磨合不易；加上其他部會領導階層常非如過去般來自常任文官體系，而有不次拔擢或起用自地方基層者，對於傳統官場文化並不熟諳（水平方面），所以徒增甚多不必要的溝通障礙。於是原應該在行政院內妥處的問題，既在行政體系難以求得公道，甚至委屈也難求全，在第一線的「媳婦」們爲了通權達變，往往將戰場移至立法院來解決。此是

在實務面所常發生之事，只是過去少有人願意觸及而已。

七、健保局之領導階層與衛生署之領導階層和各利害關係團體以及各部會之錯綜複雜關係

　　健保的業務龐雜，性質卻頗單純，但因事涉人民權益與企業利益（如藥價之調整，除了當事的署、局外，與外交部、經濟部均不無關係；而保費之調整，與勞委會、銓敘部、主計處、國防部、經濟部均有實質關係。），所以很多健保局想當然耳的事，就常會淪至「不明」情況；甚或前方猶在「力戰」，而後方已然「媾和」之事，亦所在多有。顯見其間關係之複雜與角力之慘烈。

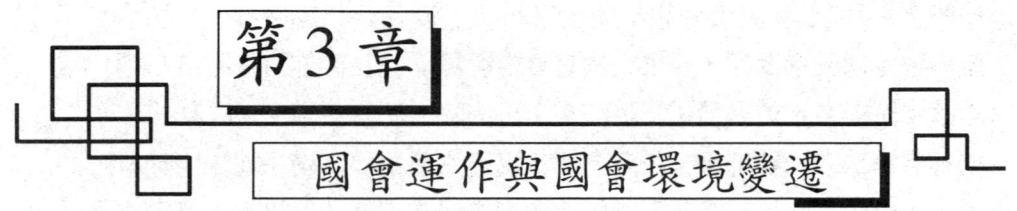

第3章

國會運作與國會環境變遷

- 行政部門在國會運作體系之沿革
- 國會聯絡員面對的制度環境與運作
- 國會聯絡員的人際網絡與工作範圍
- 結語

　　要研究行政部門在國會運作之情況，自然應該先知道我國立法院近年來的重大環境變遷，筆者茲僅就運作攸關之人與事作一梗概簡介。

　　1989年，自由地區立法委員增額選舉，選出了台澎金馬地區及各職業代表等130人，與依法未改選的第一屆立委共同在國會議事。1990年4月3日，立委陳水扁先生等26人在立法院以臨時提案方式，將國會定期改選問題，要求大法官會議解釋；立法院旋於4月13日通過該臨時提案，並函請司法院解釋。司法院大法官會議於6月21日作成釋字第二六一號解釋，認為：「為適應當前情勢，第一屆未定期改選之中央民代除事實上已不能行使職權或經常不行使職權者，應即查明解職外，其餘應於1991年12月31日以前終止行使職權，並由中央政府依憲法之精神、本解釋之意旨及有關法規，適時辦理全國性之次屆中央民意代表選舉，以確保憲政體制之運作。」而包括國大代表、立法委員、監察委員的第一屆資深中央民意代表，也就於1991年12月31日全部退職（陳淞山，1995：14～15）。從此，立法院邁入一個嶄新的格局。

　　1993年2月就職的第二屆立法委員，在161位當選人中，國民黨籍者有102人；民進黨籍者有53人（含補選之黃信介委員）；另有6位為其他屬性。1996年2月就職的164位第三屆立法委員中，屬國民黨籍者有85位；屬民進黨籍者有54位；屬新黨黨籍者有21位；而其他屬性者則有4位。1999年2月就職的225位第四屆立法委員中，屬國民黨籍者123人；屬民進黨籍者有70人；屬新黨黨籍者有11人；其他屬性者有21人。2002年2月就職之第五屆立法委員中，屬民進黨黨籍者有89人；屬台聯黨籍者有13人；屬國民黨黨籍者有70人；屬親民黨黨籍者有46人；新黨黨籍1人；另無黨籍及其他屬性則有6人（如附錄表三）[1]。而各屆立法委員連任之情形，除第五屆在225席中，新

人占112人，係屬微過半外；其他各屆之連任人數均未超過50%，顯見淘汰之烈；且此一事實，亦符合安東尼‧唐斯（Anthony Downs）在其名著《民主的經濟理論》（*An Economic Theory of Democracy*）一書中將政治人物設定爲：追求個人利益的理性算計者，故所有之作爲，皆以獲取連任爲首要考量；所謂政策的主張或理念，事實上都是純爲私利考量下的手段（purely as means to the attainment of their private ends）（Downs, 1957）的說法。顯見中、西方的國會議員在連任的路上，都走得十分艱辛。

　　新人輩出的國會，其成員自然趨於符合社會現實的多元化與複雜性（何鴻榮，2001：92），而地方山頭與派系的進入國會，更使得國會權力化與立委之自主性大幅提升，利益的交換也就倍加明顯；同時，本書有關的第四屆與第五屆立法委員任期內，由於1997年7月18日國民大會三讀通過「憲法增修條文」第九條第二項之規定：從1998年12月21日起，調整台灣省政府功能、業務與組織（郝龍斌，1998：13～21）。即精省凍結省長及省議會議員之選舉。省政府成爲中央派出機關後，多數的省議員轉換跑道參選立委，結果近八成的46位如願以償。於是，資深立委退出後，形塑不久的國會文化，再次面臨大的轉型調適，原屬省議員與地方議會的風格，遂摻雜進入；另外，誠如曾任立委的監察委員黃煌雄先生所言：第四屆立法委員是黑道勢力最旺盛的時候，所幸黑道在立法院並不會快樂，完全沒有成就感，因爲擔任立委需要專業、需要集中精力，而不只是「呼朋引伴」。針對黑道立委在國會的逐步退位，成爲國會歷史，這也是一種進步與發展（黃煌雄，2004：205～206）。

　　立法院歷經老法統淡出與新法統初建的階段、肢體語言興盛的階段、次級團體縱橫的階段，以及黑道漂白化（詹中原，1999：73）；並伴隨政權移轉階段。迄於今，緣於總統大選的「藍、綠」氛圍直如凝霧難以祛除，社會價值觀之分裂，亦衝擊著國會議事；而個別立委確實也有某些人值得爭議，但現在立法院的制度性架構與事實，整體

來說是比以前好（羊憶蓉，2004：209～210）。

研究國會環境的變遷，次級團體的遞嬗自是不能不加以詳述的部分。在資深立委退職之前，執政的國民黨在立法院內擁有七成以上的席次，其黨政的運作，不只關係國家施政大計甚鉅，更直接影響國會功能的發揮。惟因執政黨內普遍存有「重行政而輕立法」的心態，黨籍立委在國家政策制定的過程中，每每被矮化為為政策護航的棋子，使得增額立委「黨意與民意」孰重的兩難，始終存在心頭。而當增額立委自主意識普遍抬頭之後，在民意的壓力下，黨中央與黨籍立委間之關係自大不如前，就政黨政治的觀點來說，此絕非執政黨中央與黨籍立委所樂於見到的。尤其，執政黨決策中心與黨籍立委間，上命與下情的溝通繁複而轉折，更倍增立委的疏離與挫折感；於是，背負著沉重的民意壓力的執政黨籍增額立委們，外要與在野的政黨對手競爭；內要累積連任或更上一層樓的政治資本，遂集結組成各種非正式的問政組織，以發揮整合人脈、帶動群體關係成長、聯合聘用助理強化問政品質、爭取政治影響力等功能，而這就是次級問政團體產生的過程。

這些次級問政團體，或因理念結合而成立，如「集思會」（1988）、「協和會」（1990）、「新國民黨連線」（1990）、「創新會」（1990）；或因背景近似而組成，如「金釵盟」（1990）、「厚生會」（1990）等等，由於次級團體成員重疊性極高，故其本身的內聚力事實上有強弱不同的差異，所以分分合合也常令人眼花撩亂。但在內聚共識、爭取政治影響力、與提供法案助理群襄助立委行使職權的實際功能上，確有一定的效果。因此，也可說次級問政團體的出現，有其必然的原因。此所以次級問政團體的出現或與執政黨以往「黨中無派」的純淨化組織原理有所不合，惟因此一機制係基於現實所自然衍生出的政治現象，對於國民黨籍立委國會倫理的重建，有其一定功用。否則，在資深民代全數退職之後，所遺留之125位增額立委中（其中國民黨籍93人；民進黨籍18人；無黨籍12人；社民黨、青年黨各1

人），新任者有84人，占全部委員之67.2%；而三任（含）以上者，僅有25人，占全部委員之20%，國會之亂象必然倍增。此一階段的次級團體全屬國民黨籍，在法案與預算的影響力，有時更甚於在野黨；而在對政策的發言權的爭取，與黨內地位的鞏固擴張方面，更達到了相當的效果（如：「集思會」的饒穎奇委員接任林棟委員的書記長位置）（周育仁，1995：123）。

至於民進黨內，當時只有泛美麗島系、新潮流系與獨盟三個黨內流派，在國會維持其一貫之「對內百花齊放；對外口徑一致」的政黨原則，並堅持學者所謂「泛策略性之問政情結」——即所有問政作為及動作，都是為達到某一個政治目的，所運用的策略而已的概念（concept），用以強化選民之「意象」（image）（中華民國國會功能改革會，1992：31）。之後，隨著立委人數的增加，民進黨在國會亦開枝散葉呈現：「美麗島」、「新世紀」、「福利國」、「獨盟」、「新動力」、「正義連線」、「新潮流」等黨內流派。執政之後，因黨內紛爭並一度在國會組成「主流聯盟」與「新潮流」相抗衡之局面；惟不管在野在朝，據筆者所知，民進黨內的各流派，均屬其黨內路線與派系的延伸，並未涉足政黨以外利益。

第二屆至第四屆立委任期，次級團體分分合合，且因立委人數的增加，而有擴增之現象，但仍多以聯誼性為主；較引人側目的，則屬跨黨派的「華隆幫立委」。而第四屆立委因原屬省議員之立委當選之後，在國會亦以原來之省議會方式組織次級團體（如附錄表四），用以凝聚戰力，「親政會」、「親民會」即屬之；而此類團體初期之問政能量，確實與國會其它次級團體有所差別。而第四屆立委任期內的次級團體，也確實比諸前幾屆要多（何鴻榮，2001：93～94），且競逐亦十分激烈。此可從：「離島開發條例」、「公益彩券發行條例」、「電子遊戲場業管理條例」等案審議之情況，瞭解次級團體在其中所發揮之影響力。

第五屆立委到任之後，由於國民黨已不再執政；加上親民黨與新

黨各有主張；其次，因爲黨團協商機制的逐漸成熟，從政黨協商即可以取得有效箝制法案與預算之戰略地位（況且由於此時之黨團協商並不記錄過程）。所以，傳統以國民黨爲主的次級團體正逐漸式微；惟在「朝不朝、野不野、政不政、黨不黨」的政黨行事無規範，立委行爲無拘束的國會（蕭新煌，2004：201～202），會因勢利導的創造出怎樣的次級團體演變，恐難在此逆料。

在國會議事，從朝野協商法制化，再提升爲政黨協商（包括民進黨執政時，因停建核四案所引起的關閉政黨協商大門，在野聯盟自行協商主導議事階段）之過程，攸關整體國會運作至鉅。所以，對於此一變遷過程及可能的運作方案，實值得記述。

就法理而言，立法院每一位立法委員都是平等的，可是立法院議事係採用合議制，若人人都各自爲政，則各種意見的整合勢必將困難重重，連帶所及，合議制的結果必然將無任何「產出」的可能。爲了使各種不同的意見透過有效的運作，獲得整合而得到有效且具體的「產出」，一則有賴「遊戲規則」的建立與共守；二則有賴於議會倫理的適度約束。就功能面來說，國會倫理所重視的絕非「兄友弟恭」式的行爲模式，而是在緊密的人脈基礎上，合理的規範彼此的互動關係，並因著政治資望、能力、操守的被肯定等因素，自然地區隔出領袖與支持者的角色，進而在此一無形的結構中，發生意見過濾與整合的功能。所以，就問題的界定而言，國會倫理的存在因國會領袖功能的發揮而得以彰顯；而國會領袖的功能發揮，也因國會倫理的存在而堅實穩固。

上述「遊戲規則」的建立與共守，在歷經資深立委退職前幾次激烈的議事衝突；甚至立委在院會發言台點燃事先浸泡汽油的衣物、霸占主席台及敲斷議事槌等情境後，有識之士即取法民主先進國家擬定策略，要終結此惡質議事文化的手段；而在尋求互重互信的共識中，朝野協商之制度逐被引進，且置於立法院第二屆第一會期修正通過之「召集委員選舉辦法」之中（劉文仕，1993：35）。幾經改革，「立法

院職權行使法」於1999年1月經總統公布實施後,黨團協商的位階,正式由內規性質的辦法,提升到法的層面;併同其他國會四法規範國會議事,對於個別意見的調和,提升立法與議事效率確實有一定之效果。但是,作為政治櫥窗的國會,任何政黨間的衝突,皆可能波及政黨協商的運作。因此,由媒體民調所顯示的,國會朝野黨團是主要政治亂源,與國會失靈是影響整體政府效能根源的看法(何鴻榮,2001:105~106);似宜從整體政治版圖的移動、政治資源的分享、乃至立委個人的參選危機或政治生命延續、財務之損益等面向觀察。此亦值得所有關心國會運作的人,細細品味,並再三琢磨。

　　至於其他有關委員會之增設、法制與預算幕僚單位之設立與擴編、國會圖書館之擴大、文件調閱權之增設、委員會公聽會之舉行、委員提案之相關規範等事項,無非在輔助立委諸公強化議事功能,提高議事效能,並用以落實監督行政之作為,乃屬民主常規之必要,茲不另贅述。

第一節　行政部門在國會運作體系之沿革

　　立法權為國家統治權之一部分,基於權力分立之原則,由人民選出之立法委員,代表人民行使立法權。依據憲法第二條規定之主權在民原則,立法機關所制定之法律具有最高性,除違憲之法律得經司法院大法官會議作無效之宣告外,人民及各級行政機關均受其約束。此即憲法第六十二條規定:「立法院為國家最高立法機關。」與憲法第一七○條規定:「本憲法所稱之法律,謂經立法院通過,總統公布之法律。」在我國因實施五權分立,國會之涵義未明,司法院大法官會議釋字第七十六號雖指出:「國民大會、立法院、監察院共同相當於民主國家之國會。」(1957年5月23日);惟因我國經過六次修憲後,國民大會已改為任務型國大(2005年6月10日已修憲廢除,將相

關職權回歸立法院）；監察院亦已成為準司法機關，渠等多項重要職權，如總統、副總統之罷免權與彈劾權、人事同意權及領土變更提案權等，都移轉由立法院行使，而使立法院作為國家國會的職權更加充實健全，實質上已成為唯一的中央民意機關，與民主國家的國會名實相符（立法院法制局，2004：550～553）。因此，本書所指的國會運作，亦單指行政部門對立法院而言。

行政理論者宿Dwight Waldo（1980），對於美國的國家發展，有著「先希臘（民主）、後羅馬（行政）」的路徑詮釋，但是我國現代國家的發展，卻是先有龐大的官僚機制（羅馬），近年才有民主成分（希臘）的加入（陳敦源，2002a：10）。而公共行政最核心的問題，正是政治與行政關係的問題。民主的國會講究回應、代表、責任的價值；科層的行政追求的則是效能與技術理性的價值（Gamely, 1987: 153-169）。國會以政治的觀點看待可行性；行政機關則傾向以技術觀點分析可行性。國會的運作常有過度反應特定或地域性利益的問題；行政體系也常有與功能性利益緊密結合或便宜行事的問題（Rockman, 1984: 389-441），兩者無論在價值取向、組織結構與運作方式上，都有不同。因此，統合兩系統間的溝通協調，是十分重要且值得關切的議題（何鴻榮，2001：139～140）。

一、 國會運作之緣起與國會聯絡員制度之催生

國會運作的緣起，係緣於行政院對於政府公共關係專業制度之建立。自政府從大陸播遷來台，1953年行政院於3月20日舉行第十三次院會，即決議建立各公務機關之公共關係制度，包括公共關係的組織體系與業務範圍之建制。是年五月，交通部暨所屬機構，首先設立「公共關係室」設定職位、配置專人，用以負責該機關公共關係業務之推行，是為我國政府機關建立公共關係制度之始。1958年4月，行政院發布「各級行政機關及公營事業推進公共關係方案」，規定推進公共

關係的組織為：

> ‧應指定專人，秉承首長之命負責處理公共關係，必要時得設置
> 　單位專責辦理。
> ‧公共關係單位工作人員，應由原有員額內調派，視業務繁簡擬
> 　定編制表，報請上級機關核定。

　　而在同時規定的公共關係工作範圍之第四項重點：為加強真實報
導……博取瞭解贊助，以培養良好之新聞界關係；另在第五項明訂：
加強與民意機關暨其他機關之聯繫，以求支持與響應（張蔚德，
1991：123～145）。顯示當時有關政府公共關係的決策，是將同業關
係、民眾與輿論公意、媒體新聞及民意機關等相關聯繫業務，統合為
一個專人或單位之專責業務。又因立法院總質詢與預算、法案審查之
需要，首長至立法院備詢之時，每每由公關人員隨扈前往；另有關立
委之年度考察與監察院之巡察或業務調查；乃至國民大會之臨時會之
召開，在在都係公關人員居中聯繫、溝通。而上開中央民代，若對行
政單位有所請託，亦常是透過公關人員之穿針引線與協調。甚至，當
政務人員與民意代表有所衝突或誤會時之彌縫說合（如吳春晴立委與
俞國華院長）[2]，亦都仰賴公關人員之有效穿梭發揮功能，和諧各方並
促進政務之推動。此應是行政部門在國會聯絡與運作之濫觴，殆無疑
義。而從早期的公共關係方案時代，公關人員處理國會聯絡事宜，綜
合而言，有如下的一些意義：

> ‧公關人員秉承首長之命，專辦或兼辦國會聯絡事宜。
> ‧一般部會或相關機構，並不另設公共關係室，僅以單位兼辦性

---

2 1987 年 2 月 24 日資深委員吳春晴先生在立法院總質詢對行政院俞國華院長的口
　頭再質詢中，就俞前院長在中央銀行總裁任內有關之私生活情節，多所指涉；
　事後行政院秘書長王章清先生等人，循多方管道澄清，終獲吳委員諒解
　（1987，2 月 25 日）。《自由時報》，3 版。

質處理公關事宜；但若設立公共關係室，則必定爲任務編組之單位。

· 接觸業務單位的一般諮詢聯絡工作，由相關處室人員處理。

· 有關媒體與民意機關之聯絡工作，概由機要人員或專人出任或處理。

· 公關人員之位階，從一般單位之公關人員到行政院秘書長皆可能扮演[3]。

　　1962 年，台灣省省議會在諸多政治精英漸次加入，對時政每多針砭；且媒體報章雜誌之傳播，更形廣泛與發達之情勢下，台灣省政府遂訂定「台灣省政府設置府會連絡員實施要點」，規定省府合署辦公之廳、處、局、會、團等各機關（構），一律要在現職人員中，指派具有協調溝通能力之人員兼任府會連絡員（此是台灣地區首次出現行政機關與民意機關府會連絡員之設置）。專責於台灣省政府與台灣省議會之間對外、對內、與對新聞界等之關係，並與公共關係單位密切配合推展工作。是爲台灣省政府正式設置人員特別著重府會關係之開始。1972 年，政府因推行「精簡機構」政策，而將各機關之公共關係單位裁併，納入秘書室內設定爲秘書之業務兼職，府會連絡員之工作雖仍其舊，但已失去業務主管單位之位階。

　　1978 年 7 月，行政院頒布「行政院與立、監兩院聯繫注意事項」（如附錄一），要求院屬各機關之政務次長或副首長，應負起與立、監兩院溝通聯繫之主要責任。並視業務需要指派聯繫人員，經常與兩院及其關係委員會溝通聯繫，俾各委員能瞭解行政部門之工作實況；且於立、監兩院院會及關係委員會開會時，聯繫旁聽（注意事項第二

---

[3] 此與後來之行政院秘書長張有惠、李應元等先生擔綱國會聯絡重任之情況十分神似；惟張、李二氏出任斯職時之兩院政治互動情勢，非王昭明、王章清兩位先生擔任時可比。

項）。至於法案草案送審前與相關委員或委員會之事前溝通（第三項）；或部際間發生意見時之處理（第五項）；立、監兩院有關文書之管制與答覆（第九項）；乃至立、監委之考察與巡察之聯繫安排（第十三項）等，有相當清楚之規定。此是國家最高行政機關首次明確表達對國會聯繫之重視，也為國會聯絡員的催生與定位，作出了極重要的一個政策決定。

二、　行政院國會聯絡組織的成立與運作

「行政院與立、監兩院聯繫注意事項」的頒布，在立法權長期受到人為刻意的壓抑，以致淪為行政權的合法化「橡皮圖章」，充其量只不過是行政部門的「立法局」（何鴻榮，2001：12）的年代，確實是一件前瞻性的工作。此或由於，一者在1969年首次在台補選之增額立委11人，與1972年增額選出之51名立委及1975年選出之52名立委，雖然人數比例遠遜於資深立委，但確已在國會嶄露頭角；此外，1978年原應舉辦的增額立委選舉，因適逢中、美斷絕邦交關係，政府頒布處分令延後是項選舉於1980年舉行，惟之前「黨外」人士即已積極舉辦演講、出版雜誌、書籍，鼓吹民主，給予政府相當的壓力。二者在省議會的「黨外」省議員，如出身國民黨黨工之張俊宏、許信良等人，追隨許世賢、郭國基等等號稱「五龍一鳳」[4]的省議會的民主先鋒，積極昌言體制改革，兩相激盪，行政院遂有所因應，且幾經修正。

據筆者於1986年進入國會，開始擔任國會聯絡員之近身觀察，當年總統府派出了一位葉甫荇參事，長期在國會活動；葉君練得一手速記的好本領，在國安三法審議期間，他可以非常迅速且完整的紀錄委員的發言與主席之決議，當時部分記者偶會請其補正訊息。其次，當

---

4 五龍一鳳係指：李源棧、李萬居、吳三連、郭雨新、郭國基與許世賢等五男一女六位省議員，在戒嚴時期，渠等之問政以敢言、清廉著稱。

時的各情治單位，無論國安局、警備總部、調查局、憲兵調查組、警政署等單位，也均指派人數不等的幹員，負責蒐集國會之動態情資（立法院公報第80卷第51期，1991：36～45），與掌控衛戍區的治安狀況。而在當時的時空環境，警備總部係以正式申請之國會聯絡員赴立法院聯絡；其他單位，則多以安全維護或情商出任立委助理作爲掩護（聯合晚報，1991年7月28日，3版）。而一般行政部門的公關人員，除了陪同首長接受備詢或立委有事相召外，甚少在院區出現；所以，在此一時期出現的國會聯絡現象，是情治單位的國會聯絡人員，遠比行政單位的公關人員勤快，且能充分掌握國會動態。

　　1989年，增額立委的改選，130位新科立委進入國會；資深立委的次級團體C. C.派與座談會派，早已淪爲交誼廳的「象棋派」[5]；而反對黨藉體制不合理之理由，持續以激烈的問政手法衝撞體制與杯葛議事，以肢體衝突與破壞公物的問政行爲，自1986年以來，可謂已司空見慣。甚至利用民眾遊行包圍立法院，並在院外叫囂，而議場內以各種方式干擾議事，內外相呼應，也是這一階段的重要立院場景。至於在國民黨內新成立之次級團體「集思會」與「新國民黨連線」，也在李登輝總統就任後，投入主流與非主流的鬥爭，使得國會議事運作倍加困難重重；而行政部門對國會的影響力也因此被抵銷不少。尤其政治性高的議題，每每需藉助反對黨充分發言後，以包裹表決的方式處理，更徒增議事廳的暴戾之氣。

　　處於此一外有在野政黨衝撞猛攻，內有次級問政團體爭鋒交鬥的情況下，時任閣揆的李煥先生，爲了強化對立法院的溝通功能，以影響國會有史以來最多的增額立委之動向；並亟思在黨務部門的運作之外，另闢具有政治運作功能的機制，特別在1990年4月，將原來辦理政黨聯繫業務的行政院參祕室改組擴編成爲專責的國會聯絡組（何鴻

---

5 第一屆立委時代，立法院群賢樓二樓之交誼廳，設有甚多象棋桌，資深委員每每於公餘之暇於此擺陣廝殺一番，故稱之。

榮，2001：155；李譫，1992：55；馬紹章，1990：184～185）。
並由卸任立委的行政院顧問謝生富先生出任首任組長。渠以「這是一
個以服務立委來建立特殊公共關係爲任務的組織」自律（吳春來，
1991：39），包括工總理事長林坤鐘先生等三位顧問及七位專任行政
人員，分別擔任行政院與立法院的聯繫窗口，並取得立法院之同意，
在國會內部設置行政院國會聯絡組辦公室，作爲行政院與各行政單位
與國營事業單位國會聯絡人員工作交誼的據點[6]；並頒布：「行政院
暨所屬各機關國會聯絡員業務聯繫實施重點」（如附錄二）。從此，各
部會與國營事業體也紛紛強化或設立公共關係室或改設國會聯絡室
（總統府在組織法修正時則改以公共事務室掌理相關事務），作爲與國
會（立法院、國民大會、監察院）聯繫及接待各級民代與質詢、預
算、調查、巡察等資料或案件之彙整專責單位。同時，值得一提的
是，由於國會聯絡事務的特殊性，在國民黨執政時期的前面三任的行
政院國會聯絡組組長，皆是由立法院推薦黨政關係良好之國民黨籍卸
任立委擔任，且此一階段的國會聯絡組，歷經第二、三屆立委之衝撞
與挑戰，但是因爲組長皆係出於國會院長之推薦，且在國會人脈分布
深廣，嫻熟立法院的生態，雖對行政機關的運作並不十分熟悉，惟在
講交情、論實力的國會，仍能十分稱職的扮演好行政與立法之間的調
和及緩衝器的角色（何鴻榮，2001：187）。

　　綜合2000年5月20日政權轉換之前的行政院國會聯絡組之工作，
除了不爲外界瞭解的立委與政院高層的互動聯絡或安排外，工作重心
皆擺放在：蒐集委員質詢的題目、政情動態、與執政黨黨團密切配合
動員黨籍立委、乃至瞭解委員會與院會之審議狀況等；而自1999年2
月之後，由於續任的國會聯絡組組長不再由卸任立委擔綱，加上行政

---

6 此一據點，2000年5月20日之後，立法院收回使用權；改以院外青島東路3-1
　號之小辦公室提供使用；第五屆立委任期起，行政院遂在濟南路上中央辦公大
　樓之北棟地下室另行設立行政院國會聯絡組辦公室。

院高層將國會聯絡的重任轉賦予行政院秘書長，所以開啓了行政院秘書長頻頻奔走於國會的場景。從此，行政院國會聯絡組的工作，因採用平均和責任區的方式，全員配有固定之聯繫委員，並各選定一個委員會及黨團加強聯繫，更使得任務流於靜態和被動。

三、 健保局國會聯絡事務體系之遞嬗

1990年之前，行政院衛生署之國會聯絡事務，概由任務編組之公共關係室兼辦，斯時的公共關係室，置兼任主任與聯絡員及負責新聞聯絡之職員各1人。主要之工作範圍在新聞聯絡、民眾疑問的解答及國會聯絡事務的通報與聯絡等；主任或由參事或專門委員出任，平時並不主動聯絡國會，而是於陪同長官備詢或處理國會請託事務時，才赴國會。此亦爲當時一般部會處理國會聯絡事務之模式。

1990年6月2日立委張博雅女士接受行政院長郝柏村先生之邀，出任署長一職，初期仍沿襲舊制。同年十月，筆者轉任衛生署任國會聯絡員，由於主要承辦國會聯絡事務，筆者將大部分心力置於國會聯絡工作與內部業務之熟悉；且此一情況，迄於張署長離任他就，仍維持此運作模式。期間歷經五十餘個大小衛生法令之修正或訂定，包括：「全民健康保險法」、「中央健康保險局組織條例」與「國家衛生研究院設置條例」、「藥事法」、「醫療法」、「食品衛生管理法」、「藥物食品檢驗局組織條例」等等之法案，在長官充分授權及各業務單位熟悉職掌並充分協調下，總能協力完成一樁樁的任務。依當時衛生署的公共關係室架構，國會聯絡工作係以政務副署長爲首，而授權由公共關係室執行平日業務之模式。

1997年9月1日，詹啓賢先生接篆衛生署長，國會事務仍在公共關係室下辦理，並增加人手以因應業務需要。1999年8月改組公共關係室，將國會聯絡事務單獨成立國會聯絡組，成爲專責任務編組之單位，工作人員維持在3～5人，由一參事或簡任秘書負責；而各附屬單

位均被指定設立國會聯絡窗口，惟除了中央健康保險局與中部辦公室較為專責外，其他單位均為兼辦之性質。此一架構情形，在後續接任之李明亮、涂醒哲、迄於陳建仁署長，均未曾改變；惟任期僅八個月的涂醒哲署長，則更換了國會聯絡組之負責人；陳署長則又讓原來的負責人回任。

中央健康保險局於1995年1月1日籌備處牌掛未久，在主任秘書室下即有公關室之設置。因為全民健康保險業務，事關被保險人納保、就醫之權利與義務；且對於醫療院所、藥局、檢驗等醫事服務機構有著合約履行的義務；另外國內外製藥與相關代理機構，由於藥價的調查與核定，均攸關渠等之競爭力；加上各醫療專業（公）學會與團體之相關事務，屬於事務執行面之追蹤、協調與處置工作較為繁瑣；且因又兼辦公共關係與媒體聯絡，所以設置五位工作人員，惟並不設組長或主任，而由一等專員在首席副總經理指導下處理相關國會業務。

　　1998年2月9日衛生署賴美淑副署長，接替葉金川先生出任中央健康保險局第二任的總經理。三月底筆者從國家衛生研究院轉到健保局任職。五月健保局之公共關係室撤除，單獨成立國會聯絡室，成員有四人，由兼室主任綜理；至於新聞媒體之發布與聯絡，則成立新聞聯絡室改隸屬總經理室，以迄於今。

　　中央健康保險局的國會聯絡工作，由於全民健保本身即是在各種政治勢力較勁妥協後的產出制度，深具政治性乃是伴隨體制而來；復由於自勞工保險局承辦醫療保險以來，醫療規定本即缺乏彈性標準，在齊頭式的論件計酬制度之下，將所有醫院看成是同樣的組織結構，一視同仁，有形無形之中，已鼓勵了醫療組織的「官僚化」（bureaucratization），醫療工作漸次成為不近人情的交易。醫生與病人之間，無法維持人與人最基本的關係（primary relations）；病人變成了商品（李文朗，1993：49～50）。醫療倫理晚近受到全球化之影響，新科技藥物與器材的研發，以及醫療保健商品化的現象，在媒體傳播的廣度與速度下加快，醫療市場愈益自由化，醫藥專業人員的專業判斷愈受到利益掛帥的影響，醫療倫理淪陷的可能性已愈高（林萬億，2004：266）。於是，財團醫院大肆動員立委進行的遊說評鑑、更名[7]、擴床、違規處理、新設、新儀器的採購等，早已不是新聞；而藥事法一〇二條的修正案，醫、藥雙方動員對決的戰火至今未戢；IC卡之辦理、與醫療法人設立之遊說（2004年4月9日完成三讀）等，無一不是近年立法院議事利害關係團體介入之代表作。至於復健醫學與物理、職能治療的爭議、醫檢機構合約的訂定、藥價的核定與調查、指示用藥的是否依法不給付等等，不但國內相關團體間戰火不斷，在七大製藥公協會中，以外資廠為主的中華民國開發性製藥研究協會（International Research-based Pharmaceutical Manufacturers

---

7 財團法人奇美醫院之前身為財團法人逢甲醫院（1987年換經營團隊；1992年12月更名）（黃越宏，1996：342～393）。因行政院衛生署堅持為紀念最初捐資成立財團法人者之善意，所以堅持財團法人醫院不得更名。

Association, 簡稱IRPMA），甚且引進美國在台協會的關切；而每年的中美貿易談判，藥價問題亦幾乎從未缺席（工商時報，2004年6月2日，4版）。至於醫療院所之違規或違法、被保險人及投保單位之違規等狀況之處理與聯絡，早已是無日無之的日常服務項目。

　　由以上之概略情況，不難理解作為醫療唯一買方的健保局及其上級衛生署所承受的壓力之大。因為這一切利益攸關的運作，幾乎全有民代主動或被動的介入關心，所以健保局國會聯絡事務的繁雜瑣碎可以想見。

　　健保局國會聯絡室的業務，重點在於國會相關議事與議案的處理與聯絡，而議程的協調、朝野政黨協商的瞭解與強化有利態勢等，也是十分重要的工作項目；另外，有關委員、助理、國會職員、記者與相關委員會之聯絡及要求，以及託辦事項的管制、辦理，皆儘量結合長官之要求，視同重要事務妥予處理。至於國會資訊的瞭解、有關記者會或公聽會的掌握、臨時提案的聯絡、乃至陳情民眾之接見解惑等等，俱是日常工作的要點。凡此種種，皆可與工作同仁分享，用以增進彼此工作閱歷及方法，並使整個團隊更像一家人般的凝聚。

　　健保的經營，日趨困頓，究其原因，政治力的不當干預，或許是造成全民健保財務窘困及資源濫用最重要的原因。因此，如何讓全民健保健全運作？「遠離政治」幾乎是學者專家對健保改革的共識（張耀懋，2001：266）。作為台灣半世紀以來最大的社會制度工程的全民健保體系，並為美國廣播公司於2003年10月24日在World News Tonight電視節目中，被譽為典範（全民健保雙月刊，2004：19～20）；但在各政黨競尚以福利取向增加健保支出，卻又不同意相對提供財務調整方案之同時，以台灣地區選舉之頻繁，遠離政治已是不可能的一件事；且正逐漸演變成健保的重大危機（詹啟賢，2003：246）。所以，中央健康保險局之國會聯絡工作，仍有相當多考驗橫亙在前。

第二節　國會聯絡員面對的制度環境與運作

　　晚近的立法研究，主要是針對立法的概念、立法機關、立法過程、立法條件、立法趨勢、立法預算和規劃、立法實例、立法的專門史、立法制度的比較等，作一系列立法基本問題的研究（周旺生，1988：10）。若依研究範圍的重要性而言，立法機關、立法過程與立法制度，應爲國會研究的核心領域，此亦即國會制度之內涵。而具體析論之，針對立法機關組織或職權的「國會組織制度」，及針對立法機關立法審議過程與議事制度規範的「國會議事制度」，以及其他與立法相關的「國會關係制度」，三者共同構成國會制度的研究領域（陳淞山，1995：31）。所以，立法院於1999年完成修（立）訂的國會五法，基本上即在呼應此一研究，而有所因應之產物。作爲行政部門的國會聯絡員，在國會運作所必須瞭解且遵循的遊戲規則，根本之重點，即在此一相關規範及其延伸。

　　兼具學者與專家身分的何鴻榮先生，將國會聯絡員依其擔任的原因、工作動機和行爲取向、關心的焦點、憑藉的資源、擔當的角色等標準，大致將其分爲技術（專業）型、政客（政治）型、企業（全方位）型等三大類（何鴻榮，2001：257）。惟由於行政單位本身業務的複雜度、資源狀況、首長本身條件、任職的久暫、單位位階與屬性、部際關係狀況、政治敏感性等；以及國會聯絡員本身之心態、長官的授權情況、業務熟悉程度、對國會相關法令之熟稔程度、國會人際關係狀況、乃至長官的樹敵情形等，均必將發生相乘、相加或相減的效果。此在國民黨執政時期的國會運作，由於國會聯絡員久任一職之情形，所在多有，故或可以有脈絡可循；但自立法院第四屆第三會期總統大選政權更替之後，久任一職之現象已相對減少。在新人輩出，且

國會聯絡工作非短時間可以熟悉；所面對的工作狀況，又常難以博採諏諮而需當機立斷。凡此種種，在在皆考驗著國會聯絡工作夥伴。茲筆者不揣淺陋，繪就「國會運作地圖」（魚骨圖）（如附錄圖一），就國會聯絡員在國會面對的制度環境與運作，作一簡介。

一、制度環境與運作

所謂制度環境，係指依行政院倫理而來的行政單位的建制位階（如附錄圖二：中央健康保險局之部分部際、院際關係圖）及與此在國會運作攸關之國會幕僚單位。此一建制制度攸關國會運作至深且鉅。依學者對衝突的利益（conflicts of interest）的看法，無論機構組織如何，當其活動按不同的項目（如功能、地區）分組時，利益衝突即產生（Mintzberg, 1979）。而溫柏格也聲稱造成分割的原因，在私人企業與政府機關是相同的。組織的階層架構，原先設計即是為了明訂內部團體的分工與職掌，解決利益衝突。然而，組織階層架構的決定，本質上就是非常政治化（Hammond & Thomas, 1989: 155-184）。

其次，貝克‧傑生與莫非（Baker, Jensen & Murphy, 1988: 593-616）觀察績效的評估，發現部門間的預算與成本分配，因欠缺客觀績效評量標準，而容易造成彼此間的怨恨發生；亦即當成本的分配無法有理性基準時，內部決策即充滿衝突的特性。阿克斯（Eccles, 1985）的研究部門間移轉成本，也發現是衝突的導火線。此外，管理階層與受雇者之間也會產生利益與目標不一致的衝突（Miller, 1991）。管理的基本任務之一是決定目標及達成它，而利益的衝突與對目標的爭議，皆影響到管理的效能，管理者必須使用策略以獲得共識（徐仁輝，2001：71～72）。此見證在制度環境運作下之國會聯絡，部會的聯絡員唯對自己機關首長馬首是瞻，若政務未見衝突，尚能相互協調；若彼此有所異見，以致各自為政，則未見合作和統合（何鴻榮，2001：195），確是至論。

（一） 單位位階與屬性

　　國會聯絡人有來自總統府、考試院（包括銓敘部與考選部）、司法院、監察院、行政院及中央各部會、各國營事業單位等等超過488人。就院際關係言，行政院對立法院負責，而立法院會期中之總質詢，則是針對行政院院長在立法院所提出之施政方針及施政報告提出質詢，與會備詢之各部會首長是應行政院長之指定上台備詢，此即是行政之位階。至於各國營事業體，每年營收高達兩兆多，稅前純益少說也有兩千多億（中國時報，2004年5月23日，A4版），位卑而財多，預算又操之在人；更嚴重的是國營事業體是執行機關，而目的事業主管機關則是部會，所以在法案與預算案的主控權方面，常又因政務首長之看法及立場，與事業機關之公共管理者不盡相同，而出現扞格之現象。如近日立院審查國營事業發生之台灣鐵路管理局第三代電腦訂位及售票系統招標案，即為一例（中國時報，2004年5月23日，A4版）。就中央健康保險局而言，位階是行政院衛生署中央健康保險局；屬性則為國營事業。

（二） 部（府）際關係

　　就中央健康保險局在國會之運作而言，在衛生環境及社會福利委員會中（更名為衛生環境及勞工委員會），除了與直屬的上級衛生署係屬垂直的部際關係；與環保署、勞委會、勞保局、內政部社會司等單位，即為不相隸屬之水平部際關係（陳敦源，2001：239～240）。而在本書中所選擇的三個案例，在「軍人納保案」方面，與國防部及軍醫局亦為水平部際關係之單位；另外「兩性工作平等法」有關之行政院勞工委員會與主計處，亦屬水平部際關係之單位，而與行政院則是垂直部際關係之單位；至於「擴大費基案」中，與銓敘部的關係是屬於院際關係；而與人事行政局、財政部及主計處之關係，則為水平部際關係之單位。由於人事一條鞭制度之使然，就健保局人事室而言，人事行政局與其關係則應屬垂直部際關係，但單位人事屬幕僚性質，

所以應僅限於人事業務之請示而言；若就單位對單位來說則應仍為水平部際關係。另外，由於主計處在國會審查預算時，負責就行政院的底線作最後之計算工作，所以就預算審查之朝野政黨協商結果而言，主計處之權力，常常等同於行政院。

（三）　政治因素

依據健保法第六十七條之規定：當安全準備金超過三個月或不足一個月時，即必須調整保險費率或安全提撥率；另外，健保法第三十三條有關：轉診比例及其實施時間等，遲遲未見公告，即顯示政治因素考量之重大；至於有關「健保雙調」、「體制改革」等健保議題的激化兩院對峙或長期難解，益見政治因素的斧鑿般般。此對於行政管理者乃至政務首長來說，常是被質詢的問題之一；惟質詢者一般也只在凸顯問題，並非真有解決問題之良方。

就國會的政治因素而言，一言以蔽之，即為民意因素。蓋全民健保採取強制納保的規定，所有被保險人一體適用，而民眾的意向，常常是希望繳最少的保費，卻要求享受最好的醫療服務與照顧。於是，免除部分負擔的重大傷病範圍，不斷的被要求擴大適用；保費延遲繳納所衍生的滯納金，也遭到大幅度的減免；而依法精算後應據以調漲的保費，則難以調整，且因此造成的收支失衡，更益加使得健保局的財務狀況逐漸惡化。追本溯源，即是民意所代表的選票因素，讓執政當局在國會的壓力下，往往屈服於「民意」，難以依法執行。

另外，就行政院內部而言，國防部與主計處乃至勞委會，在行政院的實力或政黨倫理方面，也都遠非中央健康保險局可以望其項背，此又形成部（府）際關係的實質衝突，且往往難以在行政院內部取得適當的妥協或折衝結果。此類政治實力與倫理所形成的政策優先選項，既可歸類為部（府）際關係之實情；亦為政治因素重要的一環。而從前述的幾種情況來說，不難看出政治因素的複雜程度，及因此所造成的領導因素之橫生變數。

（四） 領導因素

制度環境既然指出了水平與垂直的部（府）際與院際關係；因此，此處的領導因素，自然是指兩個或多個有關同一議案的不同單位間之領導因素。學者以情境的觀點來看領導之方式，說明至少有四種基本的領導風格 —— 獨裁型、參與型、民主型、與放任型四種領導（盧建旭，2000：474～475）。但落實到權力運作方面，誠如英格翰（Ingraham, 1994）所認為的：政務首長背負政治責任與長官競選支票之兌現，著重的是立即有效的短線效果；而行政管理者，則較重視法令之可行性與執行及政策的連續性（轉引自盧建旭，2000：474）。所以當獨裁型的政務領導出現，行政管理者大概只能在去職與苟安間求得一個選擇；若有幸遇到參與型或民主型、放任型之政務領導，則雙方迴旋的空間加大，或能共創雙贏亦未可知。就本書而言，衛生署與健保局關聯之首長有詹啓賢、李明亮兩位署長；而行政管理者則有賴美淑、張鴻仁兩位總經理，其間之領導因素，每每因議題之不同而有不一樣的互動。

（五） 國會幕僚單位

就立法院之內部關係而言，立法院院長，一方面是立法院院會的主席；另一方面也是立法院此一國家最高立法機關的行政首長。關於此，「立法院組織法」第十三條第二項之規定：「立法院院長綜理院務。」；第十四條第二項規定：「秘書長承院長之命，處理本院事務，並指揮、監督所屬職員。副秘書長承院長之命，襄助秘書長處理本院事務。」而為完成國會的任務，立法院有一個屬於自己的龐大行政體系，如為國會議事作準備工作的議事處（第十七條）；為國會提供完整硬體設備的總務處（第十九條）、資訊處（第十九條之一）；提供立委資訊與專業知識的法制局（第二十條）；協助預算審查評估的預算中心（第二十一條）；與提供剪報及參考書籍的國會圖書館（第二十二條）等。此一行政體系獨立於行政院外的行政部門，而為國會

行政部門（parlamentsverwaltung）；其直接隸屬於立法院，並以立法
院院長為此行政部門的機關首長（陳淑芳，2001：200～201）。

　　值得一提的是，立法院在委員會的法案幕僚，僅有專門委員一人
（「立法院各委員會組織法」第十八條），此在委員會法案之幕僚配置而
言，似稍嫌薄弱；至於立法院近年依法所增設之預算中心和法制局，
進用了大批的專業分析人員，雖大大提升了立法院整體的幕僚資源，
惟因法制局內所進用的法律人員仍然不到三分之一，若僅是作法制工
作足夠；但是作政策研究，則仍遠遠不足（羅傳賢，2004：236）。另
外，立委的個人公費助理，係依「立法院組織法」第三十二條寬列（8
～14 人），並由立委任免，立法院聘用，是非屬立法院院長指揮監督
的職員。

　　站在國會聯絡員的立場，在國會叢林的運作必然需要與國會幕僚
單位結合，才能發揮得心應手的結果。例如，在法案的推動方面，議
事處的議事專家，處在講究國會成例的議事倫理與議事程序環境，於
仿如師徒制的傳承裡（如前秘書長胡濤先生及現任議事處長周萬來先
生），以堅持與剛正贏得朝野立委之敬重，成為國會議事運作之靈魂之
一，是值得時時請益的活字典。至於預（決）算有關的財政委員會與
主管事務的委員會[8]、以及預算中心，事關預（決）算案之審議先期
作業，並可能影響審議之結果；而司法及法制委員會則事關各單位組
織法或組織條例之修、立；議事處編印科，印有議事日程及法案草案
之對照表，對院會進度及議程掌握有極重要之影響；至若公報處的公
報初稿之修正及公報之取得；人事室之立法委員通訊錄之編製等等，
俱是國會聯絡員於國會運作時一定要熟悉的地方。

---

8 主管事務的委員會，係指與行政單位相對應，且依憲法第六十七條之規定設立
　之委員會，如衛生署、健保局事務屬於衛生環境及勞工委員會所監督；國防部
　事務屬於外交及國防委員會監督。

二、 場域環境與運作

十九世紀的英國政治思想家約翰·彌爾（John Stuart Mill, 1806-1873），對於國會對民主實踐的重要性曾表示：「最好的政府，便是全體民眾或絕大多數民眾可以透過他們定期選舉產生的代表，實現對權力的最終控制。」（Mill, 1951），而民意機構能否健全運作發揮功能，正是分別民主與其他體制的關鍵。從國會發展的歷史顯示，國會存在的理由，最早是為了讓來自各地的代表，有機會在執政者面前，傾訴選區的需求與困難。因此，彌爾氏曾傳神的說過：「國會如同國家的吐苦水委員會（Committee of Grievances）及社會意見的萬言堂（Congress of Opinions）（Mill, 1962）」，同時為了讓各地代表享有同等的傾訴機會，議員地位的平等，便成了有國會以來，體制設計上的一個重要原則。此所以光榮革命（1688）以後，國會取代王權，逐漸成為政策的形成中心；而美國憲法的內涵因被認為是光榮革命之延續，國會因此被明訂為三權中的第一權（first branch），進一步確立了國會在政策形成中的地位（楊泰順，2001 b：127～129）。而國會存在的理由，正是為了監督及制衡行政體系的運作。

就行政部門在國會的運作而言，立法院為了達到監督及制衡的目的，最早於1947年取法民主先進國家制訂了「立法院組織法」、「立法院各委員會組織法」與「立法院議事規則」；迄1999年再制訂「立法委員行為法」及「立法院職權行使法」，得以形成比較完整的國會議事與監督機制。

國會是合議制分權的機關，已歷經31次修訂的「立法院組織法」，正是規範立法院正、副院長之產生、臨時會之召集、院會、程序委員會、與各委員會，乃至立院各幕僚單位及職掌設置之依據；亦為國會運作場域環境的總提示。依循此一架構，國會聯絡員可以清楚國會議事，從一個決策點到另一個決策點，其各自的權力與運作方式的

差異；亦可以因著行政部門的法案或預算案之進度，瞭解可能遭遇的問題，從而尋求解決的方案和時機。不管是質詢、審查會協商、表決、或是專案報告、施政報告並備詢的進行、乃至委員的連署提案、舉辦公聽會、記者會等可能的國會政治活動，每一流程都必然影響相關之行政部門與政策。此對擔負單位國會運作尖兵之行政部門的國會聯絡員而言，實值得善加用心理解並精確掌握[9]（中國時報，2004 年 6月 11 日，A2 版）。

（一）　院會

依據「立法院組織法」之規定，立法院設院長、副院長各一人，由立法委員互選產生（第四條）。立法院會議，以院長為主席；全院委員會亦同（第五條）。國會為中央立法機關具有制定法律之功能，這是民主國家國會最主要的職責，也是最重要的工作。其功能是以經由立法行為之立法權所賦予之正當性基礎，於合憲的範圍內實行之法律，所表現在憲法秩序之功能；同時亦具有準則性或拘束力之規範依據，並藉由法律的制定來達到保障人權之功能（陳清雲，2004：575）。對於所有國民生活與公權力行為因此造成的重大影響，則是立法權行使上的問題（羅名威，1998：54）。

依據憲法第六十三條之規定：「立法院有議決法律案、預算案、戒嚴案、大赦案、宣戰案、媾和案、條約案及國家其他重要事項之權。」；復依「立法院職權行使法」第七條之規定：「立法院依憲法第六十三條規定所議決之議案，除了法律案、預算案應經三讀會議決外，其餘均經二讀會議決之。」也就是說，法律案與預算案須經：1.第一讀會；2.委員會審查；3.第二讀會；4.第三讀會等過程（細節詳述於後段一、二、三讀會與決議或附帶決議乙節）。其他之議案，則僅

---

9 如 2004 年度中央政府總預算案附屬單位預算營業與非營業部分，經十四次的朝野政黨協商，於 2004 年 6 月 10 日完成三讀，各國營事業機構的運作，即為一精采的國會運作章節。

需前三階段即已完成法定程序。至於憲法修正案，則準用法律案審議程序。

　　又無論是政府機關提出之議案或立法委員所提出之法律案，於主席朗讀標題後，即交付有關委員會審查，完成一讀程序。但在第一讀會時，如有出席委員提議，二十人以上之連署或附議經表決通過，亦可逕付二讀，毋庸交付審查；至於立法委員所提其他議案，於朗讀標題後，由提案人說明旨趣，經大體討論後，議決交付審查或逕付二讀或不予審議（「立法院職權行使法」第八條）。次依「立法院職權行使法」第九條第一項之規定，經委員會審查完後提報院會之議案，或逕付二讀的議案，均進入院會審議階段，即進行第二讀會及第三讀會（周萬來，2000：126～127）。

　　次依「立法院職權行使法」第四十五條之規定，立法院經院會之決議，得要求有關機關就特定議案涉及事項提供參考資料；必要時經院會之決議，可調閱前述議案涉及事項之文件原本，經院會之決議設調閱委員會。復依該法第四十六條及第四十九條之規定，調閱委員會或調閱專案小組之設立，均應於立法院會期中為之；但調閱文件之時間，則不限於會期，以發揮文件調閱之功能。有關調閱委員會所需工作人員，由秘書長指派，必要時得請求院長指派專業人員協助。依該法第五十條及第五十二條之規定，立法院所調取之文件，限由各該調閱委員會、調閱專案小組之委員或院長指派之專業人員親自查閱；而查閱人員對機密文件不得抄錄、攝影、影印、誦讀、錄音或為其他複製行為，亦不得將文件攜離查閱場所。在調閱報告書及處理意見未提出前，工作人員、專業人員、保管人員或調閱人員負有保密義務，不得對文件內容或處理情形予以披露；如涉及外交或國防或其它依法令應秘密之事項，於調閱報告及處理意見提出後，仍應依相關法令規定保密，並依秘密會議處理之。而為落實立法監督，「立法院職權行使法」第四十七條亦明定受要求調閱文件機關，除依法律或其它正當理由得拒絕文件調閱外，應於五日內提供之。其餘有關調閱權文件之安

全、送達、副本之提供、違反時之處分等，均有詳細之規定。

　　又按「立法院職權行使法」第五十一條之規定，調閱委員會或調閱專案小組，應於文件調閱處理終結後二十日內，分向院會或委員會提出調閱報告書及處理意見，作為處理該特定議案之依據。另依同法第五十三條之規定，調閱專案小組在未提出調閱報告書及處理意見前，委員會對該特定議案不得為最後之決議；但已逾議決時限者，不在此限。而上述調閱報告書及處理意見，應經該委員會議決後，提報院會處理。調閱委員會亦同。

　　從以上的敘述，吾人不難理解，立法院院會實在是所有行政單位據以執行公權力的行使準則的決定地；亦為規範人民權利義務關係及國家組織結構具體化之關鍵場域。所有院會決議，如未有委員於下次會議結束前依規定提出復議（「立法院議事規則」第四十三條），則該議案即完成法定程序；亦即如有委員提出復議，使業經決議之議案予以推翻，恢復為未議決前之原案狀態；則在復議動議未討論議決前，該議案不得咨請總統公布。而完成法定程序之議案，依憲法第七十二條之規定：「立法院法律案通過後，移送總統及行政院，總統應於收

到後十日內公布之。」，即總統除已核可行政院移請立法院覆議該決議案外，應於收到立法院移送議決通過之法律案十日內予以公布；惟有時為配合相關法律案一併公布或因應行政機關之要求，亦得延緩咨請總統公布（立法院議事先例集，1993：6～7）（轉引自周萬來，2000：139）。作為行政單位在國會運作的成員，對於立法院院會法律面之認知及實務面的操作，應確知而熟稔；且善加仰體英國國會的崇隆地位精神：院會是最終的權力所在地。

（二）　委員會或聯席會

　　我國立法院為審查議案和掌理特定事項，設有三種委員會：一為常設委員會（Standing Committee）；二為全院委員會（Committee of the Whole House）；三為特種委員會（Select or Special Committee）。其中常設委員會（現有8個）為審查議案之機體，進行對議案之審查與報告。另全院委員會所議之事項，依「立法院職權行使法」第十五條、第二十九條、第三十三條、第三十七條及第四十三條與「立法院各委員會組織法」第十七條之規定，分別審查緊急命令之追認案、同意權案、覆議案、對行政院長之不信任案、對總統及副總統之彈劾案與預算案等。而依「立法院組織法」第七條至第九條之規定，立法院設有程序委員會、紀律委員會及修憲委員會三個特種委員會；次依立法院相關內規，設有公報指導委員會及經費稽核委員會兩個特種委員會。上述委員會分別掌理院會議程之編擬、立法委員之懲戒案件、憲法修正案之審查、立法院公報之編輯發行，及稽考立法院經常與臨時費用之收支等事項（周萬來，2000：107～108）。

　　常設委員會為審查議案之機體，而為議案審查過程之中心場所，位居立法過程之柱石（keystone），各國皆然（許介麟，1972：73）。我國「立法院各委員會組織法」第二條亦作相同之規定，常設委員會，審查院會交付審查之議案及人民請願書。另依「立法院職權行使法」第五十四條之規定，各委員會為審查院會交付之議案，得依憲法第六十七條第二項之規定舉行公聽會；同時，依「立法院職權行使法」

第四十五條之規定，立法院經委員會之決議，得要求有關機關就特定議案設立調閱專案小組，而調閱小組所需工作人員，由立法院各委員會或主辦委員會，就各該委員會人員中指派。此一部分，其相關規範與院會所設之調閱委員會雷同；所差者，惟委員會議決後須再提報院會處理而已。

　　委員會為院會之預備議決機關，以協助院會先行處理交付之各項議案，並提審查意見供院會裁決，故委員會僅為院會之準備程序，非最高立法機關（羅傳賢，2004：633）。立法院的委員會，大致上依照行政部門而重組（C. Q., 1983: G82），使得委員會的數目得以配合現代立法需求，不至任意滋長。我國與美國的國會常設委員會均依照各自的專長，對於數目龐大的議案先行過濾、討論、提出報告，以便節省院會的時間，此對於每一會期動輒上百件的陳情案或其他議案來說，委員會系統（committee system）確實提供了一個最具效益的立法制度與方案。從正式的關係而言，院會創造了委員會；但經過多年的運作，委員會亦累積了足夠的力量，使其成為國會的主人（Keefe & Ogul, 1993: 170）（轉引自陳學聖，2001：153）。如同美國的國會常設委員會，不僅有「小國會」之稱，更有所謂的「委員會政府」說法；時至今日，委員會制度的蓬勃發展與功能發揮，正意味著立法權的急遽變動與國會政治時代的來臨。（陳淞山，1995：46；關中，1992：56）。

　　過去，我國立法院所採行的是類似英國式的「院會中心主義」；但在歷經六次修憲後，國大已然被廢除，監察院則成了準司法機關，立法院儼然已有三權分立的立法部門規範；惟本質上還是「內閣制」規範的國會。邇來由於國會政治的實際需求，與社會及學者強烈呼籲及期待，使得健全及強化委員會走向美、日、德式的「委員會中心主義」之呼聲日高（陳學聖，2001：154；陳淞山，1995：65；何鴻榮，1996：210～211）。而轉型中的立法院，由於資深制的難以建立；且委員汰換率極高所衍生的自主性強，加上黨團之駕馭力復十分

薄弱，凡此種種使得我國國會「委員會中心主義」之建立，難在短時間內竟其功。

　　「立法院各委員會組織法」第三條規定：「立法院各委員會席次以二十一席為最高額。」（為配合國會席次減半，本條法律被修正為13～15人）；第三條之一：「每一委員以參加一委員會為限。」；第三條之二：「未參加黨團或參加黨團之院會席次比例於各委員會不足分配一席次之委員，應抽籤平均參加各委員會……」；第三條之四「立法院各委員會置召集委員三人，由各委員會委員互選；其選舉辦法另訂之。」由以上規定，可以瞭解現行立法院各委員會均置有召集委員三人（為落實國會資深制之建立與配合國會席次減半，召集委員改為二人；另外，任期則從一會期半年延為二會期一年）；委員會之上限為十五人；而委員會之議程雖規定：應由召集委員議決之（第五條）；然礙於召集委員大部分皆來自不同黨派，故慣例上以尊重值週召委為主。又委員會與聯席會及院會之出席人數，皆以應出席人數之三分之一出席，方得開會；委員會出席委員不足三人者，不得議決（第十條）。又值得一提的是，立法院長、副院長也是委員會的成員，只是為顧及委員會的自主權，慣例上渠等並不在委員會發言而已。

　　另外，預算案之審查，召開全院各委員會聯席會議時，以預算及決算委員會召集委員為主席（第十七條）（因預算及決算委員會裁撤，其職掌回歸各個委員會審理，故本條法律同步刪除。），是國會聯絡員所需注意者。至若考察之簡報與規劃、委員會議事之配合等，皆為國會運作需用心之部分。至於某些委員會邀請政府首長進行「專案報告」的比例，逐漸超過審理法案的比例時（許劍英，2000：71），行政單位在國會運作之策略，實則已到檢討及調整的時候。

（三）　程序委員會

　　依「立法院程序委員會組織規程」第二條之規定：「程序委員會置委員十九人，由各政黨（團）依其院會席次之比例分配之。但每政黨（團）至少一人。」；第三條：「本會置召集委員二人，由委員互

選之。本會開會時由召集委員輪流擔任主席。」1999 年之前，程序委員會委員之產生係由各委員會推選；本規程修訂後，始改為由各黨團推薦。由於程序委員會關係院會所交與議事程序有關問題之處理，以及提報法案於院會審查與否及其優先順序；所以，循例每週二次的例會（若二次院會算成一次會時，則例會為每週一次），在政黨不和諧之時，往往在程序委員會即已先行點燃戰火再延燒至院會，足見政治性與敏感性皆十分高。

由於院會議程之排序為程序委員會之職責，而立院每一會期能通過之法案（預、決算案除外），約莫僅有五、六十案，至百案之譜，以國會數量龐大之法案負荷，國會議事時間之短促（何鴻榮，1996：205～206），在眾多部會中，確實考驗著國會聯絡員的能耐。尤其，自第三屆立委（1996）之後，程序委員會即已是政黨競賽的重要場域，和諧時期或可相安無事地依「實力原則」排定報告事項與討論事項；一旦朝野失和對峙時，則程序委員會的攻防，每每延伸至院會再進行「變更議程」的「甲級動員」大對決；甚或引起焦土抗爭，議事停擺。此一場景，國會每隔一段時間總會上演一次。第四屆（1999）立委報到，改採政黨（團）比例分配席次，各黨黨鞭幾乎全是當然的代表與輪值主席；且由於政黨協商機制之功能的發揮，確實對議程的安排，提高了安定的功能。惟2000 年10 月27 日行政院張前院長宣布停建核四後，朝野協商機制中斷；「在野聯盟」自行協商優先法案，使程序委員會排定的議事日程流於參考，是一段值得瞭解與紀錄的經過。

第五屆（2002）立委任期內，國會仍維持「朝小野大」的局面，程序委員會內「泛藍」多於「泛綠」，加上彼此互信不足，一度程序委員會排定之議事日程，在院會進行宣讀處理時，甚至遭到全數退回程序委員會的情況；而院會有黨團針對報告事項提復議，便是此一時期的代表性註記。民主的國會，程序委員會是院會的小型櫥窗；也是行政單位在國會運作的一個重要場域。

（四） 政黨協商

　　立法院於第二屆第一會期第二次院會修正通過「召集委員選舉辦法」第三條第二項規定，賦予最初的朝野協商的法律定位後，有關立法院之議事與相關行政事務，往往即透過黨團協商的方式解決，實際提高了議事的效率及立法的品質；但因囿於協商代表未獲得充分授權或各黨團無法有效約束同黨委員等情形，黨團協商結論於提報院會時，常遭到出席委員推翻，使協商徒勞無功，削減了黨團協商所應發揮的功能（周萬來，2000：127～129）。有鑑於此，劉松藩院長於1999年1月在制定「立法院職權行使法」時，特將黨團協商機制，訂定專章予以法制規範（自第六十八條至第七十四條）。

　　「立法院職權行使法」經九次修訂後，其第七十條規定：「議案交由黨團協商時，由該議案之院會說明人所屬黨團負責召集，通知各黨團書面簽名指派代表二人參加，該院會說明人為當然代表，並由其擔任協商主席。各黨團指派之代表，其中一人應為審查會委員。但黨團所屬委員均非審查會委員時，不在此限。依第六十八條第二項提出異

議之委員，得向負責召集之黨團，以書面簽名各推派二人列席協商說明。議案進行協商時，由秘書長派員支援重點紀錄。」協商的規範，就理論而言，實不能說不周全；但協商在議事的運作過程中，委員會或院會對於議案之協商，常有會外協商（楊日青，1992：47～49）之情形。

　　從協商制度化邁入黨團協商之法制化，就議事實況觀察，是具有促進議事和諧、提升議事效率及解決紛爭的功能；惟因在協商實際進行時，協商代表並無管制且常未通知審查會或聯席審查會之成員，並任意修改原審查會通過之決議，更不必告知原審查會；甚至各黨代表達成共識，作成協商結論，並經各黨團負責人簽名後，揆諸實務，誠如深度訪談對象001所言：「黨團協商簽完字了，我們仍然一直在修改。」復因政黨協商僅有結果紀錄而無過程紀錄，所以尚無法完全透明（2008年5月9日已修正為須全程錄音、錄影、記錄，刊登公報）（羅傳賢，2004：231）。

　　至於在預算案方面的黨政協商，情況常如出一轍。大量的提案；甚至去年甲黨的提案，今年由乙黨提出；而擬刪減預算之提案，甚至有高達800多項之驚人情形（中國時報，2004年5月23日，A4版）。套一句某現任立委的說法：「此種協商機制，一位立委即可無限上綱。」（中國時報，2004年5月23日，A4版）也就是學者所說的：「委員會個人化」、「院會委員會化」的現象仍然存在（陳淞山，1995：65）。政黨協商已是一個進步的機制，其利弊非行政單位首長或國會聯絡員所可置喙；而如何在議事場域叢林，體悟妥協與交換宛如「馬市」（horse trading）般的立委互動，是國會的行事風格也是必要之惡（楊泰順，2001b：64）。國會叢林從來是生趣蓬勃而生態多樣的園地，如何熟悉其規則，適應其規律，從而摸索出實用的心法，有效達成使命，一直是從事國會運作與聯絡的相關人員，潛心修習的不二法門。

　　此外，「立法院職權行使法」第七十一條之一，就定期處理未達成共識之協商議案，亦有如下規定：「議案自交黨團協商逾一個月無

法達成共識者，由院會定期處理。」以免衍生政黨協商機制成為法案之冷凍庫之情況發生。至於一般行政單位之議案，則常須國會聯絡員自己注意掌握時機與方法，伺機請託處置。

（五） 黨團

　　立法院各黨團之運作雖行之有年，惟在立法院之地位一直妾身未明。1999 年修正「立法院組織法」第三十三條，規定每一黨團至少須有五人以上，政黨（團）席次不足五人或無黨籍之委員，得合組五人以上之聯盟，其辦公室由立法院提供（何鴻榮，2001：67）；2001年11月14日的修正，則將黨團員額由五人提高為八人〔2007年12月7日再修正黨團員額為3席，且以五個黨（政）團為限〕。

　　不同的政黨能議會共事並存，依循規則相互競爭，乃是因為這些政黨服膺某些共同的價值（楊泰順，2001b：135）。英國民主的先覺者白治浩（Walter Bagehot）說過：「明顯的，整個政治機制之所以能夠運作，是因為有個重要的前提，亦即人民基本上為一個整體（a people so fundamentally at one）故而能安全的容許爭吵（can safely afford to bicker）。」（Bagehot, 1955）。而偏激性政黨或某些學者定義之「原則性反對黨」（opposition of principle），則根本否定此一共同的價值。也因為不承認與其他政治勢力存在基本的共識，偏激性政黨的主張或政策，唯有透過「完全掌握政權」才有可能（Otto, 1959: 45）。這類政黨的存在，使得國會運作陷於零和競局或堅壁清野的下場，難有協商空間而傷害國會整體（楊泰順，2001 b：134）。

　　我國立法院在走過國民黨主政時期，因立院黨團自主性不高，大小黨鞭代表性不足並頻起衝突，而國會朝野復因難以相互妥協取得共識，導致議事爭議屢屢發生，形成多數暴力的「強行表決」與少數杯葛的「政治抗爭」常常爆發，以致減損立法院的議事效率與議事品質，並徒然引發國內的政治衝突，製造社會不安的亂象（陳淞山，1995：144～145）的情形；此實與民主先進國家的經驗若合符節。

　　因此，有志導正亂象的學者專家與國會領袖，在長期觀察民主國

會的情況之後，深知：強勢的國會必然擁有弱勢的議員；強勢的國會議員也必會導致弱勢國會的道理（楊泰順，2001a：92），遂積極架構政黨協商的制度。試圖藉政黨組織力量的整合，發揮整合同黨籍國會議員意見及協調不同黨籍國會議員或其他國會黨團組織的主張，完成國會集體意思（羅傳賢，2001：375）。所以，國會黨團的角色，一方面是「政黨在國會的代理人」或「政黨在國會的發言人」；另一方面又是「國會運作的政治橋樑」或「國會政治的統合機器」（陳淞山，1995：126）。後者所指即是政治學者Lucian Pye說的：「談判協商的過程，就是把雙方的利益極大化，使得各方最終都有利可圖的舉動；但也容易引起競爭者競逐。」──黨團協商（饒祖康譯，1990：4～5）。

立法院有關黨團協商的規範，詳細的規定在：「立法院職權行使法」第六十八條至第七十四條；另外黨團提案則規定在同法第七十五條。負責黨團協商之各政黨（團）之幹部或三長（如附錄表五），是協商之重鎮；尤其執政黨之黨團三長，更攸關行政單位之預算與法案之推動成敗。

國會之各黨團黨工或助理，一般分成：法案、預算及行政三組，視黨團規模而決定人數；同時，黨工或助理因負有主要聯絡委員會的職掌，因此，議案進度的掌控也是重要的工作之一。此與各行政單位國會聯絡員亦較爲密切，所以互動亦較頻繁。

（六）　公聽會

政治體系的發展，使行政機關的功能已擴及到公共政策的制定；而立法部門的主要功能，則從政策的制定轉變成政策的澄清、政策妥協、政策合法化、行政監督和爲民眾爭取福利、爲選民服務等功能（彭懷恩，1998：318～319）。而爲達到影響公共政策的形式與內容，使立法機關在公共決策過程，不致淪爲「橡皮圖章」的地位，通常由於立法委員之幕僚及助理，與行政機關所具備之龐大資源與人力，相去懸殊，加上資訊不對等與相關專業知識的缺乏。所以，透過公聽會的擴大舉行，以集思廣益，遂成爲國會的一項正式的制度。

依「立法院職權行使法」第五十四條規定：「各委員會為審查院會交付之議案，得依憲法第六十七條第二項之規定舉行公聽會。」另依同法第五十五條之規定：「委員會舉行公聽會，必須經各委員會輪值召集委員之同意，或經各委員會全體委員三分之一以上之連署或附議，並經決議後，始得為之。」次依同法第五十六條第一項之規定：「委員會公聽會之主席為該委員會之召集委員；而出席人員為政府人員及社會上有關係人員。」由於公聽會為諮詢性質，為充分瞭解民意，並利公聽會之進行，「應依正反意見之相當比例邀請出席人員，但以不超過十五人為原則；其人選由各委員會決定之。應邀出席人員非有正當理由，不得拒絕出席。」（同法同條第二及第三項之規定。）同法第五十九條並規定：「公聽會之報告，作為審查該特定議案之參考。」相關的條文，對於國會功能之發揮，確實有相當的助益。

此外，由於行政部門在公共政策的制定過程中，親身參與政策制定最深，從議題（issues）的設定、資料的蒐集、處理、行動方案的選定，以及政策的產出，皆親身涉入並主導，並為尋求社會各界之最大共識，亦會透過立委個人或黨團在國會舉辦公聽會。此一情形，既兼顧了對政策的縱深與廣度的蒐集、交換；也對國會表達了尊重與參與

的意思，對日後議案之整合及推動，常有甚大之裨助。

　　至於被視爲環境與公共政策聯繫之重要環節的利害關係團體，亦
看準了國會在媒體的份量，與議題主導的能量，其對國會所使用之遊
說技巧之一，即包括了促使國會議員舉辦公聽會（Keefe & Ogul,
1973）。循此途徑，接近行政部門並表達意見，進而影響政策或決策；
惟此一公聽會方式，若係由個別委員或次級團體發起，而未經「立法
院職權行使法」之相關規範程序進行，則僅作爲委員個人問政之績效
（如健保「軍人納保案」朝野委員所辦之公聽會即屬之）；其結果亦可
提供行政單位參考。

　　總之，公聽會之舉行，可以達到教育民衆的效果，並增益立法的
正當性與客觀性（關中，1992：175），達成「利益表達的制度化」、
「利益衝突的理性化」、「決策立法的公開化」、「立法程序正當化、民
主化」的聽證目標，有效解決我國立法院「資訊貧乏」、「資訊失衡」
的問題；並使聽證制度成爲立法調查權行使的重要手段與工具（古登
美等，2001：189～190）。其重要性與日俱增，增加公聽會舉行之頻
率，已爲必然之趨勢（Leyden, 1995: 432- 433）。

三、議事事務與運作

　　民主國家面對多元社會所產生的多元價值和需求，與其因此伴隨
而經常出現的彼此衝突的現象；政府於面臨這些相互衝突的需求時，
遂藉著立法機關以其合法程序，仰仗法律的制訂與決策的參與，使這
些相互牴觸的利益和爭議，能夠進行妥協且不致於繼續擴大或造成社
會混亂，這就是立法機關存續的重要目的之一。

　　法律提供人們一致遵循的行爲標準，相當程度地可以化解社會的
衝突；惟制訂法律以作爲調節衝突的管道，其作用不在於制訂出來的
法律本身，而是在其過程（古登美等，2001：20）。

　　現代民主國家在制訂法律時，往往必須經過說服、協調、妥協等

64

過程，才作成最終的決定，這中間涉及眾多社會團體與利益的運作，立法者常常無法控制，而必須受制於選區選民或特定利益團體的壓力，此一複雜而動態的過程，具有其一定的正面意義。因為所呈現的社會的政治衝突，並將這些衝突導入既定的過程或程序，而使爭議或衝突獲得紓解（Wakle, 1970: 108）。另外，立法機關參與其他不以法律形式呈現的決策過程或議事活動，同樣地也可以達到調解衝突和降低爭議的作用；也就是說，廣義的立法並不僅指制訂法律的工作，而是指立法機關進行的所有議事內容，包括：法案的審議、質詢、監督行政命令、行使人事同意權、接受人民請願案等。另外，立法者也不只是履行憲法或法律所賦予的正式職權，其他包括非正式的活動，如政黨活動、向其他政府部門的溝通、表達選民或選區的利益等，均屬國會議員之正常活動範疇，而為本書所稱議事事務環境所討論之範圍。

（一） 法案、預（決）算案審查

1. 法案之制訂與審查

由於現代民主議會制度，國會乃是唯一能夠代表主權者之所有國民，並能將國民「公意」綜合形成為「法律」的機關。國會必須由代表多元化社會之各種立委，透過政黨政治的運作，經提案、討論、辯難、妥協之過程，再依「多數決原理」來決定不同意見之「政治公約數」，使錯綜複雜的多元民意，能成為全民共同之國家政策與法律。此亦即立法機關制訂法律（statute-making）之最主要職責的說明；也就是藉國會經由立法行為之立法權所賦予之正當性基礎，於合憲的範圍內，實行法律制訂之工作，並表現在憲法秩序之功能（陳清雲，2004：575）。

國會所謂法律案，原則上包括法律之制訂案、修正案、廢止案等意義（羅志淵，1979：464～465；周萬來，2000：20）。在法律案的制訂方面，由於法律係為因應社會需要而制訂，其常為政策之具體化；因此，乃由提案主體之行政部門或立委擬具之法案草案（bill），提請立法院議決，而經一定之程序，制訂為法律。其次，所謂法律之

修正案，則係就現有之法律予以修改、增減或變更其內容（管歐，1981：164），在國會依修法之程序，完成其修正者而言；因法律制訂之目的在講求實用，倘法律未具實效，自應予以修正。至於法律之廢止案，由於法律若在長久期間未具實效，無法肆應當前需要，除依法予以修正或暫停適用外，自可加以廢止（周萬來，2000：27）。就行政部門在國會之運作而言，一般部會層級之國會聯絡員的主要工作之一，即為為主管業務相關法律案之制訂或審查勞神。蓋因法律規定繁雜，而社會變動不居，就政府而言，每每於體察國際大勢之發展與新興事務之需要時，主動提案經過行政院院會通過，即提出制訂新法律或修法之草案；而立法委員本身，則可能受到選民之託付、或利害關係團體之央請、或自覺需要，致主動或被動提出相關之法案草案。同時，法案草案一旦送達國會議事處，經程序委員會排入院會報告事項，完成院會宣讀，其結果：或退回程序委員會重新擬訂意見；或即完成一讀交付委員會（或聯席會）審查。

　　法案一旦交付委員會審查，則需央請主審之委員會召集委員，排入審查議程進行審查，由於召集委員作為會議審查之主席，所以事前之溝通十分重要；另外，若有相對提案提出併案審查，則國會聯絡員亦宜建議主管事務之處室相關人員，彙整資料向提案委員進行意見交換與溝通或整合，必要時亦可敦請首長出面請託或說明，以昭公信與慎重。凡此皆有利於法案在委員會之順利審查。又法案在審查過程若發生歧見，一時難以化解，主席往往適時提出休息協商之作法；至若法案完成委員會（或聯席會）審查，主席在決議前，會先徵求委員會：本案已完成審查，於送院會進行二讀前是否須經朝野協商？若決議不需經朝野協商，則常有助於院會二、三讀之快速進行；但若委員會原決議不需經朝野協商之議案，在院會二讀時，遭一定人數的委員或黨團反對，並經主席裁示交付黨團協商（如健保「擴大費基案」），則法案通過的難度，將相對提高很多。而法案一旦完成三讀，則依法咨請總統公布實施。

　　至於法律因缺乏實效性，且因國家遭逢非常事故，致法律一時不能適用而失去實效者，因可依法定之方式予以宣告廢止，終止其形式與實質效力；惟基於法律制訂往往曠日費時，一旦國家恢復常態，勢將面臨舊法已廢，新法尚待制訂之窘境的考慮；故採用暫停適用之方式，俾於停止原因消滅後，即可恢復適用，應付裕如（林紀東，1979：68）。此是例外之情況。

2. 預（決）算之審查

　　國會的預算審議權，是制衡行政權最重要的利器之一，蓋凡事莫錢難辦，所以控制荷包，就等於控制施政（何鴻榮，2001：123）。也就是說，監督行政權最有效的方法是預算的監督與控制，因為預算是就未來一定期間內的收支計畫書。政府之預算，依決策過程而言，是「一國政府在一定期間內為達成政治、經濟和社會目的，根據國家施政方針及國家整體資源與國民負擔能力為估計基礎，所預定的財政收支計畫，也就是經由政治程序，所作的國家資源的分配（黃世鑫等，1995：115）」。

　　根據「預算法」第四十六條之規定：「中央政府總預算案與附屬單位預算及其綜計表，經行政院會議決定後，交由中央主計機關彙編，由行政院於會計年度開始四個月前提出立法院審議，並附送施政計畫。」同法第五十一條規定：「總預算案應於會計年度開始一個月前由立法院議決，並於會計年度開始十五日前由總統公布之；預算中有應守秘密之部分，不予公布。」由於立法機關是代表人民看管政府荷包的，所以只能就預算作維持或刪減的議決，不得為增加支出之提議（憲法第七十條規定）。

　　立法院的預算審查，由行政院長、主計長及財政部長列席國會，分別報告施政計畫及歲入、歲出預算編製之經過並備質詢後，經院會決議交付委員會審查，即拉開預算審查之序幕。過去，因政治因素使然，年度總預算案難以付委之情形，屢有發生，但此乃極高層之國會與行政兩院之政治層面事務，不在本書討論之範圍。由於委員會審查

預算案，係採取「聯席會議」之分組審查方式，預算及決算委員會委員為當然委員，復與行政單位有關之委員會共同審查（第七屆以後，除追加減及特別預算外，已不聯席審查）（紀俊臣，2001：262）。委員會聯席會審查時，係由各委員會之召集委員擔任主席，並責令各部會首長到會作施政報告並備質詢，且全院各委員會委員皆可登記發言質詢，由於詢答之議題廣泛，一般而言在此一階段，較少針對預算問題展開攻防。因此行政部門應力求和緩，以避免擦槍走火，影響到後來的預算審議之進度與結果；至於有關委員或黨團之相關決議或附帶決議之提出，則是應予注意並適時解說處理之事。而各單位之年度新增項目或業務成長部分，一般皆為立委關注之焦點，所以先期說明或製作說帖溝通，是明智且尊重的做法。

　　總預算案，一經委員會完成審查，接著即將相關結果送請財政委員會彙整後，送交院會進行二讀審查。

　　總預算案進入二讀會審查時的政黨協商，是整個預算案的重點時間。所有在委員會審查預算案所刪減的提案或數額，如嚴重影響各機關法定業務之運作，各該機關無不卯勁利用在二讀前之政黨協商機會，由各單位首長及國會聯絡員或分頭拜會原提案委員請求撤案；或尋求黨團進行相對案之提案；或請託相關人員請原提案委員不要堅持等等，不一而足。在此一情況下，行政部門與黨團之互動；尤其是與執政黨團之關係，常常是黨團協商結果能否如願之關鍵。

　　由於預算案之黨團協商，並不紀錄過程，而僅紀錄結論（2008年5月9日已修正為須全程錄音、錄影、記錄，刊登公報）；內中的曲折非親歷其境者，很難想像。就以2004年度國營事業預算審查為例，三個禮拜進行了六次的協商，進度仍未達一半（中國時報，2004年5月23日，A4版），而八百多項的提案，實在無法一一審查；每一位堅持意見的黨團代表或立委，均又要透過各種方式處理，此種情景，年年重

演（本案於2004年6月10日完成三讀，總計協商十四次）[10]。

在民主國家中，控制錢包的權力（power of the purse）既是國會控制行政體系的最重要基礎，甚至有學者認為就行政控制的效性而言，行使「荷包權」要比行使立法權要來得更為直接有力（Fenno, 1996: 18），國會經由預算的刪減，用以刪除或縮小行政機關的計畫與規模（Oleszek, 1983: 229），達到控制與監督的效果。此外，國會對行政機關預算執行後的決算審議，則是預算權之延伸，皆是控制行政部門促使其落實依法行政的責任政治的利器。

（二） 質詢

根據憲法第五十七條第一項第一款之規定：「行政院有向立法院提出施政方針及施政報告之責。」此所以立法院於每會期開始或新任行政院長就任後兩週內，均會邀請行政院長率同各部會首長列席院會，提出施政方針及施政報告並備質詢（「立法院職權行使法」第十六條規定）。立法委員在開會時，因此有向行政院院長及各部會首長質詢之權。藉由憲法的法源，立法院行使憲法賦予之權力制訂了「立法院職權行使法」，全文共七十七條，確立了立法院對行政院質詢制度的法制化。質詢制度乃是議會政府體制中，議會監督政府的最主要管道（Jogerst, 1993），更是少數黨監督多數黨的工具。

依照「立法院職權行使法」第十六條的規定，質詢分為口頭與書面質詢，而口頭質詢又分為政黨質詢與立委個人質詢；兩者都以即問即答的方式進行，並得採取聯合質詢。在質詢的優先順序上，政黨質詢優先於個人質詢。然而，在以立法委員為主角的立法院中，對於質詢制度的運用，卻往往未必如法律原先所設定的目標，充分的發揮監

---

10 法案或預（決）算案之審查，行政部門除了事前充分的準備與溝通外，相關首長與國會聯絡員在心理與運作方面，可參考沈君山先生在其「浮生後記」中的一段話：「圍棋十訣」有云「彼強自保，勢孤取和」（沈君山，2004：127），並加以妥善運用，或可收到意想不到的效果。

督行政部門的效果。一方面，固然是因爲當前的朝野政治氣氛屬於朝
小野大的局面，所以在制度設計上，傾向於阻絕在野黨利用施政質詢
的機會來凸顯行政部門施政不當的壓力；另一方面，質詢制度的設
計，在質詢時間、程序與議題上，採取「平均原則」，因此，在有限的
時間與議題限制內，個別立委的問政，往往環繞在如何提升自己的知
名度上（邱太三，2001：275～276）。質詢制度本身爲照應所有立委
的質詢權利，而變得冗長且儀式化；並引發外界「實問虛答」的負面
批評。但是，由於質詢權是立法權監督行政權的具體表現，行政部門
的國會聯絡員除了平時保持與立委之間的良好互動，以便發揮資料蒐
集的能力外；對於必要時的疏導處理，也可協助首長消弭與立委之間
的衝突或誤會。

　　至於在委員會方面，除了審議待審的法案或預（決）算案之外，
通常個別監督委員會召集委員，在會期開始時，都會安排相關主管部
會之首長，作施政報告並備質詢（此依「立法院各委員會組織法」第
二條之規定行之，爲事中監督之例證。）（陳清雲，2004：585）；或
是針對突發的事務與當前的重大社會問題，邀請相關首長進行專案報

告並備質詢，研商解決之道與行政單位之因應方案，且此一情況，早已蔚然成風[11]。同時，在委員會中，不管是施政報告或專案報告乃至預算審查之質詢，立委們在一對一的詢答中，往往可以更清楚的浮現出行政部門與立委的政策對辯功能，從而落實監督行政的目的。而偶發式的出現在質詢場合的謾罵、人身攻擊等等其他充滿火藥味的質詢方式，事出必有因，初登備詢台的首長應先做好心理建設，非不得已似乎不必太顧及「面子」[12]。依筆者淺見，有「裡子」必有「面子」；有「面子」未必有「裡子」，可為卓參。而國會聯絡員則必須找出肇事之因妥適處理；最好能事前做好沙盤推演，避免此類事件發生，做一個稱職的幕僚。

（三） 同意權

　　國會用人同意權，係指國家若干重要職位，經國家元首或最高行政首長提名後，須經國會同意，才能正式任命，是國會的主要職權之一。我國自2000年4月25日公布施行憲法增修條文後，立法院行使同意權之對象，已擴及至司法院院長、副院長、大法官、考試院院長、副院長、考試委員、監察院院長、副院長及監察委員與審計長等；而依1997年7月21日修憲後之規定，行政院院長改由總統逕行任命，毋

---

11 2004年6月2日立法院國防委員會邀請國安局等六大情治首長列席報告並備詢，結果全員缺席，引發朝野立委不滿，主席梁牧養委員（民進黨籍）在與同黨立委口角後，率數位朝野立委向王金平院長要求主持公道，再次引發行政、立法兩院的衝突；王院長並以「行政官員漠視國會就是藐視人民！」抨擊之（2004，6月3日）。《中國時報》，A4版。

12 國會議員來自各個不同階層，也代表不同的利益與立場，質詢時的用字遣辭或肢體語言，有時僅為表演性質之表態，意在表達關心或替某些人宣洩不滿之情緒（如衛生署發表旗魚含重金屬過量之新聞，引起部分立委與漁民攜帶旗魚至衛生署抗議時，某立委欲向官員作勢丟旗魚片之動作）。如果官員此時能誠懇說明並做若干有效的補救措施，則立委有了官員善意回應的「面子」，自然不好再惡意杯葛或再有其他不適宜之做法；官員也就取得今後互動之友誼，此即為「裡子」。

庸立法院同意。另外，立法院於2004年6月11日三讀通過的「中央行政機關組織基準法」中明訂：中央銀行、金融監督委員會、中選會、公平會，以及通訊及傳播委員會等五大獨立機關的首長人事，亦須經立法院同意任命（中國時報，2004年6月12日，A2版）。

　　蓋國會行使同意權具有四種政治意義：第一，避免最高行政首長任意以私人關係任命官員；第二，監督政府高級官員是否適任；第三，使非民選的行政官員間接擁有民意基礎；第四，符合分權制衡原則（陳淞山，1995：197）。我國國會同意權之行使，係依據「立法院職權行使法」第二十九條至第三十一條之規定辦理；總統於提名相關人員咨請立法院行使同意權後，不經討論，交付全院委員會審查，審查後提出院會以無記名投票表決，經超過全體立法委員二分之一以上同意為通過（第二十九條）。復依同法第三十條之規定，全院委員會就被提名人之資格及是否適任之相關事項進行審查與詢問，由立法院咨請總統通知被提名人列席說明與答詢；並賦予分開審查之權。至於同意權行使之結果，由立法院咨復總統。如被提名人未獲得同意，總統應另提他人咨請立法院同意（第三十一條）。此由2004年5月24日總統正式提名親民黨籍之銓敘部部長吳容明先生為考試院副院長，並立刻送達咨文，請立法院依法行使同意權，即為貫徹同意權相關規範之顯例（中國時報，2004年5月25日，A11版）。惟因同意權被提名人的提出，事關十分複雜的政治因素，政黨的角力與最高行政首長的人事布局間，各有不同盤算。處於這樣高度敏感的政治議題風暴，常非國會聯絡員所可能運作或影響[13]；但對國會與行政乃至政黨的互動，則是一個絕佳的風向球。

---

13 2004年6月5日立法院對考試院副院長被提名人吳容明先生行使人事同意權。對此，中國時報於第二天的短評為：「由於多了一點講是非的精神，吳容明因此得以輕鬆過關；相反地，前年的張博雅女士之所以被封殺，就是因為政治利害的盤算太深，才會意外落榜。同樣一批人的審查，出現不同的投票結果，問題的關鍵不在於人選的好壞，而在於朝野的心態。」確是至論。

（四） 行政院版或主計處態度

政府機關作為我國立法院議案提案主體之一，渠於向立法院提出議案之前，為求縝密起見，均曾經過討論。憲法第五十八條第二項規定：「行政院長、各部會首長，須將應行提出立法院之法律案、預算案、戒嚴案、大赦案……，提出於行政院會議議決之。」足見行政院提出議案於立法院之前，必須先經過行政院會議討論，方屬合法。因此，行政院送請審議議案函中，均說明此案經本院第幾次會議決議通過。此即法律案草案總說明所通稱之行政院版；以此有別於委員提案或黨團提案。行政院對法案及預算案之審議，在附錄之「行政院暨各部會行、處、局、署聯絡人員議事配合事項（如附錄三）」第二項：具體配合事項之第（四）款規定：在分案協商階段，各黨團或委員意見如與行政院版本有重大出入時，應即時通報行政院，以便深入運作協調，倘完成版本有歧異時，簽報行政院在二讀審議前加以補救。其餘各項，亦均與國會運作有關法案審議所攸關，如責成各主管部會之副首長於二讀時，應在議場待命掌握進度及協調，顯示行政院在法案審議時之掌控與重視。此所以國會聯絡員在處理議事有關狀況時，所需特別注意行政院方面態度之原因。

另外，在預算案方面，在中央各行政機關依施政計畫初步估計完成年度預算之籌劃、編造、作成概算送請行政院審議時，中央主計機關（即主計處），以其對國家財務管理之基礎的掌握，自會就國家總體經濟之分配，表達適當之意見，此一意見結論，即為行政院之意見。俟預算案函送請立院審議後，關係國會預算議決結果之政黨協商，主計處相關人員亦必全程列席表示意見；甚至當在野聯盟決定對該年度總預算案刪減數額時，最後各部會的刪減「配額」，主計處之態度亦十分重要[14]。因此，在議事事務場域的兩大戰場——法案與預算案的運

---

14 依立法院刊印「九十三年度中央政府總預算案」朝野協商結論，明載自2003年12月17日至2004年1月13日計十一次協商之結論可知。

作方面，對此應有一定的認識，也才能發揮事半功倍之效果。

(五)　委員或黨團提案

　　作為議案提案主體之一的立法委員或政黨黨團，其提案依「立法院議事規則」第七條規定：「議案之提出，以書面行之，如係法律案，應附具條文及立法理由。」第八條第一項規定：「立法委員提出之法律案，應有十五人以上之連署；其他提案，除另有規定外，應有十人以上之連署。」準此二條規定，立法委員所提法律案，應附具條文及立法理由，並有十五人以上委員之連署，始可成立；又依「立法院職權行使法」第八條第二項之規定，立法院處理立法委員所提法律案之程序，與政府提案相同，應先送程序委員會，提報院會後，交付有關委員會審查；如有出席委員提議二十人以上連署或復議，經表決通過，得逕付二讀。至於其他提案，應有十人以上委員之連署，始可成立；其處理程序，則依「立法院職權行使法」第八條第三項之規定，於朗讀標題後，得由提案人說明其旨趣，經大體討論，議決交付審查或逕付二讀，或不予審議。

　　惟2000年5月12日修正之「立法院職權行使法」第七十五條規定：「符合『立法院組織法』第三十三條規定之黨團，除憲法另有規定外，得以黨團名義提案，不受本法有關連署或附議人數之限制。」又「立法院議事規則」第五十九條規定：「符合『立法院組織法』第三十三條規定之黨團，除法律另有規定外，得以黨團名義提案，不受本規則有關連署或附議人數之限制。」明確規範了黨團提案之權利，此後黨團提案遂成為慣例。

　　至於國會對國家政事以臨時動議或以決議方式向院會提出，決議對行政機關表示希望、勸告、警告等之臨時提案，通常均省略委員會審查及三讀程序，通過決議案後，送請行政機關首長研處或表示意見，因係一單純決議並非法律案，如同美、日兩國之簡單決議屬建議性質，對行政院沒有強制約束力（羅傳賢，2004：628～629）。

（六） 施政報告與專案報告

　　1995 年以前，我國立法院的立法中心，究竟是在院會或委員會，並不明顯（楊日青，1994：36）。有人稱之為「委員會中心主義與院會中心主義折衷型」（楊作洲，1999：17）。而在1996 年召開的國家發展會議上，各黨派就國會改革相關部分提出共同意見。在促使提高立法效率上，除健全立法院職權內涵外，並要求修正其組織內規，確立「委員會中心主義」，即「委員會專業化，院會政黨化。」（羅傳賢，2001：371）。在國會改革的呼聲要求下，第三屆立法院於最後一個會期結束前，通過「國會五法」。據此，也應可看出立法院也有朝向「委員會中心主義」之趨勢。而本節之敘述重心亦在委員會。

　　有關施政報告之相關情況，在前述有關「質詢」一節，已作若干說明，此處不擬重複；惟誠如兼具實務與學者身分的許劍英先生所言：「自1999 年第四屆立委就任後，歷經政府轉換與分裂政府的狀況，常設委員會往往成了意識形態的展現場所，尤其是當某些委員會邀請政府官員報告政策的比例逐漸超過審理法案的比例時，權力與角色扮演的變化，事實上已說明了常設委員會必然逐漸成為立法院的重心（許劍英，2000：71）。」而各部會之首長，除新任者於兩週內會由監督委員會安排作施政報告外；慣例上，於每一個會期開議之初，委員會之值週召委，也都會安排相關部會首長到會報告並備質詢，此乃常態。至於在專案報告部分，國會常設委員會，近幾年在這方面確實花費比較多的時間，究其因：一者，分裂政府的狀態在野黨在朝野氣氛充滿對立之時，每每以監督或揭弊案之心，期待以專案報告之舉行，來擴大與執政團隊的對話，從中尋求議題的突破或建立。二者，委員選舉的壓力極大，若不能爭取個人在媒體的曝光率，或樹立某種選民理想的形象，則將增加敗選之危機；反之則可增加勝選之機率。三者，立委或受制於地方之需要，或為償還選舉人情（如利害關係團體或金主）；甚至受託於其他立委同僚等等，皆是委員會盛行召開專案報告之原因。由於各委員會值週召集委員之排序時間固定，國會連

絡員在此一部分若能先期偵知，再透過適當途徑處理，至少有助於主席之諒解，對單位與首長皆是助力。

（七）一、二、三讀會與決議或附帶決議

　　所謂讀會制度，包括第一讀至第三讀，合計三個讀會程序。大多數國家審議法案，多採行此種程序；美國國會之法案審查程序為：第一讀會→委員會審查→第二讀會→第三讀會，法案先經過委員會審查後，再提報院會進行第二讀會（古登美等，2001：284）；我國之法案審查程序如同美國。依「立法院職權行使法」第七條規定：「立法院依憲法第六十三條規定所議決之議案，除法律案、預算案應經三讀會議決外，其餘均經二讀會議決之。」同法第八條規定：「第一讀會，由主席將議案宣付朗讀行之。政府機關提出之議案或立法委員提出之法律案，應先送程序委員會，提報院會朗讀標題後，即應交付有關委員會審查。但有出席委員提議，二十人以上連署或附議，經表決通過，得逕付二讀。立法委員提出之其他議案，於朗讀標題後，得由提案人說明其旨趣，經大體討論，議決交付審查或逕付二讀，或不予審議。」同法第九條規定：「……第二讀會，應將議案朗讀，依次或逐條提付討論。第二讀會得就審查意見或原案要旨，先作廣泛討論。廣泛討論後，如有出席委員提議，十五人以上連署或附議，經表決通過，得重付審查或撤銷之。」而重付審查以一次為限（第十條規定）；「第三讀會，應於第二讀會之下次會議行之。但如有出席委員提議，十五人以上連署或附議，經表決通過，得於二讀後，繼續進行三讀。……第三讀會，應將議案全案付表決。」（第十一條規定）。惟有關三讀之規定，在實務運作上，目前因法案皆經朝野政黨同意或協商同意，始克進入二、三讀會，所以在出席委員無異議下，主席皆裁示：繼續進行三讀程序。而「第三讀會，除發現議案內容有互相牴觸，或與憲法及其他法律相牴觸者外，祇得為文字修正。」

　　法案之三個讀會皆在「院會」進行。一般人誤以為「第一讀會」是「委員會審查」，其實所謂一讀，即「立法院職權行使法」第八條第

一項之規定：「第一讀會，由主席將議案宣付朗讀行之。」（黃國鐘，2001：212）。

　　有關總預算案之審查部分，我國的預算案之審議，依「預算法」第四十八條至第五十四條之規定，及「立法院職權行使法」第二十八條等之規定進行相關之報告、詢答與審查。採行之程序為：行政院長率主計長及財政部長列席院會報告→委員會審查→政黨協商→第二讀會→第三讀會。

　　其與法案審查之差異有二：第一，法律案由院會主席宣付朗讀後，若無異議，則完成一讀程序，依程序委員會意見，交付相關委員會進行審查；而總預算案則應於函送立法院後，排定日程邀行政院長率主計長及財政部長列席報告並備詢後，主席始徵得院會同意，交付各委員會會議審查；並依中央政府總預算案審查程序第三條之規定分成八組，且規範有關機密預算部分，由財政委員會召集全院各委員會聯席會議，決定分組審查辦法及審查日程（周萬來，2000：32）。第二，法律案於完成委員會審查後，即送院會進行二讀（視委員會決議是否須經朝野政黨協商）；而總預算案於完成委員會審查後，依審查程序第六條之規定，尚須由財政委員會草擬書面總報告提報院會審查，有關國防、外交秘密預算等部分，並以秘密會議行之。

　　預算案之決議，除對總預算收支金額之照列或刪減之決定外，尚有依「預算法」第五十二條第一項所為之附條件或期限之決議，此對個別部會或機關所為預算執行之指示，實務上稱之為「主決議」或「決議」，其內容並應與預算決議的目的有一定合理的關聯性，不能單獨存在（如單獨存在則變成僅屬建議性質的附帶決議。）因主決議係隨同預算案經過法定三讀程序通過，並經總統公布，為法定預算之一部分，行政院如認為該主決議事項窒礙難行，可依「立法院職權行使法」第三十二條移請覆議；如無覆議，其效力應予確認，即同意接受立法院多數意見並據以辦理（羅傳賢，2004：616~623）。

　　至於附帶決議，則須在通過本題議案之後立即以動議提出，為審

查意見之表達，決議時，主管部門或機關首長得說明其立場或意見。惟經查前述預算案附帶決議確有「預算法」第五十二條第二項：「立法院就預算案所爲之附帶決議，應由各機關單位參照法令辦理。」之規定；但在實務上，附帶決議係與預算科目或項目分開處理，決議程序亦於預算案通過後再決定送有關機關參考處理，並未經總統公布；且內容多爲勸告或監督之建議，因此僅具建議或參考辦理性質。而各單位居於對國會之尊重，似應儘量配合辦理。另外，在立法院於通過法律案或其他議案時另加之附帶決議，我國「中央法規標準法」及「立法院職權行使法」並無明文規定。故此種所謂「附帶決議」僅具有政治效果或建議作用，似無法的拘束力，其實際效果全視行政院對立法院之尊重或該決議之可行性而定（羅傳賢，2004：629～630）。

（八）考察

有關國會之考察，並無明文之規定；惟立法院各委員會按例或多或少都會有考察所監督之各部會或機關之議程。一來，可以瞭解該單位之相關業務或某一施政重點（包括預算）之執行情形；二來，可以結合地方或專業之需要，促進中央與地方之溝通與交流，對政務之推展亦有相當幫助。至於國外相關業務之考察，晚近已較少行政單位偕同國會議員出國考察之情形，但若有業務上之需要，對於行政與立法之溝通，應能有所提振。

由於考察業務，一般而言端視値週召委之意見而定，並無一定的規定；惟若國會聯絡單位能針對欲考察單位近來之重要事務或政績與相關委員之專業、關心之事務、考察時間之妥愼安排等相結合，必要時甚至敦請首長就委員重視之部分，提供特別的支援或服務，亦或將有助於日後的國會議事，是應予注意並加強之處。至於天然災害後之考察或巡視，就國會監督行政之立場而言，亦是可行且必要之舉措，有關行政部門自當全力配合，勿視之爲國會擴權之舉。

（九）覆議與復議

　　覆議（executive veto）與復議（reconsideration）是類似的議事術語，兩者都是對已經決議的議案（法律案、預算案、條約案等），再行審議是否維持原決議。行政機關對於立法機關所通過的上述議案不表同意時，而在法定期間內，將原議案經總統核可移請立法機關重加考慮，此種權力就叫覆議權。所以又叫做「行政否決權」。至於復議權則是議案經表決後，無論其為通過或被打消，會議成員如具有提請復議之要件，得提出動議，將已經表決之議決案予以推翻。使原案恢復為表決前之討論狀況，重行決議（「兩性工作平等法草案」之審查，即據此依法提出）。所以，可以說覆議權是行政機關對立法機關之決議提出否決之作為；而復議權則是會議機關欲廢棄原決議重行討論之作法。

　　復議，依立法院議事規則第四十四條規定，得於二讀或三讀後提出。另依該規則四十二條之規定：「決議案復議之提出，應具備下列各款：（一）證明動議人確為原案議決時之出席委員，而未曾發言反對原決議案者；而原案議決時，係依表決器或投票記名表決或點名表決，並應證明為贊成原決議者。（二）具有與原決議案不同之理由。（三）二十人以上之連署或附議。」又該規則四十三條規定「復議動議，應於原案表決後下次院會散會前提出之。但討論之時間，由主席徵得出席委員同意後決定之。」討論時，如所提復議案遭否決，即維持原決議；若經可決，則對原案加以討論並表決，再作成新的決議案。依該規則四十五條之規定，復議動議經表決後，不得再為復議之動議。此外，立法院職權行使法第七十五條規定：「符合立法院組織法第三十三條規定之黨團，除憲法另有規定外，得以黨團名義提案，不受本法有關連署或附議人數之限制。」另依立法院議事規則第五十九條規定：「符合立法院組織法第三十三條規定之黨團，除法律另有規定外，得以黨團名義提案，不受本規定有關連署或附議人數之限制。」為連署或附議人數之規定的例外規範。

覆議，依憲法第五十七條第二款規定：「立法院對於行政院之重
要政策不贊同時，得以決議移請行政院變更之。行政院對於立法院之
決議，得經總統之核可，移請立法院覆議。覆議時，如經出席立法委
員三分之二維持原決議。行政院院長應即接受該決議或辭職。」同條
第三款規定：「行政院對於立法院決議之法律案、預算案、條約案，
如認為有窒礙難行時，得經總統之核可，於該決議案送達行政院十日
內，移請立法院覆議。覆議時，如經出席立法委員三分之二維持原
案，行政院院長應即接受該決議或辭職。」此二款規定，即為我國覆
議權行使之憲法依據。

　　次依民國八十六年七月二十一日公佈之憲法增修條文第三條第二
項第二款之規定：「立法院對於行政院移請覆議案，應於送達十五日
內作成決議，如為休會期間，立法院應於七日內自行集會，並於開議
十五日內作成決議。覆議案逾期未決議者，原決議失效。覆議時，如
經全體立法委員二分之一以上決議維持原案，行政院院長應即接受該
決議。」立法院職權行使法第三十二條、三十三條、三十四條、三十
五條亦因此作出相應之規範。

四、　聯絡事務與運作

　　國會聯絡機制既然已是一個發展成形的體系，也確定已在行政、
立法兩院的互動中，擔負起橋樑的角色；而各行政部門在國會的聯絡
員，早已在國會全面建立了層次不等地聯絡網路，積極的介入或參與
國會的議事運作，且對國會各方面的人與事，以服務的心情，發揮顧
客導向的效能，在行政、立法兩院的互動裡，從實踐運作中，見證每
一個國會歷史的環節，與本身任務及使命的銜接。

　　國會聯絡員，不管是專任或兼辦性質，其任務都相當的繁雜。如
內政、財政、經濟、交通等手握龐大預算並經管企業與民眾諸多貸
款、補助或經建等事宜的單位而言，其擔任國會聯絡工作之成員，也

就相對會比很多業務單純的單位的國會聯絡員來得忙碌；至於忝列國營事業的中央健康保險局，由於主轄事務為醫療保險業務之執行，攸關每一個國民之就醫權益與企業及個人之保費是否按時繳納，政治之干預所在多有（如轉診制度、安全準備不足、無法依精算結果調整保費、指示用藥仍然給付等等）。而行政的繁瑣，加上全面性的覆蓋面，部際衝突自是難免。

　　國會聯絡事務，除了長官交辦之事務與例行的工作事項以外；內部同仁的溝通、業務的瞭解等，皆需用心著墨。至於國會議事之掌握及動員、委員與助理、媒體與國會職員及選民的服務、國會聯絡同儕的服務，乃至特殊個案與通案的切割、分析、處理等，皆屬國會聯絡員外在工作環境的範圍；同時，並需從服務與互動中，及時過濾出相關資訊，適時提供首長作為國會運作之參考。茲僅就國會聯絡事務有關部分，作一條列報告。

（一）　委員服務

　　台灣地區目前所採行的單記非讓渡投票法（立委之選舉已改採單一選區兩票制），是極端彰顯候選人個人角色的一種選舉制度。通常，在一個選區裡，一個政黨（尤其是大黨）常會提名數位候選人。因此，對這些候選人而言，其主要競爭對手不但是他黨候選人，亦含本黨同志；而且，因票源重疊且同質性高，同黨候選人廝殺的慘烈程度，常常高於與他黨候選人的競逐。由於這些候選人同屬一黨，就同黨候選人間之競爭來說，黨的標籤自無意義；同時，既屬同黨，政見雷同，談政見也屬多餘。因此，為求勝出，選民服務便成為致勝法寶。另外，由於選舉需動員龐大的人力，也需要投入大量的金錢，而企業財團或提供政治獻金、或培養候選人為該企業代言（廖忠俊，1998：163）、或提供政治人物的幕僚人事費用、或發動企業與相關團體員工支持特定候選人等；加上組織性的派系、樁腳等地方勢力，都扮演相當敏感且特殊的角色（朱鎮明，2003：144），在在皆使立委當選人背負沉重的人情壓力。

　　委員服務之所以有別於選民服務，乃在於立委本身不管出於什麼意志，凡是個人認為極重要而不假手他人或助理處理者，皆劃歸委員服務之列。此一部分，如關心的朋友可能被列入掃黑對象的服務、好朋友的醫院申請擴床而不被同意、好朋友的親人因疑涉醫療糾紛的協助、乃至至親甚或競爭對手或其至親經營的醫療院所違法、違規的處理等等，當立委找上國會聯絡員，則國會聯絡員即需加以處置，並注意回報之時效性。另外，某些情況，宜敦請首長或具權威性之同仁，向委員報告完整之情況，使整個過程沒有誤會也沒有遺憾。

　　由於競選的花費龐大與人情壓力的沉重，有些立委亦會介入關心某些特定案件，如 2002 年 11 月 13 日衛生環境及社會福利委員會開會時，委員會為澄清到底有沒有立委向衛生署署立醫院院長施壓要求購買特定藥品乙案，當場要求衛生署署長澄清，否則就凍結預算。經委員會同意，會議主席針對在場二十九位署立醫院院長作了一個無記名

82

問卷調查。調查結果，經檢視投票問卷，主席宣布：在二十九張問卷中，答立法委員有推銷藥品者有五張；其中以強壓式要求購買推銷藥品者有二張；即有六分之一署立醫院受到立委推銷藥品（立法院公報91卷第76期，2002：276〜283）。因問卷已當場撕掉，所以難以作後續追查（中國時報，2002年11月14日，6版）。回歸實務面，立法委員為服務選民，反應業者的實際難處與意見，係民代之天職；就此而言，立委關心招標進度；或通案性的規定；或個案情形，實亦不宜遽予認定是「關說」。就健保業務而言，委員之服務案件，均有一定的處理程序，整體來看，立委確實是「有關心才說」，此亦符合常態之選民服務與選區結構。

（二） 選民服務

由於立委選舉的動員廣泛且徹底，舉凡前來央求協助的人，皆可說是選民，但其中又以有組織的派系、文化團體、各種民間社區或社團、農漁會組織、工商企業、宗教團體乃至黑道組織等（劉國深，2002：235）為主力。此一部分誠如國民黨前組織工作會主任趙守博先生所言：「過去社會團體在反映其成員的利益的作為上，並不是很積極；而現在很多團體，則會隨時把它成員的利益很積極而適當地反映出來。」（劉國深，2002：279）。而這些團體或個人，泰半皆透過立委或助理前來尋求協助，此類事情統稱之為選民服務。

立法委員是國會的主體，助理則是立委問政背後的智囊與影武者。由於國會問政專業而繁複，非立委一人可以包辦勝任，所以此一部分皆透過助理或立委關係人出面處理。而這一部分的工作，由於選民來自各個不同階層，所涉及的事務遍及中央各部會，所以負責處理選民服務的助理，儼然是處理事務的機器般地異常忙碌；而國會聯絡員與助理的關係因此十分密切。

立法委員為了處理選民服務案件，有以書信處理者、有以當面說明者、也有召開協調會議方式者等等，不一而足。就健保業務而言，一般民眾主要是為個人或所經營的企業欠繳保費、或因要申請重大傷

病相關問題、或因所需藥品的取得、或事前審查案件的催辦等，要求協助；而企業或社團組織方面，則有因健保的加退保作業、手續費用的補助、活動或企劃案的協辦、醫療院所的違規或給付問題、與健保合約的履行等，要求瞭解或幫忙；至於醫療相關組織，如各個公會、協會方面，因為大部分都是醫療提供者所組成的組織，這類專業人士的服務，常會涉及法令或公告的處置問題，因此，一般的處理時間，相對而言會較長。惟以上所有案件，皆是民眾的大事，畢竟民意代表就是要將民眾的需要表達出來，讓民眾注意到他是最肯打拼的英雄（沈君山，2004：306）。所以，國會聯絡員皆會竭智用心服務，必要時甚至主動去電或拜訪當事人，以增進與立委及助理間之互動。

　　不管是委員服務或選民服務，誠意與對業務的熟悉程度是非常重要的條件；或許服務的案件不必然與被找上的單位有關係，但人際的關係原本就在這些互動中建立了評價與共識，使行政部門在國會的運作，產生了良性或惡性的循環現象。這些，亦必將忠實的反應到兩院的互動上。

（三）　聯絡與動員

　　立法委員既是立法院的主體，也是國會聯絡員日常工作的首要對象；惟國會運作與聯絡多面且複雜，舉凡立委及其關係人、特助或一般助理、選舉的出力者（椿腳）、國會職員、國會媒體記者、各黨黨團成員、其他部會聯絡員等，皆是聯絡的對象；也都是可能影響國會動員結果的關係人。

　　就國會聯絡員而言，國會就像一個大家庭，有各種不同稱謂與功能代表的成員，立法委員既是民選而來（不分區立委的遴選也算是一種選舉，有其脈絡），也代表選區民眾之權利的託付，而此類權益的爭取對象即為各行政部門。所以，各行政部門在國會與立委間的親疏狀況，常常就與立委的關心與對業務的瞭解成正比。就健保局來說，醫、藥、公衛相關背景出身的立委，對於健保的體制與業務，自然是相對比一般委員熟悉，且對於相關業務的請託因選民對專業的信賴，

也往往比其他立委要來的多些；另外，加入衛生環境及勞工委員會的委員，由於此一委員會長久以來比其他委員會的成員相對變動性較小，且有一套很和諧的運作傳統，各成員也頗珍惜小心維護。所以，很多民眾及社團或醫療團體，不管識與不識，都知道要尋求助力於此；而因為長期的互動良好，所以國會聯絡員在服務委員方面，一般而言都有一定的口碑，此皆可視為國會運作及兩院互動的一個好的模式。凡此種種，亦確實有助於政事的溝通與議事的順暢。

行政院透過各部會動員的歷史是二屆立委以後的事；到了第三屆立委上任（1996年2月1日），由於在全部164席立委中，執政的國民黨只掌有微過半數的85席，而當時的民進黨有55席、新黨有21席。在本屆立法院院長的改選，執政黨推出的候選人劉松藩院長，僅以82票比80票小勝對手；而在隨後的閣揆同意權的行使，行政院長亦僅獲得85票，算是僅保住基本盤。當時之國會議事，由於次級團體氣勢正盛，加上原住民委員們族群權益意識抬頭，使得立院陷入利益、意氣與意識形態的泥淖，行政部門遂不斷發動動員機制，始克勉強穩住；但國會運作可謂險象環生。

而今，國會在朝小野大的情況下，執政黨偶亦會發動甲級動員令為特定議案護航（朝大野小，執政黨仍會視情況發甲級動員令）；而各行政單位在委員會或院會的情況，只要不是政治性極高的議案，行政部門仍有相當動員的能量，此皆拜各單位之首長與公共管理者及聯絡員，努力於政事、用心於國會服務所致。

（四） 媒體服務

媒體是立法、行政、司法之外的第四權；媒體選擇公共議題的方式，對公共事務的本質，尤其影響深遠。媒體透過記者對於公共事務的詮釋，不僅是扮演監督的功能而已，他們選擇報導這項議題而非另一項議題；選擇以多大篇幅去報導；選擇強調這件議題而忽略另一項議題，經由這樣的選擇，記者將其價值偏好、偏差（bias）與評判傳給閱聽大眾（朱鎮明，2003：140），媒體因此成為政治櫥窗──國會

的「評審」，也是公共事務運作的見證者之一。

　　自從媒體開放之後，感受最深的可能就是立法委員。由於選舉靠的是形象與知名度，而這兩樣，一般而言，藉由媒體的散布是最有效且最快速的；且由於國會議員現有113人，欲求民眾印象深刻談何容易，而吸引媒體注意確實是上策。加上媒體對於新聞「正確」的看法，與一般民意代表近似，也就是──民眾感興趣的正確且快速的資訊，這包括了：發生了什麼事？何時發生？如何發生？結果如何？於是在國會，委員們普遍十分尊重記者，委員的問政理念與議事策略也最樂意與記者分享。委員與記者間的交情，是公誼；也有私情。這些是國會聯絡員難以企及但可以設法分享的。

　　就健保業務而言，媒體人對於安全準備金應有與現有的數額、保費是否調整？醫界的動態、美國301貿易談判藥價是否在列？又準備作哪些讓步？名人生病的情況、人事動態、署立醫院立委推銷藥品狀況（自由時報，2002年11月14日，6版）等，較有興趣；至於審查法案的進度、立委發言的狀況、列席人員的背景、新聞的查證等，也是記者詢問的重點。國會聯絡員於國會穿梭提供聯絡與服務，媒體記者是國會叢林中的隱性燈塔之一，彼此的互動將影響國會聯絡員的績效。

（五）　同僚與同儕服務

　　同僚指的是單位內部的同仁，同儕指得是各部會同樣負責國會聯絡的國會聯絡人員。在行政部門，很多的公務員還是有：透過民代來的事，就是「關說」的負面看法。而以筆者淺見，民眾對於政府機關多如牛毛的法令難以有效瞭解，對於所遭遇的事情於自覺冤屈時，尋求民代的協助，是順理成章的舉措，何況立法委員在民眾心目中直如青天包大人；而立委及其助理等人，自然將上門的選民服務案件，要求主管機關處理。此所以各單位，尤其是與民眾息息相關的單位之國會聯絡員，非常忙碌的原因。而依實務上未經正式統計的經驗來說，很多的民眾之陳情案件，本來就有一定的道理；只是事件的本質與其

預期的結果有些落差，以致民眾心生不平，前往陳情。此時，國會聯絡員或單位承辦人，若能耐住性子詳加說明或告知可能的竅門與解決方式，大部分的民眾事實上是心悅而誠服的。

人需要教育也確實可以教育，內部同仁的服務，只要用點心思，誠意相對，對工作、對私誼，皆會有實質助益。

至於同屬國會聯絡員的各部會同儕，大部分皆具積極服務的理想，面對的工作情境與壓力大同小異，在資訊的交換與經驗的彼此啟發中，也發展出相當深厚的情誼，此對議案的進行與委員間協調的互動等，都有所幫助。同時，由於彼此單位主管的業務有別，個人專長亦各擅勝場，在國會運作的互動中，多發揮跑腿服務的心力，自能贏得尊重，裨助於工作。

（六） 國會服務

國會服務是指對於國會職員及不屬於前述各類卻又常在國會活動的人。當然，整個重心仍然放在對國會職員的服務方面。

國會職員，在第一屆資深立委時代，職員很多是來自立委的親戚、同鄉或渠等所引薦的人；而國會全面改選之後，新一代的國會議員與職員間是少了這份牽絆。但由於立委的選舉競爭十分激烈，加上國會問政又重在凸顯特色、強化知名度；於是，優秀或資深的國會職員往往成為國會議員請益的對象，從而與立委間產生類似夥伴的工作關係。2000年5月20日從助理出身的陳水扁先生就任總統之後，大量起用立委出身的學者專家或有代表性的人（如客家與原住民）出任閣員，於是有志於百里侯或更大企圖心的國會議員，更積極的在國會職員間，網羅幕僚或借重人才；而部分的國會職員也在這樣的時空背景下，挪出時間為立委問政跨刀、或琢磨問政政策、或撰寫質詢稿與提案，成為立委得力的助手與幕僚。此一趨勢正是台灣民主化後國會的變動現象之一，應屬自然形勢的推移。另一方面，此亦有助於國會議員的快速進入狀況，融入國會文化與慣例。就行政部門而言，這不但縮短了溝通的時間，且增加了溝通的管道，並能因此比較清楚相關立

委的問政理念與思考的主軸何在，降低誤會現象的發生。

　　國會聯絡員在國會的運作，除了和立委及其關係人與助理的互動外；國會職員在國會的庶務、委員會、程序委員會、政黨協商、乃至院會等場域環境中，均是十分重要的幕僚角色，對於主持議事之主席的影響力，雖因人而異，惟持平來說，在很多時候仍常有畫龍點睛的效果。所以，是國會聯絡員的重要溝通對象。

　　就中央健康保險局的國會聯絡工作而言，對國會職員的服務，從來都十分積極且用心；因多年相處，彼此的心性與行事風格皆有相當概念，而服務的項目也多半是在能力範圍內，所以大部分都可以達到一定的滿意程度，助益於彼此互動。

（七）　個案與通案

　　健保的規定，有些牽涉衛生署醫事處的業務，如醫院的評鑑或醫療院所的設置規範等是；有些牽涉藥政處的職掌，如藥局的設置標準與藥品許可證的發給等是。而這些相關規定，並非健保局可以片面處理且係屬全國一致的通案；惟求助於立委或自行前來者，很多都希望能以個案處理。此種情況，國會聯絡員即應以通案為經，以實際情況為緯，嘗試調和可能的解決方案。由於陳情人在很多情況是有其道理而沒有證據；或有證據而不知提示，以致坐困愁城，認為政府不通情理，徒惹民怨。此時，國會聯絡員或主管單位人員的助力，即是當事人的希望所寄。在大家共同努力下，即便無力回天，至少贏得當事人對公務員的尊重；而若果然如當事人所想，亦是還納稅人一個公道，理當如此。在工作中學習的樂趣，盡在其中。

　　此一情況，就像曾經駐台的美國大使李潔明先生在其回憶錄中，舉曾任美國國務卿的海格先生（Alexander Meigs Haig, Jr.）在接任後，於外交議題上渠認定：「美中關係是我們此時最重要的戰略問題之一。」所以他在自傳《告誡》（Caveat）中寫道：「唯有原則確立，台灣問題才能解決。」（林添貴譯，2003：212）。行政部門在國會的聯絡事務，隨環境之不同而需作不同對象的服務；但是，萬變不離其

宗，誠信、依法行政與熱忱的同理服務心，乃是國會聯絡之原則，原則確立，即能有效率的完成任務。

第三節 國會聯絡員的人際網絡與工作範圍

行政部門在國會運作的場域，從院會、委員會、程序委員會、政黨（朝野）協商、黨團乃至公聽會，所有的環節其主體就是立法委員及其所串起的人際脈絡。

立法委員通常兼具兩種重要的角色功能，一是代表人民進行立法審議的角色；其二是為回應選民的支持或競選連任而從事選區的服務工作。立法審議的角色固然是要以集體決議來做成；即使是選區服務，也有許多民眾的需求是必須透過立法過程來落實為政策。因此，立法審議過程是否有效率、是否達到好的議事品質，不僅影響國會的整體表現；同時也會影響到國會議員對選民的回應能力（劉淑惠，2002：64）。

綜合上述說法，合議制的國會議事，講求的是公開議事與多數決；但是，由於定期而頻繁的選舉讓台灣社會經常處於高度動員的狀態，選舉時所結下的恩怨，卻一再的上演和深化，並且延伸到立法院的議事過程中。另外，國會的政治生態結構，在朝小野大分裂政府的架構下，專業理性的思辯往往由黨派利益的對決來取代（劉淑惠，2002：65）。目前的國會仍然是處於類似的狀況，雖然朝野為了今（2004）年底立委之改選而彼此小心算計，但「政治性」高的語彙仍常是株連法案或預算案的臨門殺手[15]；更遑論意識形態高，涉及統獨爭

---

15 立法院第四屆第六會期，2002 年度中央政府總預算案於進行二讀前之朝野協商時，當時之行政院張俊雄院長在行政院院會的一席有關憂心經發會共識法案之未能即時完成立法之談話，造成「在野聯盟」一度抵制協商。

議的相關議案了。

　　由於第五屆第五會期政黨協商已決議將於6月11日休會（也確實在當天休會），而本會期迄法定時間的5月31日也僅通過三十六項法律案（中國時報，2004年5月31日，A4版）；總統大選前，朝野喊得震天價響的修憲委員會召開了十一次會，卻僅有四次成會，且從未實質討論到修憲議題[16]，整個國會可說已進入半休眠狀態。本於此一態勢，各行政部門的首長若想突破困境，在國會議案方面有所突破並斬獲，則國會聯絡員在國會運作上，當琢磨如何適時祭出人際網絡，並結合首長之決心，發揮橋樑之功能，調和利益，消除歧見，以克竟其功。用兵，此其時矣！（林水波等，1983：233）。

　　國會權力體系形成的目的與場域運作的核心問題，皆是人的問題，而非制度的問題。此亦所以國會聯絡員的人際關係網絡被稱為「國會權力環境之舵」的原因；且舵的主軸，正是全體立法委員。

一、立委及其關係人

　　根據「立法委員行為法」第二條規定：「本法所稱立法委員關係人，係指下列人員：第一，立法委員之配偶及其直系親屬。第二，立法委員之公費助理。」另依據「立法院組織法」第三十二條規定：「立法委員每人得置公費助理八人至十四人，由委員任免；立法院應每年編列每一立法委員一定數額之助理費及其辦公事務預算。公費助理均採聘用制，與委員同進退；其依『勞動基準法』所規定之相關費用，均由立法院編列預算支應之。」也就是立委及其關係人是有法定依據的稱謂，而這也幾乎是立委問政的核心。

---

16 2004年8月23日立法院臨時會通過了：自第七屆起國會席次減半（113席）、單一選區兩票制等修憲議題。2005年6月10日由任務型國代接續完成此一修憲工作。

　　台灣的選舉文化發展至今，可謂已進入「藝術」的境界，而在各種選舉之中，立委的選舉廣度與難度可以說是其中之最。舉例來說，位於台北市的民眾可能不知道，很多縣市的候選人，在選舉的時候，如果沒有椿腳的帶領，候選人根本無法進入到村里（包括老眷村）去拉票；也不知道哪些人可以爭取；哪些人是其他政黨或候選人的鐵票而難以見縫插針（朱鎮明，2003：144～146）。至於平日人際的交往、服務、聚會、動員、造勢、地方意見領袖的拉攏、社區理事的結盟與投票前夕的固票、催票、監票等功能的落實與發揮，在在關乎勝選與否。至於選舉所需要的龐大花費，利害關係團體挾龐大的財力進行財務挹注（黃秀端，2002：112）；或以後援會方式、或以農、漁會組織、或化整為零以各種企業或商號出現，進行廣泛且有效的贊助。讓整個選戰宛如一個企業的經營，或一個十分有紀律的部隊作戰，各有分工；且不同層次的選舉，亦可策略聯盟，藉由網絡性組織相互拉抬聲勢。而在眾多文宣口號中，「本土化」與「地方利益」，正是候選人與地方民意的結合；此從當選後，立委專注爭取以及「關心」地方建設，便可以充分理解我國國會議員「地方掛帥」的傾向（楊泰順，2001a：85），其來有自。

　　除了組織、動員與財務，立法委員的候選人在選舉前，都會透過行銷手法，絞盡腦汁地探詢選民意向（朱鎮明，2003：149），針對：地方變革的呼聲與民眾的期盼、為地方的發展與前景，構思各種政見與建設承諾。如現任立委，在國會會期開議前，發函並附回郵詢問各地的椿腳、仕紳、村里鄰長、意見領袖及企業主等，有關本會期應興應革之意見；於彙整建檔後，或以口頭質詢、或以書面質詢、或以公聽會方式、甚或邀集中央官員到地方以考察為名行擴大會報之實，以各種快速應變的方式，回應選民的心聲或提供選民服務，滿足其偏好，落實公共價值。而會期終了休會之後，復將相關質詢與官方答覆的資料影印分送給提問人或陳情人，以充分表達尊重選民的意見；同時也善盡了民代的職責。更為連任之途舖上了厚實的基礎。

立法院在法理上或許應如英國人柏克（Edmund Burke）所言：
「不該是地方對立的利益代言機構，應是一個整體國家的國事論壇，思
考的應該只有一種國家利益；而不該是許多的地方偏見的機構。」（楊
泰順，2001 a：86）。但是，扭曲的選舉制度，使得立法院淪為地方利
益與私人利益及利害關係團體利益的競技場。某位民代說得好：「當
選是唯一的目的，其他都是假的！」本於此一思維，國事論壇，自然
演變成「國事亂談」；此無關素養，只是抉擇而已。

　　選舉不需要專長，它是一種專業；立委及其關係人則是選舉的戰
鬥體，平時的服務群！有志於國會運作的公共管理者或首長，實宜設
身處地的好好認識身經百戰的國會叢林的主人 —— 我們的監督者。

　　政治的大環境在李明亮前署長口中是：「真話不能講；假話說不
出口。」但在他任內，對國會是十分尊重的。而健保局的公共管理者
對立委及其關係人所採取的態度，曾任健保局總經理的深度訪談對象
003 表達得十分清楚：「行政部門不應該把責任全推到國會，國會議
員本來就代表不同的階層與民意，所以國會運作除了誠意與正當性
外，行政部門適當的釋出決策善意與資訊是非常重要的；因為資訊不
對稱難怪會有誤會發生。」此所以健保局多年來，雖因政治位階較低
且甚多議題（如健保雙調、IC 卡的推動、軍、公、教全薪納保案等）
已然泛政治化到令某些政務首長悲觀的地步；但秉持一貫的理念，也
常因此贏得國會朝野的尊重。就健保局在國會的運作言，對立委及其
關係人之態度是有「先朝後野」[17]的作法；惟對某些長期較關注衛生
議題的委員，亦會相對付出較多心力。

---

17 所謂「先朝後野」，係指委員請託之服務事項或政策協調，若同時有朝野立委
　 關心，則一般而言均會先向執政黨籍之委員報告後，再向在野黨籍之立委回
　 報之謂。

二、助理與義工

國會助理除了公費助理之外，很多立委爲了滿足地方服務或議案研究之需，或多或少都自聘部分助理。其職稱有助理、秘書、特別助理、主任、處長、顧問，不一而足，筆者爲方便計，皆統稱爲助理；而義工則是不支薪的工作人員。

一般以分工言，約將助理分成：行政助理、法案助理、預算助理三類。行政助理以處理委員私人事務、行程安排、替選民服務、撰擬新聞稿、及與利害關係團體聯繫等爲主；法案助理則幫委員研擬法案或法條、撰寫發言稿及提案、蒐集立委交待的相關資料或法案、以及陪同委員協商法案等；預算助理則就各單位的預算案審查所需資料之蒐集與瞭解、撰擬預算審查時之發言或提案、陪同委員作預算協商等事務。有的委員辦公室三類助理皆有；有的則僅分成兩類，也就是將預算與法案助理合一，並不再分工。由此觀之，立委問政所需要的幕僚作業，幾乎都在這些學有專業且普遍學歷都在研究所程度的國會影

武者手上完成。所以，一位立委問政表現的良窳，與其助理群功能的發揮是息息相關的，難怪學者要將渠等譽之爲「未經選舉或委任的立法者」（Malbin, 1979）。

現在的立法院，國會助理總數已達千人以上。他們爲委員草擬議案、跑部會、做公關、當參謀、辦公聽會與記者會，乃至形形色色的選民服務，扮演的角色早已不是跑腿或跟班，而是立委問政與立院運作眞正的推動者（黃清龍，2001：18）。助理也常扮演分身或代言人的角色；連前任總統陳水扁先生也曾任第一夫人吳淑珍女士任立委時的國會助理（謝長廷，2001：10）。放眼國內各階層，傑出的各行各業人士出身國會助理者，不乏其人。顯示國會助理確實潛力無窮，人才輩出。

國會連絡員是助理與行政部門最直接的「對口單位」，助理所負責的一切事務，舉凡選民的陳情請託、各類資料的索取，乃至活動經費的爭取協辦等，都賴國會連絡員的轉承交涉（田麗虹，2001：310）。由於職責天生各爲其主，也常爲同一件事情共同打拼與用心，所以國會聯絡員宜多用同理心，體會民代競選之辛苦與當選之不易，在可能的範圍儘量予以協助，成就民眾的期待與立委及助理的服務。

立委是助理與義工的頭，助理與義工則是立委的眼睛、手、腳與工作夥伴。國會是由立委在主導的政治權力場域，在錯綜複雜的人際關係中，多一分資訊多一分助力，助理常是最好的提供者。而在千百個議案中，要想在預定的會期有限的時間裡審查通過目標議案，除了與立委間必須要有相當共識外；與委員助理的默契尤其是不可缺少的充要條件。

健保局在國會運作上，對立委助理及義工所採取的態度與對立委幾無二致，重點只在誠意與正當性。因爲誠懇互動，可以消弭不必要的誤會；而正當性夠，則理直氣婉，平添無限助力。此所以健保事務繁瑣且富政治性，除了政治性極高的部分外，連在野黨多次聯手且聲稱必不可能做的「IC 卡案」，竟能連年闖過數道院會關卡，讓各種利

害關係團體在氣勢一路旺盛的情況下，馬失前蹄於院會決戰表決[18]。此是人和，也是首長的企圖心旺盛、正確與深具韌性所致；其中得力於立委助理、義工之處甚多，堪言委曲求全的國會運作典範案例之一。

三、利害關係團體

有關利害關係團體，本文採取與多數專家學者比較一致的廣義看法，即「利害關係團體，是指有共同利害，且為此共同利害採取共同行動，以影響政府政策的一群人，無論其是否有正式組織，皆可稱之。」並將利益團體、政治性利益團體、壓力團體、遊說團體等，視為同義詞，不另外就其本質上的差異作不同的定義與歸類（古登美等，2001：192；陳淞山，1995：285；朱志宏等，1989：5）。而筆者所以捨利益而就利害二字，實乃接受恩師陳敦源教授之指正：「利益團體之運作，並不全然獲得所有利益。」茲筆者舉下例為證。

2002年4月8日立法院第五屆第一會期衛生環境及社會福利委員會第十次全體委員會議，進行審查「全民健康保險法部分條文修正案」有關「擴大費基案」六個版本的提案時，某位委員受醫事檢驗師公會所託，提出該法第五十五條條文修正案，將第三款之「指定」醫事檢驗機構，提案修改為「特約」醫事檢驗機構（立法院公報第91卷第38期（下），2002：233～235）。本案並於同年6月20日完成三讀（立

---

18 有關「健保IC卡預算案」，於1999年6月起，經行政院內部研討，在當年11月核定「健保IC卡實施計畫」。由於健保IC卡預算是分年編列的預算，總預算額度約41億元，因為在預算編列期間，國會即盛傳商機有多大等等情事；復因中央健保局之行政費用，出於行政院衛生署之公務補助，並非來自保費提列；而健保局又為國營事業單位，所以在審查年度總預算案及附屬單位預算時，都各要審查一次，成為少見的年度預算要審查二次的單位之一。本案經數次表決，始於2004年1月1日全面上路。

法院公報第91卷第45期，2002：197~201）。由於本案在立法院第四屆時，醫檢師公會亦曾委託當時國民黨籍的某位立委提案，該立委並召集衛生署及健保局官員與業界召開數次協調會議，始瞭解到當時「指定」之作法，因醫事檢驗機構並非「特約」醫事機構，所以，所有民眾之檢驗均透過診所（因一般醫院有自己的檢驗單位，若未設檢驗單位者亦可委託代驗）指定到醫事檢驗機構檢驗；而相關健保費用則由「特約診所」代為申報。如此，診所可以直接取得佣金；再將剩餘款項給付醫事檢驗機構。但該公會認為所有醫療有關之機構，在健保法上均為「特約」機構；醫事檢驗機構不能矮人一截委屈於「指定」二字。惟一旦將「指定」改為「特約」，則所有給付將直接撥付「特約」機構，那麼診所要取得佣金，因互信基礎薄弱，深怕醫事檢驗機構有可能不給，如此檢驗機構必將失去原有客源（診所將需要檢驗的患者轉去醫院）。於是躊躇再三，該委員遂在取得醫檢師公會的諒解與感謝後撤案。

　　而本案後來的提案一舉過關，完成三讀修法之後，仍有部分醫事檢驗人員確實感受到生意一落千丈，而前來要求修回原來的「指定」；惟時不我予「名、利」已判。從此——「全民健康保險法」之修正實例，可以清楚瞭解到利害關係團體的運作，確實不全然獲得利益，故以利害關係團體稱之。當然，市場始終存在，其機制自然又會調整到彼此可以接受的情況；惟因參加者眾，豆剖瓜分已是難免。

　　由於利害關係團體乃是根據既有的體制，規劃對其最有利的遊說策略；因此，遊說活動早已與體制中的決策人物形成某種密不可分的共同關係。換言之，利害關係團體並非只專注於政策產生的影響，他們也是意見輸入過程中密不可分的一環，一如美國政治學者杜魯門（David Truman）在《政府的過程》（*The Governmental Process*）一書中提出的：政治生活與團體是密不可分的，特別是利害關係團體在政治體系中究竟發揮何種功能？（David Truman, 1971）。

　　我國現行的政治體制在憲法上的決策過程如何？行政與立法之間

的關係如何？朝野間都存在著不同的觀點。然而，利害關係團體只關切政府的決策如何，只著重於「現在」應該如何影響決策。因此，利害關係團體為了自身利益的達成，有時對遊說的進行甚至不擇手段，有意無意之間會造成對國家社會整體的傷害（古登美等，2001：202）。至於利害關係團體之分類、運作方式、與政治的連動等複雜而多樣，筆者在此僅概述與健保局國會運作有關部分，其他恕難贅述。

　　台灣地區隨著社會變遷而日益走向專門化，各種利害關係團體也自然地應運而生；再加上社會的分殊化（diversity），不同意見團體也為爭取其主張的實現而活躍起來（彭懷恩，1998：205）。就中央健康保險局而言，由於健保4,269億（2008年度預算）的給付，涉及到醫、藥、檢驗、中醫、牙醫、診所、醫院，包括個人與團體的利益之「得」與「失」，利害互見。因此使得利害關係團體更加蓬勃發展，甚至出現「利害關係團體爆炸」（interest group expolsion）的現象。此如五大藥聯的擴大成七大藥聯；各種醫師公會的次第繁殖增生（健保實施前原僅有各地醫師公會及全聯會）；醫院協、學會的發展；各專科學會的爭取主導權；乃至給付問題（如護理費、急診、孕婦週產期計畫等等）；單科與多科（如復健科與物理治療及職能治療等等）的爭議；藥價調查與新藥（器材）的核價等等，單項、雙向、多項的爭戰，無非是為了分食健保大餅。更有甚者，美僑商會2004年6月1日出版的《2004台灣白皮書》中，在改善衛生保健與製藥環境一項，直指健保藥價給付應公開、透明、給予新藥研發獎勵創新，以確保公平競爭等（經濟日報，2004年6月2日，6版；工商時報，2004年6月2日，4版）。此雖是舊議題，但美僑商會吳王小珍會長仍明白表示：考慮將之列入特別301名單等情況，顯示健保議題的利害關係團體的運作壓力，不僅僅是在國內，也同時包括國際強權；也不僅僅在行政部門的行政院、外交部、衛生署，也同時包括在國會。其中當然以在國會的廝殺最為慘烈。

　　健保利害關係團體在國會的運作，在醫藥部分，視利害關係團體

的人力、資源與訴求標的等，而有不同運作方式。如「藥事法」第一
○二條有關醫師調劑權之爭，醫師公會與藥師公會精銳盡出，而藥師
明顯占了上風；再如醫師團體為了「醫療法」修正有關無過失責任條
款，由於消保團體內部意見並不一致，加上醫師團體用心，於是扳回
一城；至於藥價調查、中醫復健門診人次、洗腎總額、醫院總額或醫
療處分等，或訴諸政黨、或動員次級團體、或串聯各地朝野立委、或
從府院高層下手等，不一而足；而遊說、投書、助選、找媒體報導或
開記者會陳情、施壓、協調與召開公聽會、質詢、恐嚇、抗議等也都
一一派上用場，叫陣廝殺，熱鬧異常。贏的一方大肆論功行賞；輸的
一方，回家療傷止痛，準備下回再戰。

　　至於在勞工、農民及漁民、消費者保護與相關團體方面之健保的
利害關係團體，由於政治性強、動員力足、選票壓力夠，於是相關法
案如「健保擴大費基案」中的第二、第三、第六類納保人，該調升的
一毛也不准調升；該調降的也無法調降，於是形成有所得的民眾繳的
保費，比無所得的民眾少的現象（農、漁民繳287元；地區人口繳659
元）。

　　綜合上述情形，中央健康保險局由於組織架構的低微，致在重重
政治帷幕的包覆下，主控權盡失；而病床數的增加、人口的老化、新
藥及新儀器的引進、重大傷病範圍的擴大，無一不在擴大健保的給
付。惟處在政治的現實面，要想落實「全民健康保險法」的精算與調
費機制，談何容易。因此，就健保局的公共管理者與國會聯絡員而
言，對於高來高去的相關利害關係團體及其意見領袖們，由於行政位
階上公公婆婆太多，而國會的考量又以選票為優先（其實行政部門的
決策似乎亦如是），無人敢向民眾拔鵝毛，所以無力感遠多於成就感。
此對於健保的永續經營與醫界生態的正常化，將可能產生積重難返的
後果，值得執政者與國會諸公深思。

四、媒體

　　在民主政治制度下，行政部門的政策與政令，必須要受到民意代表及輿論的監督與批評，絕不可能罔顧民意，恣意妄為。行政部門作決策時的政治考量，也就相對的重要起來，民意與政治的支持，正是行政決策不可少的要件（張世賢，1983：233）；此所以現代社會的公共關係，連政府都特別重視（如行政院另設發言人）。此外，公共關係與國會聯絡的結合亦可視為民主政治新的延伸，是促進民主政治的櫥窗——國會，瞭解的有力工具（張潤書等，1985：691）。

　　媒體的急遽增加，不僅膨脹了記者的人數，也加深了彼此的競爭，而行政部門的舉措，更被以放大鏡來檢視；身為行政監督的國會議員，亦在媒體的檢視之列，而優劣立判。

　　中央部會託天時與地利之便，泰半皆有線上記者主跑；但因記者流動性頗大，以致很多跑部會新聞的記者，並不清楚國會議程及國會議員的動態與自己主跑線的關聯。如某在野黨委員提出修正「全民健康保險法」第四十三條之一有關患者出國做器官移植，健保局應酌予補助乙案。因某在野黨委員以強渡關山之勢，在立院朝野黨團協商時，在決定事項第二案加入將本條修正案列入第五屆第五會期「優先單獨」處理之法案（立法院2004年1月7日朝野黨團協商結論）（立法院公報第91卷第6期（一），2002：122～123）。敏感的國會記者，皆知國會「併案審查法案之原則」；對於突兀的「優先單獨」字眼出現，一般即會立刻主動聯繫線上記者或國會聯絡員；此時有些線上記者並不一定能立刻進入狀況，抓住新聞。而對國會記者來說，這時的國會聯絡員就比線上記者好用多了——既好找人，又瞭解背景因素與法條。

　　媒體一方面在報導國會；另一方面記者也在觀察與內化國會，後者恰巧與國會聯絡員有志一同。蓋國會人際之複雜宛如萬花筒，每轉

一個角度，就有不同的景象與樣貌；甚至同樣的景象（背景或環境），人物角色的扮演也可能迥然不同。現代行政部門的首長與公共管理者熟悉國會叢林法則是必修的一門課；而最好的老師，常常即為對國會熟門熟路的媒體人。所以，就國會運作而言，國會聯絡員應與記者多學習多互助；而筆者在國會逾二十載，與記者朋友誠信相待，受惠於記者朋友之處實多。舉凡議案的審議過程、核心人物、協商障礙、干擾因素與方式、朝野氣氛、利害關係人或團體、關鍵時間等之研判或揣摩，在在皆有醍醐灌頂之功。於此，實應獻上虔誠之敬意與謝意。

五、黨工

在國民黨執政的年代，國民黨中央政策會及立法院黨團的黨工們，持平而論，對政治人物的熟悉與對國會議事文化的掌握，確實比很多行政部門的人要強得多；甚至寫實一點的說，比很多立委及行政首長都要進入狀況。這不僅是經驗的傳承，也來自個人的用心學習使然。

2000 年 5 月 20 日民進黨正式執政，黨內有派的派系共治生態，並未產生黨政一體的條件；而長於論述及動員的黨工，也較欠缺國民黨黨工經長期薰陶致近似於行政文化的風格。而今，國會黨團的組成方式，都已頗有相類似之處，各政黨的黨工在彼此互動中，正逐漸同化趨近於工作夥伴的關係。

就健保局的國會運作而言，由於健保預算要比別人多審一次，且單位位階較低，所以資訊的掌握相對就比較重要，非如此不足以擴大反應的縱深，爭取長官反應的時間。而在這些方面，各黨黨工的協助實是非常重要；尤其是執政黨的黨工朋友，更是經常拔刀義助。畢竟國會是一個經常創造體例的場域，任何環節疏忽不得，而有了黨工朋友的協助，實得一臂助也。

美國前國務卿舒茲（George Shultz）在主掌美國外交政策之前，

他是在企業界、學術界和勞工關係方面有豐富閱歷的人；而他在自己
的回憶錄裡，針對美國外交決策越來越關注中國利益時，有這樣一個
說法：「我相信在國際關係上，跟在勞工關係上是一樣的，過分強調
關係本身，反而會搞壞關係。」（轉引自林添貴譯，2003：232）。筆
者以為國會運作也是一種外交的型式，國會聯絡員與國會各黨黨工迺
至各種人際網絡之互動關係，也都不適合特別強調；尤其與黨工的關
係，更宜務實低調，以免造成不必要的困擾。

六、國會職員

　　立法權為國家統治權之一部分，基於權力分立的原則，由人民選
出之立法委員代表人民行使立法權。依據憲法第二條規定之主權在民
原則，立法機關所制定之法律具有最高性，除違憲之法律得經司法院
大法官會議作無效之宣告外，人民及各級行政機關均受其拘束（陳清
雲，2004：550）。而為協助立法委員問政及處理國會庶務者，除了委
員自聘及公費的助理外；在立法院內，自然由與立法委員相熟的國會
職員來擔負相關工作，也負起相關的責任。此所以立法院之職員與立
法委員的關係可以說相當緊密。

　　國會職員，除了擔任立委議案幕僚的法制局、預算中心、議事
處、公報處、委員會專門委員外（陳學聖，2001：156）；有關總
務、秘書、人事、會計、委員會職員等協助處理日常庶務的相關人
員，為數更多；另外，司機、工友等人，雖非正式職員但亦為立法院
編制內之員工，所以都一體納入本書之範疇，統稱為國會職員。

　　自二屆立委以後，因為早期進入國會的職員，多已屆退休之齡，
因此新血晉用之情形十分普遍（包括凍省及國大虛級化以後轉任之職
員），使得國會議事的傳承可以在平順的情況下，賡續進行。但因為國
會職權之特殊，使得與行政部門同樣途徑晉用之國會職員，在很多場
域可以接近立委，甚或成為國會議員之「議事顧問」；因此，是行政

單位在國會運作所不可忽略的人際對象。舉例而言，新科立委報到之後，委員會及議事處或預算中心之職員，即常常是立委諮詢請益的對象；又有以同鄉、同學、同宗之誼，親近委員提供立委問政訣竅之職員，亦所在多有。而也因著這一層關係，立法院每屆職員出缺之時，立委受職員請託絡繹於院長室及秘書長室之情況，泰半與此有著某種程度的因果關係。至於其他包括協助委員撰擬質詢稿、會議提案、模擬議事運作之情形，皆非秘密；而此類職員在國會之晉升，相對而言，部分確有青雲直上之勢。

國會人際關係錯綜複雜，國會議事雖有法有例，但難測之處所在多有；而國會職員長期浸淫於斯，甚至有等同師徒相傳之情況。因此，行政部門在國會之運作欲求流暢順遂，斷無可能跳脫國會職員之協助。究其因，一者因為職員遍布國會各處，且所有議案之提案處理皆需經幕僚之手，而國會職員即是當然成員，且國會職員協助立委是天經地義之事。二者因立委對於國會職員在某些領域甚為倚賴，而國會職員與立委之間互動密切。此所以行政部門在國會之運作，必須與國會職員密切互動之所在。

以中央健保局為例，本局在國會之運作於國會職員部分，上至院長室之相關人員，下至各會議室之管理工友及司機，我們均一視同仁，齊心服務；而此亦發揮一定的「回饋」效用。對於國會職員在國會聯絡業務的襄助之功，筆者感同身受，銘感五內。

七、同僚與同儕

由於中央健康保險局是執行健保業務之事業機構，而健保對民眾承保與醫療給付之規定，專業而繁瑣；加上醫療院所的違規處分、藥價的調整、給付的核定、以及醫藥專業團體之協商等等，業務分隸於各處室。因此，內部同僚的溝通，成為國會聯絡員的一項最主要工作之一。此外，由於國會聯絡員在國會從事聯絡工作最大的授權和憑

藉，乃是作爲機關首長的行政管理者。因此，與機關各階層長官的信賴與友好關係，及獲得行政管理者的充分支持，是減少工作過程中諸多限制的重要條件；所以與機關首長互動的重要性，往往成爲國會聯絡員對外工作成敗的先決條件（何鴻榮，2001：239）。

　　至於中央健康保險局國會聯絡員與各部會國會聯絡員之間的同儕聯繫，因爲彼此工作內容的同質性較高，且面對的壓力與情境相類似，彼此之間的交情比較容易建立。因此，大家雖然十分忙碌，在國會見面甚至難得寒暄幾句；但有事相詢，往往可以在最短時間獲得清楚訊息，充分發揮互助合作之精神。此在一般行政部門的同僚之間，是較難得見到之情形。

第四節　結　語

　　立法院既爲台灣政治的櫥窗，隨著近年的兩次總統直選皆由民進黨籍的陳水扁先生當選與連任（2008年總統由馬英九生先當選），整個國內的政情與政黨版圖，也正急遽推移變幻。回顧第三屆以來的國會，從在朝微過半的席次，到朝小野大的情況成爲司空見慣；再過渡到朝大野小，早已注定國會環境變遷的快速與國會運作變數的憑添，已是一年強過一年；惟萬變不離其宗，國會的各種制度環境，隨議案的政治程度的深淺，與部（府）際關係的鬆緊，乃至領導因素的強弱，及利害關係團體的介入程度等，對議案都將產生興革性的影響。至於場域環境的掌控，從委員會、程序委員會、黨團、政黨協商、乃至院會，每一個環節代表不同的階段，議案的進度隨之進入不一樣的情境，其間或有公聽會之舉辦，但此是特殊情況才有的舉措。一般而言，進入政黨協商即宣告議案的開始決戰，此時正反勢力的拉鋸、施壓與妥協的開展、部（府）際的攻防等等情況，都將一一呈現。而院會的裁決，除非是動員表決之情況；否則，往往只是形式上的過場動

作，輕重之間，顯而易見。

　　議事事務的相關環境與運作，是十分需要花時間瞭解並作好先期作業的環節，政務領導或公共管理者，此時需要以更多的耐心，將專業與施政的優先性，以謙和的胸懷及態度去面對國會的質疑或責難；並在兼顧情理的情況下，釋出善意，使國會的人和發揮穩定的政策支持度，從而爭取到最大可能的勝利。此時國會聯絡員對資訊的掌握與各類聯絡事務結果的良好配合，自是十分重要。

　　至於，以立委及其關係人爲對象核心，號稱「國會權力環境之舵」的國會人際關係網絡，由於國會本身的複雜的生態，且確知立法院係以監督行政爲天職的場域，國會聯絡員遊走其間，確實應本乎服務與聯絡，以最大的誠意及努力，爭取認同與支持。務期使每一個有關的議案，都能在平順中完成長官的託付；同時，將相關部（府）際的衝突與利害關係團體的干擾，藉議事策略的熟悉與人際關係的圓融，消滅至最低。如此，不管是預（決）算案或法案的修、立，應該都可以達到預期的成果。

第4章

國會運作的三個實務案例之研究

- ●全民健保「軍人納保案」的修法過程
- ●「兩性工作平等法」的立法過程
- ●全民健保「擴大費基案」的修法過程
- ●結語

　　國會叢林生意盎然，國內各大政黨與社會各種勢力，常常將立法院當作前哨戰場；也時常將國會作為政治資源爭奪戰，決定輸贏的關鍵場域。而穿梭其間的各大媒體，洋洋灑灑的報導，雖說鉅細靡遺；惟因國會運作先天的隱密性，加上行政部門有意的低調行事，以致行政部門在國會的運作，出於臆測性的報導，恆常較實證的論述，要來得多；至於完整的議案運作過程的透明呈現，更是絕無僅有。

　　筆者在前一章節，利用「魚骨圖」，簡介了國會環境的變遷與相關行政部門在國會運作所應該瞭解的各種場域，以及部分服務與聯絡的人與事。由於國會事務，連動性極佳，且作為政治櫥窗，本身就是政治的風向球之一；因此，國會自成一格的「遊戲規則」，雖常因效果不佳招致民眾迭有怨言，而國會的調整之快與反映民意之速，仍然使得立法院作為國家政治中心的地位，得以屹立不搖。何況，行政部門據以執行公權力的法律案與預（決）算案，一概得仰仗國會的審查與通過。

　　中央健康保險局，以一個行政院的三級單位，手握4,269億的預算，且因肩負國人醫療事務的「買方」業務，加上先天的高政治性，本來在國會運作就有相當的困難度，而部（府）際關係的弱勢地位，更使得公共管理者幾乎動輒得咎；甚至有關的利害關係團體，或援引國際壓力；或尋求國會勢力的撐腰，在在使得健保局的公共管理者侷促而難為。

　　有鑑於此，本書特擷取與健保局有關之健保「軍人納保案」、「兩性工作平等法」案及健保「擴大費基案」等三案，將國會運作至關緊要的部（府）際關係、領導因素與利害關係團體的運作等三大要素，用以分析並相互印證，期許能在藉學術理論整理實務情境所呈現的態樣下，有助於釐清並呈現國會運作之真相。

第一節 全民健保「軍人納保案」的修法過程

一、 修法緣起

　　保險是一種危險共同分攤的制度。險（risk），是指無法預先得知的危害；也就是發生的時間、地點、場合，和所需的費用都沒辦法預測。所以，有時候發生的後果相當嚴重，絕對不是個人或家庭可以獨立承擔的事件，例如，意外死亡、火災、墜機、重大疾病、意外傷害等。而危險的共同分攤，必須採用「大數法則」。例如，每一萬棟房屋，依以住的經驗，若每年會有一棟失火，將會損失一百萬元。如此可以集合一萬名屋主，每個人繳交一百元，則共有一百萬元；若不幸真的失火，就可以把這些錢用來支付此一損失。也就是說，大數法則是指個人所遭遇的不幸，由眾人共同來分擔。疾病保險也是運用這個道理，而全民健康保險，即是從社會安全的維護與國家社會經濟發展及國民生活福祉的密切相關性，用公平合理的方法聚集基金，將發生特定危險所產生的損害或損失，分散到全體國民，由大家來共同負擔，以自助互助及風險分擔的原則，達到經濟安全的目的、與世代照顧之意義。西方國家如德國、法國、荷蘭、義大利、比利時等國，都是採用社會保險制度之國家（徐立德，中央日報，1995 年 6 月 24 日，3 版；黃文鴻等，1995：26）。

　　要瞭解軍人為何未能加入全民健康保險，須先瞭解全民健康保險的關係人。全民健康保險的主管機關為行政院衛生署，但其不是全民健康保險之法律關係直接當事人。直接之法律關係當事人為：保險人、保險對象；並以被保險人及其眷屬為受益人、中央健康保險局為保險人。因為全民健康保險係採全面性及強制性加入的保險制度，故凡具有中華民國國籍，並符合一定條件者，均應且得加入全民健康保

險（「全民健康保險法」第十一條之一）。所謂一定條件，即原則上在台灣地區設戶籍滿四個月者，即應加入全民健康保險。此為原則；但如為眷屬、新生嬰兒（在國內出生）及受僱外籍員工，即不須具備登記戶籍滿四個月之條件，立即可加入全民健康保險（「全民健康保險法」第十條）。另外，外國人雖不具備於中華民國設籍四個月之條件，但其如為受僱之員工且領有外僑居留證者，本人與其眷屬，亦得加入全民健康保險（「全民健康保險法」第十條第二項）。

全民健康保險固然主要是針對全民之健康所設計的制度；但行政院於1993年10月27日提出之「全民健康保險法草案」第十一條第一項第一款，以下述人員已由軍方醫院提供免費醫療服務，乃明訂：「第十一條 有下列情形之一者，不得參加本保險，已參加者，應予退保：①現役軍官、士官、士兵、軍校學生及軍事機關編制內領有補給證之聘僱人員。」（立法院法律案專輯「全民健康保險法案」，1994：11）。而委員提案，如楊敏盛委員等25人提案（1993年1月8日）、沈富雄委員等70人提案（1993年3月19日）、吳東昇委員等29人提案（1993年12月3日）、林正杰委員等18人提案（1993年12月24日）以

及陳哲男委員等41人提案（1994年5月31日）等五個版本，對於行政院版有關軍人不應加入全民健康保險之規定，亦無不同之意見。所以，經過五次委員會聯席會審查，其間並有繁複的大小朝野協商，只有不到一半的四十三個條文取得共識，於是決議併同保留部分，送院會進行二讀審查。

1994年7月12日「全民健康保險法草案」被列入立法院第二屆第三會期第三十六次院會討論事項第八案，由於本次院會係本會期包括延會期的最後一次院會（朝野協商決議延至十五日，主席並宣布：至審查完「全民健康保險法」為止）（立法院法律案專輯「全民健康保險法案」，1994：807）。而委員會審查又保留超過整部法案一半以上的條文難以協商；同時當時的李登輝總統說：「要以核四模式，將行政院版的『全民健康保險法草案』強行表決過關（立法院法律案專輯「全民健康保險法案」，1994：665）。」更激化了在野黨的抗爭力道。於是，民進黨籍的沈富雄委員以靜坐在發言台前，表達抗議本法的強勢表決方式；該黨黨團並採用逐條反對、逐條杯葛的策略，不斷提出修正意見，以逼迫執政的國民黨作協商，以致法案審查進度十分緩慢。

1994年7月16日（星期六）上午五時十分開始討論有關第十二條：「符合第十條規定之保險對象，除前條所定情形外，應一律參加本保險。」即有關強制納保的規定。表決時，在場九十七位委員中，贊成行政院版草案條文通過者四十二人，反對者有五十四人，棄權者有一人，草案第十二條條文乃經議決：本條文不通過。使得強制加保，變成自願加保。主席隨即宣布休息，並於（下週一）7月18日上午九時繼續審議未審完之條文；直到7月19日上午一時二十分始完成三讀立法程序（典型的挑燈夜戰）（立法院法律案專輯「全民健康保險法案」，1994：659～888；古登美等，2001：493～494）。立法院並依法咨請總統公布，同時函覆行政院。

而對於原行政院版「全民健康保險法草案」第十二條條文遭到立

法院刪除後，行政院並未依憲法第五十七條之規定：提請總統核可，移請立法院覆議。總統乃依法於1994年8月9日公布；惟因本法第八十八條規定：「本法施行日期，由行政院以命令定之。」所以，本法並未同一般法律案之在總統公布後三天實施；或自公布日施行之情形。本法案於總統公布後未施行之前，執政黨因鑒於全民健康保險係屬社會保險，必須強制投保，否則將產生所謂「逆選擇」[1]，而使全民健保成為弱體保險，有礙財務健全。因此，復由國民黨籍廖福本委員等二十七人，於1994年9月16日第二屆第四會期第四次會議提案修正「全民健康保險法第十一條之一、第六十九條之一及第八十七條條文」（其中第十一條之一即明顯係針對上會期表決不通過之原行政院版草案第十二條條文），並建請列為討論事項第一案，逕付二讀。經大體討論後，依法完成二、三讀程序；總統並於1994年10月3日公布。而本案之修正，因行政院捨棄憲法第五十七條第三款移請立法院覆議之規定，改由立法委員以修正案方式提請修法，學者專家亦認為未盡妥適（古登美等，2001：493）。

以上是研究有關軍人納保修法案時，所必須呈現的當年「全民健康保險法」立法時的簡單樣貌的速描。而歷經院會十次的協商，對此一複雜且爭議多端的法案，在七年的規劃與討論後，並歷經四任行政院長所作的重大政策性決定而言，實在應給予當時的朝野立委諸公掌聲；也應該給予主事者的執政黨此一具魄力的決定予以肯定，畢竟全民健康保險制度是近五十年台灣地區最重要且影響深遠之社會建設工程（葉金川，2002：16）。

衛生署張博雅署長在1995年2月的最後一個週末，宣布全民健保將於3月1日如期開辦，這個台灣近代最重要的公共政策（黃文鴻，1995：6～7）於焉啟動；但是，依據「全民健康保險法」第十一條第

---

1 逆選擇：是指健康的年輕人不加保，加保的都是老弱婦孺，此將失去健保自助人助的精神〔徐立德，全民健保面面觀（一）（1995，6月22日），《中央日報》，3版〕。

一項第一款之規定，現役軍官、士官、士兵、軍校學生，以及軍事機關編制內領有補給證之聘僱人員，均不得參加本保險。1995 年 3 月 14 日，國防部並於青年日報刊出：「軍人不納入全民健保，國防部考量四項因素」一文（青年日報，1995 年 3 月 14 日，3 版）。文中強調其四項因素分別是：

- ·便於部隊管理，健保實施後，病患就醫須至健保局特約醫療機構就醫，國軍官兵基於戰備因素，傷患無法隨時至營外醫療機構就診。
- ·國軍任務特殊，國軍官兵因執行任務所衍生的航太及潛水等相關疾病，民間單位尚無醫病能力，為維持戰力，應由軍方醫療機構支援。
- ·民間醫療資源分布不均，軍人加入全民健保後，將造成離（外）島及駐守在偏遠地區的國軍官兵無法接受妥善的醫療照顧。
- ·基於維護軍機保密安全，國軍官兵若參加全民健保，其個人基本資料及單位、駐地等資料將送中央健康保險局列管，其方式對保密要求有負面影響。

因此，國防部仍維持軍人由軍方醫療體系提供免費醫療的制度，而不將軍人納入全民健保。

1996 年 10 月，國防部再次發布了一份「促進官兵醫療保健說帖」，內容再次重申軍人不宜加入健保的九大理由；而研究其實際內容，不過是四大考量因素的延伸。其中最重要的說法，是軍方一再強調：若國軍全數納入健保，將增加約 57 億元的保險費與部分負擔費用；惟此一說帖的提出，顯示軍方內部亦有壓力。

服從性高的軍人雖不太會有自己的意見，且身強體健也不容易生病；惟意外事故及一般門診的疾病，仍會給當事人及家屬帶來些許不

便，部分軍眷及軍人因此找上「軍系立委[2]」遊說（陳淞山，1995：18），致形成國防部必須疏處的問題。

1997年12月31日國防部令頒「國軍官兵（含編制內聘僱人員）至健保特約基層診所就診補助作業規定」，由國防部委託中央健康保險局辦理，發放類似全民健保卡的一卡三次就診憑證（民眾使用者為一卡六次），用以讓國軍官兵及聘僱人員，可以在1998年7月1日起憑證到民間健保之特約基層診所就診，以提升其就醫的可近性與選擇性。該項措施的補助範圍，包括中央健康保險局特約之基層醫療院所，即中醫診所、西醫診所、牙醫診所、特約藥局、金門及馬祖縣立醫院之門診醫療，概依「全民健康保險法」所規定之醫療費用支付，惟不包括部分負擔及掛號費。1998年7月10日並將代辦補助範圍，擴增至中醫醫院與藥事服務機構。此一舉措，立時紓解了部分怨言。

軍方此一委辦醫療方案，原是取法自美軍軍方特約診所計畫（Primary Medical Care for the Uniformed Services，簡稱PRIMUS），該項策略的原意在於提升國軍官兵就醫的可近性與選擇性，或許也希望藉以緩和國軍官兵急欲加入全民健保的聲浪（高森永等，2000a：523～524）。而美軍的是項計畫實施後，軍方病人對於特約的民間診所利用率激增；但是對於軍醫院的門診負擔，並未能獲得相對顯著地改善，且該計畫所耗用的龐大經費的支出，已經嚴重威脅到此一計畫之是否存續的問題（Jansen, 1989: 394-398；高森永，1997：479～489）。同時，美國的軍醫院也試辦將病人轉介至民間醫院的策略，試辦的結果卻發現：即使只是在實施的技巧上稍有疏失，也會有適得其反的效果，且其所產生的不良性效應，可能遠非軍方醫療體系所能承

---

2 軍系立委：在國民黨執政時期，舉凡：屬於眷村推舉或支持之立委、退除役官兵輔導委員會之黃復興黨部所支持之立委，以及因本身係從軍中將校退役後，以軍方代表之功能而被提名為不分區立委者，由於對國防部、退輔會等單位之相關議案與預算案，都十分支持，故統稱之為軍系立委。此一情況，在親民黨甘泉黨部出現，及隨著眷村改建與政黨輪替之後，有逐漸淡化之勢。

擔（高森永，1998：402～406）。因此，雖然我國與美軍醫療體系的問題產生背景因素不同；但美軍的實施方式與經驗結果對於我國軍醫體系在思考類似問題時，應具有某種程度的參考價值與啓示作用。所以，國防部對於委辦醫療方案，此一重大且影響深遠的政策，除了在事前作縝密的規劃與周延的考量外，特別透過委託研究等方式，先行瞭解官兵的眞正的需求與就醫型態；並就計畫經費來源、實施方案、政策之持續性等，作先期規劃及客觀評估、分析的工作，務期將風險降至最低（深度訪談對象010肯定此一說法）。

　　1999年1月13日，立法院全院各委員會聯席會審查討論「八十八年度中央政府總預算案附屬單位預算及綜計表（營業部分）暨台灣省菸酒公賣局營業預算案審查總報告」案，在審查第四組（衛生、勞工相關國營事業預算）時，提案委員劉盛良等人提出：「中央健保局負責全民健保之業務，應是全民都得享受『國民』的公平待遇，即不分職務男女老少、種族等，凡是中華民國國民都得享有全民健保之福利；因此要求尚未納入全民健保的現役軍人及軍中之約聘人員，目前只享受一次三格的特殊健保卡，應予以取消，並應領取『全民』一致的全民健保卡，享受與一般國民公平待遇的全民健保福利」（立法院公報第88卷第4期，1999：49~50）的附帶決議，並經處理完畢逐送院會。

　　1999年5月31日，立法院朝野在議場三樓進行第三次政黨協商「全民健康保險法部分條文修正草案」修正眷口數調降、降低滯納金與罰鍰、放寬投保資格與設紓困基金等相關條文時，曾作成決議：「在第二階段修法時，應將軍人及軍校學生納入全民健保，並預定自民國2001年1月1日起正式實施。」惟此一決議，在立法院並無「軍人納保」有關之「全民健康保險法」的修正提案的情況下，實際上未必眞能兌現（深度訪談對象005認爲：有決議但無人負責推動，亦等於沒有）。但一經媒體發布，立委即熱心的舉辦公聽會（民生報，1999年6月9日，11版）；而國防部軍醫局在公聽會上除了重申1995年的四項

因素及1996年的九大理由外，並說明國防部在財政緊縮情況下，將無力全額補助相關保費，且發布國防部自己的委託調查：若需自付費用，有四成軍人將不願加入全民健保；未來政府若無法解決財務問題，讓軍人、軍眷納入健保，反而可能招來抱怨。同時，國防部也對軍人納保後，健保局將掌握所有軍人資料，則兵力部署情況可能外洩、高層將領的健康也將透明化，若為敵人利用，恐將危及國防安全；另對軍醫體系的調適問題與偏遠離島駐軍可能發生「有健保無醫療」[3]的現象等，亦表達憂心。

檢視1992年至1998年國防報告書中國防預算額度的成長比較，與國防部主計局國軍1998至2002年度五年國防財力預估分析，筆者發現國防預算於1997年是2,688億元、1998年是2,762億元、1999年是2,814億元、2000年是2,843億元；計算成長率分別為2.75%、1.88%、1.03%。而以2001年國防預算的推估規模2,873億元，亦僅較2000年成長1.06%；若扣除支應全民健保費用約60億元（占2.09%），則國防預算規模反較2000年短絀30億元變成-1.06%。加上因為陸軍所占員額遠較海、空軍為多（人數比約5：2：1），若依所占員額攤提健保費，則陸軍系統勢必反彈。此所以負責指揮協調軍種預算之參謀本部對於軍醫局之意見可以接受，而國防部伍世文副部長於赴行政院院會就「軍人納保案」報告時，會提出預算補助之原因。誠然，自1995年前行政院長連戰先生於國會報告當年中央政府總預算案時宣示：「國防預算占中央政府總預算比例逐年下降已為必然之趨勢（立法院，1998：4）」，國防預算的獲得在優先秩序的排比上，已愈來愈處於漸弱地位（林博文，1999：188），似乎才是真正的原因所在。

2000年5月12日，行政院將衛生署詹啓賢署長所提並經院會通過，內容包括：軍人納保（應1999年5月31日朝野政黨協商決議提案

---

3 有健保無醫療，係指一樣繳交健保費，卻無法享有如一般正常狀況的公平、完善的醫療待遇。

修正相關法條）、健保組織體制變革多元保險人機制、與配合行政程序
法實施等，所應修訂相關法條之「全民健康保險法修正草案」案，函
送請立法院審議，並撤回1999年4月19日函送之前案（立法院第四屆
第三會期第十八次會議議案關係文書：政九～政七十三）。

　　2000年5月20日李明亮署長接掌衛生署，鑒於5月12日所送修法
版本，內容涉及健保組織體制之重大變革，牽涉至為廣泛，共識達成
不易；而李明亮署長認為現階段將優先處理具有迫切性的健保財務及
支付改革問題，並商請國家衛生研究院組成「健保體檢小組」請宋瑞
樓院士擔任召集人，冀求集合各方人士與專家，謀求在最大全民利益
理念下，凝聚社會共識，共同為健保財務、支付、組織體制等相關問
題，策訂具體而可行之全面改善計畫。於是2000年5月12日行政院函
送請立法院審議之「全民健康保險法修正草案」，遂長期被冷凍在程序
委員會，且從未完成一讀交付審查程序；直到2001年4月3日行政院
重新提案，於付委之同時，才被同意撤案（立法院公報第90卷第15
期，2001：5～6）。至此，在立法院院會及衛生環境及社會福利委員
會，已無任何有關「全民健康保險法修正草案」的行政院版草案，自
然也沒有有關「軍人納保案」的院版健保法修正案。遲至2001年4月
3日院會又再交付行政院版的「全民健康保險法部分條文修正草案」
（立法院第四屆第六會期衛生環境及社會福利委員會會務報告，
2001.09.01～2002.01.18：31）；惟此時「軍人納保案」卻已在立法委
員自行提案下，順利完成了三讀法定程序，且已公布實施。

二、 提案協商與二、三讀

　　立法院是由全體立法委員組成的機關，是一個具有高度開放性與
參與性的公共組織；而其立法的程序，亦具備民主的特性。由於立法
委員來自各個社會層面，自然也就代表多元的意見與利益，為了使這
個合議制的機關能統合多數的意見，又能適度尊重與採納少數者的看

法，所以在議事程序的設計上，除了採取多數議決原則外，包括：質詢、發言、討論及協商等，都必須兼顧少數者的權利，使各方意見都可以適時的表達；在另一方面，立法委員在立法機關中的活動，包括：提案、質詢、討論和表決的過程與結果，都應該公開讓人民知曉（當時法定的朝野政黨協商與不是法定的在野聯盟協商，均只能紀錄結果，並不做過程紀錄），例如，定期發行公報、統計年鑑或進行議事的電視轉播等。而立法院在決策的過程中，為了擴大政治參與，常常也會邀請學者專家、產業界或利害關係人與團體，出席說明或辯論，以收集思廣益之效果。由此可以瞭解，議會立法程序的民主性，明顯的是高過行政權與司法權。

在總統制的國家，由於依循嚴格的權力分立原則，所以政府的政策與相關法案，不僅應由立法機關（legislatures）來賦予合法性，連立法的提案亦應由立法機關主動提出，而不受制於其他政府部門的拘束。因此，除了預算案之外，所有法律皆需以立法者的名義提案，足見立法機關對立法提案的主動性的重視。至於和我國制度較相近的內閣制國家的立法機關，雖然政府提案比議員個人提案的數目超越許多；惟政府提案亦有透過議員提出，且所有立委的提案，不論是政府委託或個人主動提出，在制度上均無任何限制。從而由立法機關提案權之主動性，可以看出立法權之主動與積極性。

立法作用是立法機關代表民意，經由一定的程序制定法律，以為政府執行的依據與人民的行為準則；由於其制定的法律無法鉅細靡遺，有時必須授權其他政府機關訂定更細目的規則，因此，會有與其他政府機關分享立法權的事實。但是，授權立法的結果，並不影響立法權的主動性，因為其他機關在委任立法中，並不能變動授權者的本意與範圍，即不得違背母法（古登美等，2001：15～16）。

第四屆立委（1999年2月1日～2002年1月31日）（如附錄表六：第四屆第一會期各委員會召集委員暨委員名單）原有國民黨黨團、民進黨黨團、新黨黨團及無黨籍聯盟；後來增加新成立（2000年）之親

民黨黨團〔如附錄表七：立法院第四屆第一會期各黨（政）團名單〕。在各政黨中，國民黨黨團組織最富建制，但次級問政團體也相對活躍；而民進黨黨團原則上是派系共治，黨團三長互有分工；新黨黨團一致性相對較高；無黨籍聯盟因為缺乏政黨的約束力，各自為政，故尊重各成員的政治意向。第四屆立法院，由於多黨共存，政黨輪替（2000年5月20日）後，執政的民進黨並未在國會掌握多數，（在225席立法委員中，國民黨掌握123席）。所以開啓了政黨互動的時代。而在政黨合縱連橫的議事策略下，政黨協商逐漸成為立法院中政黨政治的具體表現。

國會朝野協商行之已久，而其法制化則始於立法院第二屆（1993年2月1日～1996年1月31日）第一會期第二次院會所修正通過之「召集委員選舉辦法」第三條第二項規定（劉文仕，1993：35）。產生之時代背景，係由於1991年12月31日資深立委全數退職之後，第二屆立法委員產生，國民黨在161席中占91席，但因出席率不佳，議事運作不夠靈活致飽受在野黨掣肘（何鴻榮，2001：9）。加上威權轉型以後，國民黨黨內的權力發生解構與重整的現象，使議會的主導地位產生鬆動；而次級團體的興起，更嚴重的挑戰黨團的權威性，少數投機的立委，亦在朝野議事對立的情勢下，左右逢源，或對朝野黨團藉機需索，推翻政黨協商的結果，因而降低協商的有效性，使議事慣例無法形成，增加議事過程的不確定性。而此一執政黨運作模式的限制（劉淑惠，1996a：2～3），加上無法有效貫徹黨紀以動員立委，又未能在決策之先與在野黨妥協爭取支持，以致法案與預算之推動便經常受制於少數黨籍立委的倒戈或不出席。此亦是造成立法院議事效率低落與朝野政治互動「亂象」頻生的重要原因（古登美等，2001：174）。

第四屆立委開議，政黨之間的合縱連橫運作，波瀾壯闊，無論是國民黨或是民進黨在立法政策上，皆必須獲致新黨的支持方得成功。（如：「民法」親屬編修正案與「兩性工作平等法」之立法等）（劉淑

惠，1996 b：5〜7）。而在此一各黨實質不過半的情形下，實非單一
政黨所能順利運作成就立法事功，政黨之間的相互依賴性日漸升高，
而政黨協商的重要性，也就不言可喻且亟需強化了（林水波，1996：
5；關中，1992：161〜162；陳淞山，1995：210〜211；江大樹，
1992：223）。所以，1999年1月12日立法院制定了「立法院職權行使
法」，使黨（政）團協商的位階正式由內規性質的辦法提升到法的面
向。

「全民健康保險法部分條文修正草案」迄2001年1月4日止，在本
屆立法院衛生環境及社會福利委員會之修法版本，計有二十九個版本
（立法院衛生環境及社會福利委員會會務報告，第四屆第六會期）；惟
其中並無有關「軍人納保案」完整之法案修正版本；加上各個版本於
提案經程序委員會提報告事項於院會後，均依慣例函請委員會併案審
查（極少數經院會決議不併案審查者例外）。所以，1999年5月31日
朝野協商，雖決定：於第二階段修法時，應將軍人及軍校學生納入全
民健保，並預定於2001年1月1日起正式實施。但以國會待審法案之
多（至第四屆第四會期止，行政院送出待審的法案就仍有近五百件；
若再加上委員自行提案部分，則有將近千件法案待審），再依立法院近
幾年每會期平均通過法案不及五十件之速度來看（何鴻榮，2001：
119）；要想將毫無案源的「軍人納保案」提案修正通過，確實難度極
高。

尤其，2000年5月20日總統大選政黨輪替之後，行政部門所屬政
黨立刻由原先的國民黨轉為人數居劣勢的民進黨。此一轉變，對於很
多亟待調適的立委來說，就呈現「有的執政黨立委，根本就沒有放棄
在野黨的問政型態；而有的在野黨立委，卻不像在野黨」的狀況，無
心也無力協助行政部門，使得行政部門在國會變得難有憑藉與支持。
而行政與立法的兩院關係，變成行政部門要直接與立法院所有的黨派
自行溝通；相關單位之國會聯絡員得運用平日的服務與默契，為政務
的推動及法案的審查盡更大的努力；在同一時間，卻也正是各行政單

位政務首長或公共管理之新領導者與國會磨合的時期。

　　屋漏偏逢連夜雨。2000年10月27日行政院張俊雄院長宣布停建核四，對立的朝野關係立刻降至冰點，在野聯盟因此關閉朝野政黨協商的大門，並憑藉優勢的席次，強力運作主導議事（包括程序委員會），而其協商之結論，往往並不一定是行政部門可以接受的結果。於是，行政部門與在野聯盟的關係，常必須超越執政黨黨團與在野聯盟的關係，且唯有行政部門能發揮功能與在野聯盟建構協商管道，也才能化解部分僵局，為政務與法案之推動殺出一條血路。惟此一立法院朝不朝，野不野之情況，卻是行政部門與立法部門間前所未見之勢（何鴻榮，2001：119）。

　　2001年1月4日下午十六時四十九分，院會主席王金平院長宣布繼續開會，並報告院會：「因討論事項第二十二案到第三十七案均尚待協商，不予處理。現在進行討論事項第三十八案：本院委員張蔡美等四十二人擬具『全民健康保險法部分條文修正草案』，請審議案。案由：為增進國軍官兵就醫之可近性，並保障其自由選擇就醫場所之權利，特針對將現役官兵及軍校學生納入全民健康保險對象範圍，提出本修正案。」而在其提案說明中，亦強調：

- ・現代全民健康保險法規中，僅將監獄受刑人、失蹤人口及軍人排除於全民健康保險納保範圍，對於軍人就醫可近性及自由選擇，受到極大的限制。
- ・健康權屬人格權之一種，醫病關係與個人健康資料更屬隱私且應予尊重之重大人格法益，並不可因軍人之身分而加以限制。
- ・志願役及義務役軍人均有常規的輪休制度，於不在營中，若有生病、受傷等醫療需求時，不能至最近的醫療院所接受治療，往往貽誤治療「黃金時間」。
- ・根據在「國軍軍醫學術研討會」發表的調查指出，68％的國軍官、士、兵願意加入健保；而且就算住家或是駐地附近有軍醫院，可提供免費的醫療服務，仍有六成的官、士、兵表示願意

加入健保；就算附近沒有一般健保的特約院所，仍有五成的受訪官、士、兵願意加入健保。調查也顯示，只有一成多的受訪者不願意加入健保。

・本法將志願役現役軍官、士官及士兵比照公務人員身分投保，同時將其眷屬從原第四類被保險人，轉為眷屬身分納保。被保險人負擔30%保費，國防部負擔70%保費。

・義務役現役軍官、士官、士兵及軍校學生，則以第四類被保險人身分加保，由國防部全額負擔其保費。

・將現役軍官、士、兵及軍事學校學生全部納入健保後，中央健康保險局每年約增加60多億元的保費收入，其中志願役軍人應負擔的保費約在10億元至12億元之間。而國防部每年應負擔的保險費約在52億元至60億元之間。

本案連署的委員屬於民進黨籍的有沈富雄、賴清德委員等9人，主要修正的條文有：第八條、第九條、第十一條、第十三條、第十四條、第十八條、第十九條、第二十一條、第二十二條、第二十四條、第二十五條、第二十七條、第二十八條，以及第二十九條等十四個條文。當議事人員依照慣例宣讀完提案案由時，此時第一天接替許添財委員出任民進黨黨團總召的周伯倫委員在台卜喊道：「本案我們沒有簽名，這是在野聯盟的提案。」並接著表示：「如果我們沒有簽名就不能排入議程，昨天晚上已說好各黨都有簽名才能排入議程（顯示昨晚為了歡迎周委員接任黨團總召，各黨黨鞭有聚會且因此有談及黨團協商與議程等問題）。而提案委員亦在台下說道：你們有簽名啦！賴委員清德及賴委員勁麟都有簽名」。於是主席裁示：現在進行逐條討論。在無人反對下，十四條修正條文皆照提案條文通過，順利完成二讀；接著並繼續進行三讀，讀畢；主席請問院會，有無異議？（無）無異議，通過（立法院公報第90卷第5期（二），2001：624～650）。完成了本法的修法程序，咨請總統於2001年1月30日公布，2001年2月1日正式生效。

　　回顧本「全民健康保險法部分條文修正草案」的修正過程，雖未經過委員會的付委、大體討論、逐條討論、協商等程序；但以2001年的時空背景：一個「軍系立委」仍有相當勢力的時代，「立法院職權行使法」有關黨團協商之規定已然完成立法，且本法並未交付黨團協商。在此一情況下，依「立法院職權行使法」第六十八條第二項「立法院院會於審議未經黨團協商之議案時，出席委員如未能達成共識者，主席得裁決進行黨團協商」之規定。周總召集人若多堅持一下；或者王院長無意幫忙；又或者某位曾以「未定實施日期」爲口實，試圖勸提案委員撤銷提案的立院某職員的目的得逞，則本法修正案將如前面的討論事項第二十二案到第三十七案一樣，以尚待協商之名，被打入待審法案之列，繼續排隊。若如此，則我國軍全體袍澤或將因此抱憾。還原歷史，其功在此。

　　國會的議事與內部人士的參與與運作程序，悉由全體立法委員自訂規則實施，並不受其他統治機關的拘束；立法權的自主性與自治性，依法都受到保障與尊重。此亦即司法院大法官釋字第三四二號解釋文所述之觀點：「……法律案經立法院移送總統公布者，曾否踐行其議事應遵循之程序，除明顯牴觸憲法者外，乃其內務事項，屬於議事依自律原則應自行認定之範圍，並非釋憲機關審查之對象」（古登美等，2001：15）。所以，修法之過程必須對立法院之議事程序有相當的瞭解與掌握，並對所有可能之狀況，儘量設想處置，務期以最好的準備作最壞的打算。畢竟國會每天都在創造成例，學習自能成長。

三、 從修法過程，初探部際關係

　　「行政國家」（administrocracy）是由柯瑞爾（Guy S. Claire）所提出，它的意思是指：一種「行政人員的貴族政治——一個由永業的文官體系有效運作的政府（Claire, 1934）」。而「行政國家」也面臨以下的問題：大部分民主體系裡的公民，都希望他們的政府是有效率的，

而且他們相信一個終身的、專業的文官系統，乃是根據專業的功績為甄選和晉升的標準，它亦是最有可能達到效率的境界。同時，大部分人們也希望政府是民主的（也就是說，政府能為人民設想而又不是只滿足某些官僚精英的欲求），且又是有效率的，它們不想犧牲其中一個理想來成全另一個目標（彭懷恩，1998：305）。可是這樣一個理想，卻由於歷史進程的不同，將美國與我國明顯地區隔開來。

正因為長期的威權統治，使得公共問題的形成與政府的處置措施，往往是在黑箱中完成作業，人民無從得知與判斷問題之存在與否及嚴重程度（余致力，2000：7）。再加上在行政排序與部會實力來說，國防部都遠優於行政院衛生署，此所以全民健保於1995年3月1日實施，國防部隨即於3月14日透過《青年日報》告知全軍官兵，國防部對於軍人不納入全民健保所考量的四項因素。與此可以相對照的是，某位曾擔任過衛生署署長的人士於訪談中，坦承在任內所參加的行政院院會中，似乎僅有一次短暫討論軍人擬納入全民健保的話題且亦未作結論。此亦難怪行政院版的「全民健康保險法修正草案」要到2000年5月12日的版本，才有將「軍人納保案」的修正條文納入的原

因之一（最重要的原因還是1999年5月31日的政黨協商決議所促成）。可惜此一版本連交付審查的機會都沒有，即已遭行政部門撤回。

公共政策學者戴伊（Thomas Dye）於1981年指出：「凡是政府選擇要做的或不要做的決定，即是公共政策（public policy）」。又由於政治是涉及到對整個社會的價值作權威性的分配，所以政府的重要活動即為公共政策（彭懷恩，1998：312）。諸多事件可以證明，在公共政策上，政府施政的良窳取決於全體公共管理者素質之高低（Kettl & Milward, 1996）。任何一位公共管理者的疏失所造成的施政錯誤，其影響層面範圍容或有不同的大小；但若因此導致權益受損之民眾，必定是將其不滿與怨恨投射到整個政府身上。因此，公共管理者對政府整體施政形象有重大的影響力（余致力，2000：10～11）。而其結論，則是行政院蕭萬長前院長所說的：「政府用心，人民安心」。

有關「軍人納保案」的「全民健康保險法」的修正，2000年以前的衛生署署長，尤其是健保局總經理，並非不想將其儘速修正；因為醫療講究專業，以台灣地區的幅員、人口數、每萬人口醫師數、每萬人口病床數與行政院衛生署推動且卓有成效之緊急醫療網等，早已是與國際先進國家同步的水準[4]。對於國防部1995年的四項因素與1996年的不加入全民健康保險的九大理由，以行政院衛生署及健保局之堅強的幕僚陣容，也不可能無法據理力爭；惟國防部所緊咬的「軍機、保密、安全」等問題，實際上是誇大了它的影響，且為人力所可克服（深度訪談對象010的說法；另004亦表示全在預算問題而已）（因為軍醫院仍然存在，只是納入健保體系而已）。何況從國防部所委託的諸多學者專家，如曾任衛生署副署長的石曜堂、楊志良兩位教授及國防大學的高森永、王運昌教授等人所作的研究，都顯示超過六成的國軍官兵希望加入全民健保的行列（高森永等，2000 a：490～499）。而綜

---

4 經濟合作暨發展組織（Organization for Economic Cooperation and Development, OECD, 2003），在其經濟學人資訊中心（Economist Intelligence Unit, EIU）的健康排行中，瑞典是全球第一，台灣榮膺第二名；美國則是第二十名。

合這些學者專家之調查意見與結論，不外是：軍方醫院如何留住軍人及軍眷病患（石曜堂等，2000：11）、臨床軍醫大量流失，使得軍醫體系醫療水準遭受質疑，無法立竿見影解決問題，軍醫體系將很快喪失競爭力；加強與民間醫療資源間之合作整合，以改善就醫可近性，軍醫體系應善用優勢，提高競爭力，此與所謂的「軍機、保密、安全」，都沒有什麼關係。所以，軍人納保關鍵之處，正如歷練國防部國會連絡員十餘年之某位上校所云：都只是經費的問題而已。

此一部際關係的困境，由於立法院內並無任何行政院版的提案可供審查，而立委的二十幾個提案，又與「軍人納保案」相關條文無關，因此國防部並不認為2001年真有可能讓「軍人納保案」成真（深度訪談對象010及004說法均一致）。

在衛生署方面，由於署長到任不久，就健保業務來說，其最重要的工程，似乎仍放在節流與衛生教育及「擴大費基案」方面，對軍方這一塊，可能仍來不及想。而健保局賴美淑總經理對於「軍人納保案」，雖有強烈的企圖心，但居於部際關係之和諧與政務首長的施政優先次序的遵從，也只能苦思對策，徐圖良機。畢竟，當家的人最清楚健保的財務與承保狀況，沒有理由不去爭取任何一個可能的機會。

制定政策是包含抉擇（choice）的過程（彭懷恩，1998：320）。古德諾（Goodnow, 1990）亦認為行政係政治意志的貫徹執行。而耶魯大學林布隆教授（Chareles E. Lindbloom, 1959）也認為：人類只能是意圖理性（intendedly rationality），即人雖欲嘗試達到理性境界，但受到個人能力或環境的限制，致無法達到。所以，他提出漸進主義模型。他認為因為政策制定者可以用來解決社會問題的方法非常有限；同時，每一個解決社會問題的方法只能改變社會現狀很小的部分，所以情願接受既定政策，充其量作小幅度的修正而已，且此一情況以政治經濟學來說，本質上是帶著保守主義色彩的作法（彭懷恩，1998：321）。

本於林布隆教授的「漸進決策模型」的觀念，為了呼應立委們對

於「軍人納保案」的期待；於是在很短的時間內，將相關提案的文字
整理好後，即進行連署的工作〔按照「立法院議事規則」第七條及第
八條條文規定：法律案提案應附具條文及立法理由，且應有三十人以
上之連署（當時之規定），連署人亦不得發表反對原提案之意見〕；同
時，提案委員並十分週到的向有關人員請託，希望能順利逕付二讀。
果然，在平順中，完成三讀（本案周委員伯倫也是連署人之一）。

　　惟在完成三讀後，國防部始知悉此一情況（據深度訪談對象010
表示：因本案未經朝野黨團協商，國防部官員雖從立法院議事日程瞭
解有此一討論案，但並未加派人手盯場，或主動找提案委員協調溝
通）；之後，爲了實施日期，國防部派出相關人員積極遊說，希望能
將時間拖過三月（深度訪談對象010之說法，此乃因軍醫局未作好準
備；即軍醫局不認爲會這麼快通過本修正案）；但因立法院議事處官
員明白告知相關人員，院方可以拖延的底線與健保法之規定，軍方始
鬆口。於是立法院於1月底送出三讀案咨請總統公布，總統於1月30
日公布；2月1日生效。

　　綜合上述過程，可以說在部際關係方面，國防部一直未對「軍人
納保案」有主動積極的作爲，使得衛生署與健保局只能自尋對策，尤
其本案又屬學者口中（Wilson, 1986）以成本和利益的集中或分散作爲
法案分類之依據標準中，被歸類爲「客戶型政治」（client politics），即
政策執行成本是由全民負擔（國防部），但獲益者卻是少數人（軍人及
軍中聘雇人員）之類型的法案（何鴻榮，2001：121；陳敦源，
2000：151～161），要通過更是不易。

四、從修法過程，淺析領導因素的影響

　　世界衛生組織（World Health Report）於1999年報告中，闡述二
十一世紀將面臨的衛生四大挑戰之一爲：提高增進衛生組織之效率。
而此一議題涉及層面之廣，包括衛生政策優先次序之排列（health

resource allocation）及配額制（rationing）；其主要的精髓是認爲每個醫療保健的制度，都有其改革進步的空間，清楚的瞭解自己國家的有限資源及各類環境的限制，即使在同一國家中不同的地點、不同的時間，也應以不同的手段及方法，才能逐步且有效率的解決所面臨的不同問題。本於此一最新的醫療行政的理論，好學不倦的李明亮署長，相信與此應有比較一致的看法。所以，在他上任之後，才會立即將較不具優先與急迫性且涉及健保組織體制之重大變革的修法草案，自立法院予以撤回。此正是想在清楚瞭解整個國家的衛生相關資源及環境限制之後，謀定而後動的策劃並實踐其：重視全民衛生教育的深耕、落實健保費的公平正義、與體現納保制度合理性的擴大費基修法案、檢討支付制度、杜絕醫療浪費的方案等，施政的優先次序（中國時報，2000年5月13日，9版；自由時報，2002年8月27日，15版）。

而在李明亮署長二年四個月的任期中，我們可以很清楚的發現，他都是照著上任時的理想與規劃，以他認可的方法，有計畫的做他認爲該做的事；而也由於李署長的行事風格低調且勇於任事，使得健保局當時的總經理賴美淑女士亦按照署長的構想，扮演好公共管理者的角色。

「良好的溝通，僅是管理流程的先決條件，組織學習與部屬自我領導參與決策，才是成功領導的目標，而互信則是必要條件。」（盧建旭，2000：461）這一段話，擺在此時的李明亮署長與賴美淑總經理二位領導者身上，最是恰當不過了。由於李署長長期在美國發展，返國之後即在花蓮的慈濟醫學院服務，一直到2000年5月20日出任衛生署署長；而賴美淑總經理從台大醫院的醫師，之後被延攬擔任保健處副處長、處長、升任副署長、再調任健保局總經理，可以說對醫療衛生行政業務十分熟稔；同時，李署長接任時，賴總經理已經擔任此一職務二年半，對於健保的應興應革事項均十分清楚；所差的只是與政務首長間，如何磨合出對政務的優先次序並加以貫徹之默契而已。

而誠如曾任衛生署副署長的被訪談者所言，詹啓賢署長是一位十

分有創意，且注重另類思考的署長；同時，他對於貫徹個人意志十分堅定。所以他在1999年4月19日提出的「全民健康保險法部分修正案」即強調：健保已從實施初期的擴大受益人口、平衡保險財務、增加就醫可近性等基本目標，推展到提高醫療品質、節制醫療費用成長於合理範圍內、以及照顧弱勢團體等整體目標、並設計強化民眾參與監督及經營機制、落實保險獨立自主精神的境況（以上屬張博雅署長時代的政務總結）；而今全民健保已進展到改弦更張，從單一保險人改由全民健康保險基金會辦理，基金會為法人，並預留開放多元保險人之機制；中央健康保險局並改制為非營利性法人，裁撤健保監理委員會等之時機。同時，本次修正案之重點包括：公教保費在維持全薪投保精神之前提下，以最近一年各行業受僱勞工參加本保險平均投保金額與行政院主計處發布之各行業受雇員工平均經常性薪資之比例，乘以各該人員之俸（薪）給總額計算之；投保金額分級表上限，改以下限五倍以上差距為訂定標準；修正第二類、第三類、第五類及第六類之保險費，改以受僱者之平均保險費定額收繳等等。顯示了詹署長旺盛的企圖心，準備將原屬比照金融事業機構的單一保險人的中央健康保險局，改制為非營利法人；同時為兼顧量能負擔的健保公平精神，也已將後來在2002年6月20日通過的部分擴大費基案放了進來。

　　回顧詹署長此一大刀闊斧的變革，可謂始終如一。因為在他剛上任（1997年9月1日）不久，向立法院所提出的「全民健康保險法部分條文修正案」（1998年2月26日）中（立法院第四屆第一會期第十次會議議案關係文書：273～274），其主要的方向就已是：現階段仍維持單一保險人，但增訂相關條文，使於時機及條件成熟時，符合一定資格之非營利性機構，亦得申設為保險人。他本人並不憚其煩的大力向立委推銷此一制度，冀能貫徹理念。

　　1999年6月22日立法院歷經多次朝野協商，始完成三讀「全民健康保險法部分條文修正案」，但僅通過了：眷口數從五口降為三口（修第十九條、第二十六條）、調降滯納金及罰鍰（修第三十條及第六十九

條，增訂八十七條之三）、擴大納保範圍及放寬投保資格（修第十條、第十一條及第十四條）、設紓困基金（增訂第八十七條之一、第八十七條之二）、低收入戶保費補助（修第八條、第九條、第十二條）等五大利多項目。而部分擴大費基案因在野的民進黨委員力阻，始終未能簽字；詹署長因此認為不能光要健保放利多減少民眾負擔，而不兼顧社會公平正義，一度不同意讓五大利多項目通過；但因形勢比人強，最後，也只得棄守立場，成全立法院（深度訪談對象003之說法）。

　　因此次修法，係整合委員會多個版本後，直接在院會進行朝野協商。所以，健保改制案雖曾觸及，但未及深談。2000年5月12日行政院版「全民健康保險法修正草案」再次函請立院審議（立法院第四屆第三會期第十八次會議議案關係文書：政九～政七十三）。並要求撤回1999年4月19日所送之修正草案。此時，離詹署長離職（2000年5月20日）僅剩八天，因立法院院會決議退回程序委員會（立法院公報第89卷第45期，2000：5）。所以前案仍留在衛生環境及社會福利委員會；後案則一直留在程序委員會，直到2001年4月3日新的「全民健康保險法修正草案」交付衛生環境及社會福利、財政兩委員會審查之同時，才撤案（立法院公報第90卷第15期，2001：5～6）。

　　其實，2000年5月12日版修正案，幾乎全在修正多元保險人之相關條文；而因1999年5月31日朝野協商曾要求在第二階段修法時，應將軍人及軍校學生納入全民健康保險，並預定自2001年1月1日正式實施之結論相關的修法條文，亦首次出現在「全民健康保險法修正草案」中。可惜一直放在程序委員會，從未有機會審查。同時，因為李明亮署長已另提新案，所以詹署長的多元保險人體制變革，也就胎死腹中，人去政息。此時賴總經理的公共管理者之情況，似乎吻合學者所謂變遷脈絡下的情境（盧建旭，2000：462）：

　　　　公共組織時時面對環境脈絡中複雜性與不確定性的挑戰，資源
　　　　的缺乏，與組織結構受法令與政治干擾下，使公共管理者對於
　　　　組織變遷的影響力縮小，但是社會大眾多元化的需求，對於公

共組織的高績效產出日益加溫；內部部屬長久性因應官僚體制
對人性假設的消極防弊，對於任何變遷的態度與動機更持懷疑
與不信任感。縱使在種種不利因素存在之下，公共管理者在於
領導組織進行革新與改造的責任，卻亦與日俱增。

「全民健康保險法修正草案」「軍人納保案」有關的領導因素，在
詹啓賢署長任內，就公共管理者而言，賴美淑總經理是科技官僚出
身，服從性高，善折衝（訪談對象002語）；但是，由於政務領導一
直熱衷於推動多元保險人制度，面對組織可能的劇烈變化（由國營事
業改爲非營利法人機構），他也深知國會勢必難以割捨（怕可能監督不
易），且茲事體大，非經充分討論實不易成事；而有關「擴大費基案」
與五大利多案，綁在一起協商，因斯時健保雖有地方政府的欠費問
題，但安全準備並未急迫到難以營運的情況。在在野黨強力杯葛「擴
大費基案」的情況下，詹署長的意志仍不願屈服於立委的壓力，惟會
期已近尾聲，行政單位能施展的空間也確實有限。

而在「軍人納保案」的議題方面，賴美淑總經理坦承，除了1999
年5月31日的協商場合外，實未曾就此一問題與詹署長有任何交換意
見的記憶，且詹署長亦未曾交辦過相關事項。依賴總經理的推想，詹
署長是看大問題的人，也不願與政院同僚有所衝突，所以從未提過此
事。

因爲「軍人納保案」有關的「全民健康保險法」的修正，是發生
在李明亮署長任內，賴總經理的看法是：行政院廢核四以後，立院朝
野情況就陷於空轉；而李署長到任之後，對於醫療行政業務十分用心
的去熟悉，曾自比爲「朝七晚十一」的努力工作（民生報，2000年6
月20日，7版），對於健保業務，確實非常授權她去處理。本案因有立
委想提案，所以健保局就儘量的低調協助；期間確曾利用機會向署長
報告，署長認爲是好事，樂觀其成。而此一如學者（Manz, 1986）所
描述的：「高績效組織所需要的，是新領導者的一種對人性保持正面
假定的看法，只要給予部屬機會與激勵，他們自己會做更好的輔助型

領導。」

　　新領導者應是充分授權部屬，使其信任自己的能力與信心而自行完成工作，此對應高績效組織的領導是「無領導者」（unleader）——團隊式管理與領導，即在部屬能力與自行管理決策上所呈現的領導形式（盧建旭，2000：463）。就本研究而言，筆者認為李明亮署長帶領賴美淑與張鴻仁兩位總經理的領導風格即吻合此一領導形式；而兩位總經理也發揮了堅強的實力與使命感，帶領健保團隊穩步向前。

五、從修法過程，淺析利害相關團體與運作

　　公共衛生學者在一篇名為〈醫療服務與醫療財務負擔——公平性探討〉的文章中，道及台灣經濟成長率在1991年時，即開始下降，尤其在2001年呈現負成長，但醫療保健支出，仍占國內生產毛額的5.4%，不因經濟衰退造成醫療保健費用的緊縮，此乃健保制度重要的目的之一，即社會安全的保障。健保制度確實是在經濟衰退期，維持了國民必要的醫療消費（梁玲郁，2003：4）。也就是說，全民健保的目的之一為保障民眾就醫無財務障礙（Cheng, 2003: 22），免於因疾病造成貧窮，以達到社會安全的目的。

　　我國全民健保自1995年推動執行後，對台灣地區醫療保健部門的最大意涵，即是徹底改變了財務籌集及分配的方式，成為以社會保險為主要健保財源的國家。這項財務籌集方式及分配的轉變，在民眾的公平性來說，因係採用固定百分比制，因此，相對於同樣擴及全民的稅賦的累進稅制，反而是更有利於高所得被保險人的一種收費制度。再加上部分負擔制的規定，初期的全民健保制度的設計，確實更加重低薪資所得者經濟上的負擔。此外，全民健保未對高、中、低營業所得、執行業務所得的被保險人，給予不同的負擔規定，與憲法所保障的平等權實有所差距。憲法上的平等權，簡單的說便是：對相同的構成要件，有相同的法律效果；不同的構成要件，有不同的法律效果。

反之，對於依「社會救助法」之規定，有權申請醫療補助之低收入戶的健保規定，則又是「全民健康保險法」值得驕傲的地方。前述低收入戶的保費由各級政府分擔；醫療行為中再發生的自行負擔費用，則由中央財政支付。在體制上應納入社會救濟制度中的低收入戶，雖依全民健保理念被納入社會保險制度中；然而，對其保險給付財務上之負擔，仍由稅收支付，相當符合社會倫理的訴求（張道義，中國時報，1995年3月19日，11版）。這也就是健保是有社會福利內涵之社會保險制度之由來（徐立德，中央日報，1995年6月24日，3版）。

　　資源配置理念之一的平等主義，應用在醫療服務上，有兩種基本型式，分別是水平公平及垂直公平。水平公平是同層級享有同等對待；垂直公平則是不同層級享有不對等待遇，所以因公平性而引發的議題計有健康公平性（Equity in Health）、財務籌集公平性（Equity in Health Care Finance）（Williams, et al., 1999: 263-290）、可近性的公平性及醫療服務公平性（Equity in Access, Equity in Health Care Utilization）（Macinko & Starfield, 2002: 20）。財務公平性在世界健康報告中（WHR2000），又再度被列入健康績效評估項目之一，其採用的測量的指數為FFC（Fairness of Financing Contribution Index）（Van, et al., 2000: 553-583），可見公平的重要性。

　　而「軍人納保案」推動修法的利害相關團體，不管是志願役或義務役的現役軍人，或者是他們的眷屬；也不論男性或女性，根據國防單位所委託學者專家的調查研究結果，平均皆有超過六成的現役軍人，願意不管在何種繳納保費制度規定下加入全民健保（高森永等，2000a：415～425）。其中主要的訴求，亦只在就醫之可近性與就醫之自由選擇權；同時對屬於人格權之一的健康權、醫病關係與個人健康資料之隱私等重大人格法益，亦咸認不應予以限制，並要求順應健保之平等就醫精神，以為不幸生病時爭取治療的「黃金時間」（立法院公報第90卷第5期「提案說明」，2001：624）。

　　同時，向來對於軍方醫療體系與全民健保素有研究的部分學者

（吳德敏、王運昌等，1997：152～164），亦從專業的角度，爲文就國防部所發布的軍人不納入全民健保的四項考量因素予以駁斥，其重點約有：

- 基於戰備因素，傷患無法隨時至營外就診乙節：在承平時節，限制官兵的就醫自由，是否過於「泛作戰化」？而這是管理程序與事實是否需要的問題。

- 國軍任務特殊，因任務衍生之疾病，民間單位無醫病能力之問題：依1992年國防部出版的《國防白皮書》來看，我國軍隊總數約40餘萬人，其中陸軍約25萬人、海軍約10萬人、空軍概約5萬人，而實際從事航空、潛水等特殊任務者，總數粗估應僅有全體官兵總人數的一百分之一，也就是不到1萬人。而此類活動較常得到「減壓症」[5]，根據（Lee, H. C., Niu, K. L. Huang, 1994, p.145-158）的文獻，台灣地區自1976年至1991年，因「減壓症」至基隆與左營兩家海軍醫院接受高壓艙治療之人數，共有3,012人次。其中得病者大多是一般漁民（占68.8%）及民間水下工程人員（占26.4%），國軍官兵因減壓病接受治療的反爲少數。且治療「減壓症」與嚴重燒燙傷患的高壓艙設備，台大、榮總及台北市立和平醫院等多所公、私立醫院均有，將足以裨助傷患。

- 醫療資源分布不均等問題：偏遠離島地區之醫療，健保局訂有偏遠地區醫療補助整合性支援計畫即I. D. S.計畫（Integrated Delivery System）；是透過地區教學以上醫院補助其診療費，再由簽約醫院派駐醫師於當地的務實做法。

- 軍機保密安全問題：此乃管控問題，且軍醫院仍然存在，可以對較敏感之傷患，予以特別處置，杜絕軍機外洩事件。

---

5 減壓症即俗稱之潛水伕病，好發生於長期工作於深水或地底深井者，其發生之原因主要在於人體內與外在環境壓力之失調所致。

　　加上1994年利益團體針對柯林頓總統健保政策（Medicare）所發動的「全面戰爭」，更是被認為改寫了美國國會政治的新頁。利害相關團體在歷經此一政策戰役後，改變了過去與政黨保持彈性距離的策略，開始直接介入政黨的競選及提名活動（Hrebenar, et al., 1999: 211），有些利益團體，甚至還直接介入政黨派系的形成，成為政黨政策的影武者（Hammond, et al., 1983: 287）。而利害關係團體雖未必利用金錢縮減兩黨（朝野）間的政策歧異，利害相關關係團體穿梭於國會議員之間，也必然能在兩黨的互動與協商過程中，扮演了傳話者或潤滑劑的角色。於是如何配合利害關係團體的崛起，順勢調整政黨的傳統政策角色，似乎已成了美國民主的新課題（楊泰順，2001 b：140）。

　　學者們受到此一事例的激勵，復因台灣地區之軍眷區（眷村），本來就有自己支持的各級民意代表，且在國會自成體系，稱為「軍系立委」。於是關心「軍人納保案」的軍人與軍眷結合了學者與部分軍醫院院長，開始向他們認識的「軍系立委」展開了遊說修法的工作；惟成效不如預期（深度訪談對象010之說法）。

　　「遊說」（lobbying）是由「走廊」（lobby）這個詞轉變而來，泛指影響公共政策與政府政策的過程。原先字面上的含意，是在描述某些個人在政府建築物的走廊上等待國會議員、參議員和其他立法人員，希望能影響他們採取某些有利於己的行動（吳定，1992）。而「遊說」策略也可說是利害相關團體影響公共政策制定最主要的方式，也是政治運作過程相當普遍的現象（王千美，1992；李鳳鈴，1996）。「遊說」活動可依其行為模式分為「直接遊說」與「間接遊說」兩類，而「間接遊說」又稱之為「草根遊說」（grass-roots）。

　　可是，由於國軍的養成教育，向來被要求以服從為天職；以「主義」、「領袖」、「國家」、「榮譽」、「責任」五大信念為精神堡壘，連帶的軍眷也深受薰陶，以致初期的遊說，應以鄰里的請託來看待。且因係個別的認知行為，所以嚴格來說，也不能稱作利害關係團體；

充其量只能稱作關係人而已（深度訪談對象008語）。

　　從1995年3月健保開辦起，零星請託「軍系立委」，希望能早日修正「全民健康保險法」，將軍人納入健保體系的呼聲迭有增加。但是，一者由於國防部因軍種衝突及軍醫院問題等，致強力反對「軍人納保案」（深度訪談對象010語），而「軍系立委」本就以捍衛國防部與退除役官兵輔導委員會等兩個單位而在國會自成體系，成為政策鐵衛軍（深度訪談對象004語），國防部對於此一政策在當時可說是毫無妥協地反對，所以軍系立委也當然義無反顧的捍衛；二者因為初期沒有組織性的請託，既無強力的動員能量，也沒有系統性或計畫性的遊說計畫，自然無法對民代們形成壓力進而影響政策；反而容易被諸如：修法不易、行政院會有通盤考量等藉口搪塞，以致沒有任何進展（連修法草案都沒有）。坐實了訪談對象006所說的：「沒有組織，就沒有關懷」。

　　經過二年多的努力，請託無效的個人，汲取經驗、交換心得、聆聽學者專家的看法，逐漸匯聚成以區域（如：高雄的鳳山、高雄市的左營、台中市、花蓮、嘉義、桃園軍眷區等）為主的小的利害關係團體；於是當地的立委們漸漸感受到壓力；而非住院性的醫療需求尤其迫切。於是1997年底，國防部初步委託中央健康保險局從1998年7月1日起，代辦國軍官兵及編制內聘雇人員至特約基層診所就診的每張三格的憑證，為國軍官兵爭取到初步的自由選擇就醫權。之後，王天競、張蔡美、朱鳳芝、盧秀燕、蕭金蘭、沈智慧等委員，紛紛或舉辦公聽會廣納眾意；或於預算審查時提案作附帶決議，一方面回應「選民」的需求；二方面適度的給國防部一點壓力，希望能讓國軍袍澤同沐全民健保之福祉。

　　1999年5月31日朝野協商「全民健康保險法」五大利多案時，於第三次會議所作的：軍人應自2001年1月1日起納入全民健保之決議（第二階段修法時）。經過媒體報導，又是引來一串公聽會的舉辦行動，惟因公聽會結論，並無法拘束行政部門；且立法院亦僅作為修法

之參考。

但是，民氣可用，行政院終於在2000年5月4日於第二六八〇次院會上，通過衛生署所提「全民健康保險法部分條文修正草案」，將軍人及替代役男納入健保；而代表國防部出席的伍世文副部長，在會中表示：「軍人納入健保，會增加國防預算，希望另編預算支應，不要占用國防部預算額度」的語句，也印證深度訪談對象004的說法：「都是經費問題」的定論（自由電子新聞網，2000.5.5）。隨後於5月12日將草案函請立法案審議；惟本案在立法院一直在程序委員會冷凍，未能交付委員會審查，直到2001年4月3日被撤案。

至於張蔡美委員等42人的提案，於2001年1月4日逕付二讀，由於早已過了1999年5月31日決議的時間（可以證明有些協商結論只能視之為空頭支票）；且因未經朝野協商，而第二天立法院第四屆第四會期即要休會，加上國防部也沒有意會到本案可以闖關完成三讀。所以，對於「全民健康保險法部分條文修正案」有關「軍人納保案」的完成修法，筆者以為：張蔡美委員的鍥而不捨與健保局賴總經理的堅定沈著推動，都是化不可能為可能的關鍵；而王金平院長的睿智則居功厥偉，同是造福國軍袍澤，圓滿健保的功臣（本案相關大事紀如附錄表八）。

第二節　「兩性工作平等法」的立法過程

一、立法緣起

就人類歷史發展而言，在平等原則中，男女平等與其他部分比較，顯然起步最慢（自立早報社論，1995年2月22日，3版）。

聯合國對於性別歧視問題，一向十分關心。先後於世界人權宣言

（1948），及國際人權規約（1966）中，揭櫫男女平等原則；1979年，更通過「女性歧視撤廢條約」，表明男女同權。其主旨在要求：政治、國籍、教育、勞動、經濟、社會、婚姻及家庭生活等各方面，要消除對女性的歧視，同時並運用積極的保障措施，彌補女性過去長期所受的不公平利益，俾加速實現男女的實質平等（民眾日報社論，1995年2月18日，2版）。

在此一時空背景下，1985年，台灣發生的十信風暴，十信女職員於工作前，必須預立：「結婚願意辭職」之承諾；另在1987年發生國父紀念館強迫年屆三十或懷孕之女性服務員離職之事件等等，公、民營單位不利於兩性平權的事件。財團法人婦女新知基金會，遂本於憲法第七條明文揭示之：「中華民國人民，無分男女在法律上一律平等。」；第十五條規定：「人民之生存權、工作權及財產權，應予保障。」；另第一五二條並規定：「人民具有工作能力者，國家應予以適當之工作機會。」等這些符合兩性平等、保障人民權益的規定，並未積極落實於現實生活中。於是蒐集國內就業市場有關：招募、聘僱、報酬、配置、陞遷、退職、退休、解僱、報考、分發等於憲法明

訂保障之生存權、工作權及平等權方面，是否受到剝奪；又若遭遇不平等，有無救濟之途？參酌英、美、西德、日本、瑞典等先進國家之立法保障男女工作平等之精神；著手起草「男女工作平等法草案」，以期確保女性享有與男性平等之工作機會及待遇，並貫徹憲法保護母性，實施婦女福利政策之精神（立法院公報第79卷第34期，1990：70～71）。

1990年，立法委員吳德美等28人，於3月13日率先以臨時提案方式，在院會中將取法自日本之「男女僱用機會均等法草案」提出並獲無異議交付內政、司法兩委員會審查之決議，是為我國立法訂定「兩性工作平等法」之濫觴。其後，立法委員趙少康等39人於1990年4月27日，亦將婦女新知基金會研議多時的「男女工作平等法草案」，以院會臨時提案方式提出，亦獲院會無異議決議交付內政、司法兩委員會併案審查。至此，立法院內有關「兩性工作平等法草案」已有兩個版本；而行政院版，則一直仍在研議中。

1991年10月19日，立法院內政、司法兩委員會聯席會，第一次召開會議審查「男女工作平等法草案」，大體討論與詢答，發言盈庭，惟仍流於各說各話（立法院公報第80卷第86期，1991：153～171）。會議主席為了消除各方疑慮，並廣納各方（尤其是產業界）之聲音，遂決定於1992年1月11日召開第二次委員會聯席會，會議並廣邀產、官、學各界，以公聽會方式進行，期使求得減少立法之歧見並求立法之周全。會議並決議：下次會議進行逐條討論（立法院公報第81卷第6期，1992：258～278）。

1993年6月10日，內政、司法兩委員會第三次召開聯席會，歷經冗長辯論方才審查通過了草案名稱：「男女工作平等法」，以及第一章的章名：「總則」（楊茹憶，工商時報，1999年1月1日，29版；立法院公報第82卷第41期，1993：419～435），顯示在兩性平權的立法路上，仍有無盡崗巒橫亙在前。有鑒於此，台北市上班族協會及婦女新知基金會等婦女團體，決定了釜底抽薪之計，在1998年直接以國會

助理為對象，舉辦了一場「男女工作平等法草案」的研討會，企圖將攸關婦女權益的立法重心，透過立法助理之瞭解，影響立委諸公。另一方面，並將婦女基金會版的「男女工作平等法草案」，加入防治性騷擾的規定及罰則，成為第六個版本。

1998年10月7日，「男女工作平等法草案」，再次進行審查。第五次的審查，終於在聯席會通過了第一條條文：「為保障並促進男女工作平等，貫徹憲法消除性別歧視，促進兩性地位實質平等之精神，特制定本法；本法未規定者，適用其他法律規定。」這短短五十四個字，歷經漫長的七年，僅通過這一條條文（立法院公報第87卷第39期，1998：12）。

由於「立法院職權行使法」第十三條規定：「政府機關及立法委員提出之議案，每屆立法委員任期屆滿時，尚未完成委員會審查之議案，下屆不予繼續審議。」所以，第三屆立委於1999年1月31日任滿時，委員會原有之7個提案，均依法廢棄，於新會期須重新提案。

1999年3月13日葉菊蘭委員等42人於新會期提出了「男女工作平等法草案」；3月20日，王雪峰委員等32人接著重新提出了「兩性工作平等法草案」；而行政院勞工委員會於1990年開始著手草擬，蒐集國內外各種相關法令資料，邀集專家學者、政府機關、勞資及社會團體代表舉辦公聽會，並委託學術機構進行專案研究，於1994年5月將「男女工作平等法草案」，報請行政院核議。行政院經多次討論、會商、修正，並經政務委員多次邀集各相關部會協調，逐條審查研議的行政院版「兩性工作平等法草案」，亦於1999年3月4日經行政院院會通過，於3月31日函送立法院審議（立法院第四屆第一會期第七次會議議案關係文書：381～407；全國婦女人身安全會議特刊，2000：42），該特刊內文特別引述行政院蕭前院長於1999年3月6日於婦女權益促進發展基金會辦公室啟用茶會之致詞，行政院係邀集銓敘部（考試院）、教育部、國防部、人事行政局、勞委會等相關部會獲致共識，將草案名稱修改為「兩性工作平等法」。揆諸行政院版「兩性工作平等

法草案」，全文分總則、工作平等權、促進工作平等措施、檢查及救濟
程序、罰則及附則六章，共三十條。而與中央健康保險局主辦之業務
有關之條文，則在第十五條第二項：「勞工於留職停薪期間，得自費
繼續參加原有之社會保險。」惟從上文可知，本草案於行政院協調
時，顯然行政院衛生署並未獲邀與會；更遑論中央健保局了。

　　1999年5月31日，立法院第四屆第一會期內政及民族、司法、衛
生環境及社會福利三委員會併案審查「男女工作平等法草案」案，舉
行第一次的聯席審查會。會中除了主管部會勞委會的主管列席外，內
政部、法務部、考試院銓敘部及考選部，均派員列席參與本案之審
查。與會委員對於：軍、公、教人員是否排除適用、中小企業為主的
雇主接受問題、性騷擾的認定與處理機構、托兒托老的獎勵、假之種
類與給薪與否等問題，仍然爭議頗大，致所有草案條文，除第一條
外，全遭保留協商。

　　1999年6月14日，內政及民族、司法、衛生環境及社會福利三委
員會繼續併案審查「男女工作平等法草案」。此次列席的官員，除了前
次原有單位外，並增加了人事行政局、教育部、國防部與考試院保訓
會等單位。由於本會期休會在即（1999年6月22日），加以就立法程
序及技術而言，政黨協商是必然的一關，則在委員會進行政黨協商與
送交院會之前的政黨協商意義完全一樣。所以，朝野委員建議此案直
接送交院會進行二讀，並獲無異議通過（立法院公報第88卷第38期，
1999：3～9）。

二、朝野政黨協商及法案二、三讀

　　1999年底，送院會等待二讀的「兩性工作平等法草案」，由新黨
的謝啟大委員負責召集協商的工作，就包括行政院版及各立委的提案
等九個版本進行協商。因版本繁複難以進行，最後協商代表同意將所
有版本交給一個專案小組負責。專案小組成員則由各黨共同推薦。共

有郭玲惠教授、尤美女律師、焦興鎧教授、劉志鵬教授、劉梅君教授及黃國鐘律師等六人，其幕僚作業則由行政院勞委會負責，總共經過十四次幕僚會議；而到2001年6月5日最後一次協商完畢止（朝野協商結論陳報院會時間填爲2001年5月31日），則共有八次協商會議。

整部「兩性工作平等法草案」，歷時近二年的協商，所得到的結論計有：總則、性別歧視之禁止、性騷擾之防治、促進工作平等措施、救濟及申訴程序、罰則、附則等七章，四十條條文。而所有內容，亦將軍、公、教人員一併納入適用；另並於第十六條，將行政院版之第十五條第二項條文：「受僱者於育嬰留職停薪期間，得繼續參加原有之社會保險。」內容加上：「原由雇主負擔之保險費，免予繳納；原由受僱者負擔之保險費，得遞延三年繳納。」等文字，成爲第十六條第二項條文。

也正因爲整個協商過程，在後段雖有函請衛生署派員參加（衛生署協商代表張姓官員證實）；但因「兩性工作平等法草案」之名稱及性別歧視、性騷擾防治等業務屬性，所以衛生署均指派負責婦幼、老人業務之保健處（2001年7月12日改制爲國民健康局）的官員與會（深度訪談對象001及002證實屬實）。而整個八次的協商，謝委員亦證實確實從未觸及「原由雇主負擔……三年繳納」的問題，並說明此一文字係5月31日協商完成後，責成幕僚整理，爲確認文字等，嗣後仍有幾次小的非正式會談，而上述文字即係因爲與會人員在部分婦女團體及工商界人士遊說下，認爲可提高請假之誘因與雇主之意願及法案之完整度，而臨時補上去的。此在正式協商時，確實從未被提出。因本會期旋於2001年6月6日起休會；以致本案未及於本會期內完成法定的二、三讀程序（立法院公報第90卷第58期，2001：237～359）。

2001年9月20日，立法院第四屆第六會期正式開議，開議之後朝野氣氛仍然僵滯，隨即停會因應第五屆立法委員的選戰。第五屆立法委員選舉（2001年12月1日）結束，現任的第四屆立委225席，僅有

113 人連任，其他112 位均屬新任。

　　復會後，於12月6日中午十一時五十二分，院會進行到議事日程之討論事項第十案：「公務人員考試法」三讀修正通過，主席即宣布休息。下午十四時三十分將繼續進行討論事項第十一案：由內政及民族、司法、衛生環境及社會福利三委員報告聯席會審查結果之「兩性工作平等法草案」（立法院公報第90卷第58期，2001：237）。

　　是日正午十二時許，行政院國會組來電，詢問有關下午進行二讀討論之第十一案：「兩性工作平等法草案」，內容有關保險的部分不知健保局是否有意見[6]。由於局內大小會議從未聞討論類似議題，亦未曾見過衛生署有關的指示，健保局國會聯絡室的同仁隨即取得「兩性工作平等法草案」協商結論，並請示長官因應之道。長官憂心如焚，要求務必不可讓該法完成三讀，並火速趕到立法院。

　　由於「立法院職權行使法」第七十二條有關黨團協商結論之效力規定：「黨團協商結論於院會宣讀後，如有出席委員提議，十五人以上之連署或附議，得對其全部或一部提出異議，並由院會就異議部分表決。（第二項）黨團協商結論經院會宣讀通過，或依前項異議議決結果，出席委員不得再提出異議；逐條宣讀時，亦不得反對。」經聯絡執政黨黨鞭周伯倫、蔡煌瑯、林豐喜等三位委員後，黨團瞭解到「兩性工作平等法草案」第十六條第二項規定之：「原由雇主負擔之保險費，免予繳納。」可能肇致健保體系之「潰堤效應」[7]後，亦同意先行擋下二讀程序；加上先前已取得新黨「盯場委員」[8]營志宏委員之認可，並蒙會議主席饒穎奇副院長首肯後，即由民進黨團針對「兩性工

---

6 法案之推動，行政單位一般均由主管機關的部級單位負責。即連部之二級機關或附屬單位之組織條例，限於國會運作之慣例與人力，一般司、處、局等單位均甚難著力。

7 「潰堤效應」，蓋全民量能負擔之健保精神，當一部分民眾可因某種原因免予繳納保費之時，則在選票壓力與競相討好民眾的情況下，必有人提案援引，則強制納保量能負擔之精神，勢將出現崩解，此謂之「潰堤效應」。

作平等法草案」二讀通過之第十六條條文提出復議，並獲院會無異議通過。初步擋下「兩性工作平等法草案」，使其回復到二讀前的狀況，避免了法案完成立法三讀，卻可能肇致健保崩潰的結果（立法院公報第90卷第62期，2001：289）。

因為相關的婦女團體多人，早已認為12月6日當天應該可以完成「兩性工作平等法」之三讀，並已準備適當的慶祝方式。此所以在立法院議場後方協調「復議」案提出之時，勞委會相關之官員，因背負長官及婦女團體之期望仍甚為堅持要在當天完成三讀之原因；且甚至引起行政院院本部官員幫勞委會講話，肇致健保局總經理與行政院長官及勞委會官員衝突之情形（中時晚報，2001年12月22日，2版；ET today，2001年12月21日，政治要聞）。勞委會相關承辦官員，枉顧了八次的協商，從未找過健保有關人員協商的事實；於協商結論出來之後，在被加上第十六條第二項的文字之時，復未知會衛生主管機關；且在健保局總經理向立委及該會郭副主委解釋的同時，某些官員仍力主應在當天完成三讀之立場。本位主義之深，實令人印象深刻（深度訪談對象007承認因期待深，所以壓力大）。而行政院某組長不明整個協商結論產生之過程，一味偏袒勞委會，亦令人難忘。證諸整部法案三讀通過，乃至實施迄今之情況，此一經過值得後來者深思。

2001年12月6日「兩性工作平等法草案」二讀復議後；據悉，數日後行政院張俊雄院長即召集勞委會陳菊主委與主計長林全及健保局總經理張鴻仁等人，就本草案第十六條第二項「原由雇主負擔之保險費，免予繳納。」一節有所垂詢。主計長主張由就業安定基金支付，但因該款項依規定必須以單位為申請主體才能撥款，院長遂指示由勞工就業安定基金項下匀支，再透過行政院所設立之財團法人婦女權益促進發展基金會補助（行政院函，2002.04.04，院授主忠字第○九一

---

8 所謂「盯場委員」，係各黨團為防止他黨議案突襲或為協助本黨團所關心議案的順利進行，每次會議均會排定「值日坐鎮」議場之立委，此謂之「盯場委員」。在國會之院會或委員會，是一普遍之現象。

○○二五二二號）。（以上情節過程並不愉快，筆者原僅耳聞其事，但經深度訪談對象007證實確有其事）此時二讀復議之處理已迫在眉睫，而張院長之指示，勞委會方面似乎並未表示堅定支持之意（此是健保局方面之感受）。

　　2001年12月18日在院會進行施政總質詢時，適巧有質詢委員就：「兩性工作平等法第十六條修法問題，婦女生產育嬰假的健保費原先屬於資方需繳納部分，婦女要不要自行繳納？」向勞委會陳主委提出質詢（立法院公報第90卷第62期（上），2001：101）。陳主委的答覆是：「這個問題我瞭解。張院長對此已有一指示，亦即完全尊重『兩性工作平等法』朝野協商版本，至於育嬰期間勞健保費資方應繳納部分應由哪個部會負責，行政院內部已溝通協調妥當。」行政院張院長隨後補充：「原則上由行政院擔起責任。因為目前各部會財政都非常困窘，所以，行政院會負責協調。只要通過的版本是經過朝野協商版本，為了表示對女性同胞的保護與尊重，行政院一定會負責處理此事。」此一答覆，印證傳聞之真確。但因事涉軍、公、教人員請相關假時，必也將由屬勞工權益的「就業安定基金」支付，故行政院及勞委會均十分低調。

　　2001年12月21日，立法院第四屆第六會期第十次會議，院會進行討論事項第四案「兩性工作平等法草案」第十六條復議案之處理。由於行政院對於本案已有具體腹案，故民進黨立院黨團提請撤回第十六條之復議案，使得該案得以順利進行完成三讀；但因軍、公、教人員請相關假時，雇主所應負擔之保費（政府是軍、公、教人員的雇主），將由「就業安定基金支付」，所以行政院及勞委會可能為顧慮勞工之反彈並未真正明說。鑑於總質詢之答覆並不具備法律之效力，所以賴清德、張蔡美等44位朝野委員，特提出：「受僱者育嬰留職停薪期間，原由雇主負擔社會保險之保險費，改由行政院負擔協調全額補助。」之附帶決議，並獲無異議通過。至此，一部歷時11年，攸關全國婦女同胞工作權益與生活保障的大法，得以順利完成（立法院公報

第90卷第62期（上），2001：289～297）。

　　誠如整合本法居功厥偉的謝啓大委員所云：「這是她的立委畢業作。」至於2002年3月8日起實施之「兩性工作平等法」，其第十六條第二項由「就業安定基金」支付雇主所應負擔之保費有關軍、公、教人員部分；於2003年度起，已改由各該機關自行編列人事預算支應（行政院函，2002.08.05，院授主忠四字第〇九一〇〇五四六一號；財團法人婦女權益促進發展基金會函，2002.08.14，（九一）婦權發字第二六二號）。

三、從立法過程，初探部際關係

　　「兩性工作平等法」之中央主管機關係行政院勞工委員會。從1990年立委分別將師法日、德等國及多個婦女團體推出立法之法條草案，以臨時提案方式提出並獲立法院院會通過交付委員會審查起；勞委會在積極研擬行政院版草案之時，曾與包括：內政、財政、外交、國防、經濟、教育部、銓敘部、人事行政局等進行協調（立法院公報第87卷第39期，1998：7）。此即爲：

> 巴爾代（Bardach, 1997）在《執行遊戲》（The Implementation Game）一書當中，將政府決策過程視爲各級政府與各部會之間的互動遊戲（game），讓我們對政府運作的印象，從靜態一條鞭的組織命令體系，轉變成動態的部際（interagency）與府際（intergovernmental）的互動關係，在這種關係之下，公共管理者並不只面對一個組織或單位，而是置身於眾多的橫向與縱向組織網路當中（O' Toole, 1988），即便要達成一個單純的任務，也必須考慮這些互動關係當中的機會與限制，才能達到管理的目的，這也就是政府部門的管理經驗中，統稱爲跨域管理（boundary-spanning management; Radin, 1996）的問題（轉引自陳敦源，2000：228）。

　　1998 年 3 月 16 日，行政院勞工委員會張昌吉副主任委員，在立法院委員會聯席審查會中答覆立委有關行政院何時可以提出本法草案之質詢時，即明白表示：「八十四（1995）年，我們（指勞委會）即已送行政院，目前正在審查。」（立法院公報第 87 卷第 10 期，1998：332）；惟經查勞委會係於 1994 年 5 月將本法草案報請行政院核議（全國婦女人身安全會議特刊，2000：42）。至於被詢及何以拖延八年，仍出不了行政院大門之原因，張副主委的答覆是：「事實上，各部會是有對本法提出一些意見，但主要仍為事業單位擔心是否會影響勞動成本。」（立法院公報第 87 卷第 10 期，1998：333），卻仍無法肯定答覆，何時可以將行政院版草案送到立法院併案審查。而經建會與經濟部認為，本法草案之內容過度保護婦女，會降低企業投資意願或排斥女性就業的說法，也曾引起婦女及勞工團體之不滿，並以贈送金豬的活動，諷刺官方是「只顧資本家利益而不顧女性的沙豬」（自立早報社論，1995 年 2 月 22 日，2 版）。

　　顯見本法在行政院內部，經歷多次的溝通，從人事行政、經濟、外交、國防、內政、教育、財政，甚至事涉院際事務的銓敘部等均有程度不等的意見（立法院公報第 87 卷第 39 期，1998：6～7）。足徵「兩性工作平等法草案」在行政單位內部折衝時程之耗時甚久，與部際乃至院際在縱向、橫向的意見，難以整合出符合程序正義的決定社會資源分配程序之「共識決」，有相當的關係（黃光國，中國時報，2004 年 4 月 10 日，A4 版）。

　　直到 1999 年 3 月 31 日，行政院始將於 1994 年 5 月由行政院勞工委員會陳報核議，並經 1999 年 3 月 4 日行政院院會通過；再經行政院邀集銓敘部、教育部、國防部、內政部、人事行政局、勞委會等相關部會討論獲致共識，將草案名稱由「男女工作平等法草案」，修改為「兩性工作平等法草案」，並於 1999 年 3 月 11 日第二六一九次院會會議再次通過後的草案，正式函送請立法院惠予優先審議（全國婦女人身安全會議特刊，2000：42）。

此一過程，亦足證諾貝爾經濟學獎得主寇斯（R. H. Coase）所提出的交易成本（transaction cost）觀念的彌足珍貴。他的理論提醒我們一個簡單的概念：「官僚組織的運作是有成本的。」（轉引自陳敦源，2000：229）。而許多跨部會的臨時組織之所以成形，最重要的因素就是要降低建制當中，各單位間的協調溝通成本（轉引自陳敦源，2000：253）。

細數上述數個文獻所列舉的行政院內部為討論「兩性工作平等法草案」所邀集的各部會，從頭到尾從未出現過「衛生署」這個單位。此所以行政院版草案雖在草案第十五條第二項規定：「勞工於留職停薪期間，得自費繼續參加原有之社會保險。」卻忽略了全民健保制度是屬於強制納保之社會保險制度（黃文鴻等，1995：22～23）。無論本項規定或出於資方壓力（立法院公報第87卷第10期，1998：307）；或係妥協於女性團體及勞工團體的訴求，就立法內容言，均可能肇致徒生爭議之情況。同時，就行政院版之本法草案總說明提示，對於軍、公、教人員排除適用；而育嬰假亦僅適用於一百人以上的大型企業。以上兩者，將造成全國78%之女性無法受惠（立法院公報第88卷第33期，1999：243）。而最後完成之立法條文，軍、公、教皆納入適用；又為顧及台灣以中小企業為多，所以雇用30人以上之企業員工，符合條件者亦均可請育嬰假。另外，草案第十五條第二項，改為第十六條第二項，內容改為：「受雇者於育嬰留職停薪期間，得繼續參加原有之社會保險，原由雇主負擔之保險費，免予繳納；原由受雇者負擔之保險費，得遞延三年繳納。」

立法院第四屆立委於1999年2月1日報到，「兩性工作平等法草案」分別於當年5月31日及6月14日進行兩次聯席審查後，僅通過第一條一條條文，其餘條文皆保留，聯席會遂決議將全案直接送至院會進行二讀；在二讀前並透過政黨協商，以求共識。從此，本法案即進入為期一年多的朝野協商期，並依立法院內法案協商規定，本案由新黨黨團負責協商召集之事務，新黨黨團則責成由法官出身的謝啓大委

員負責召集協商。

謝啓大委員於1999年底正式接手「兩性工作平等法草案」的協商
工作。鑒於整個草案九個版本中，僅有第一條條文修正通過（立法院
公報第88卷第33期，1999：238），而每一版本，皆有三、四十條條
文，夾雜官方、民間（婦女團體為主）與勞工團體等形式，幾乎難以
協商（謝啓大委員語）。最後，決定將所有版本全部交給由各政黨共同
推薦的一個專案小組負責，其幕僚作業則由行政院勞委會負責，總共
經過十四次專案會議。從1999年底到2001年6月5日最後一次協商完
畢止，（立法院公報第90卷第58期，2001：344所錄：「兩性工作
平等法草案」，協商時間為2001年5月31日（星期四）上午11時30
分；地點：立法院新黨黨團會議室）由謝啓大委員負責召開的協商會
議就有八次；與會的立委諸公固然十分辛苦，而負責幕僚作業的勞委
會官員，更是殫精竭智；惟對於整個協商完成的條文，卻始終未嘗知
會衛生署與健保局，致法案進行二讀時，衍生不必要但原可避免的衝
突。

此類情況，在國會朝野協商法案時，可謂屢見不鮮。如近日
（2004年4月9日）剛三讀通過之醫療法修正案中，有關醫療機構及醫
事人員對病人之損害賠償訴訟，司法院應指定法院設立「醫事專業法
庭」（法案第八十三條），由具有醫事相關專業知識或審判經驗的法官
辦理的新規定，司法院官員於接受採訪時亦表示：先前對醫事專業法
庭毫無所悉，且目前全國法官中也沒有人具有醫學背景（聯合報，
2004年4月10日，A11版）。問題是，本法案之修正案經委員會審議
後，送院會二讀前所進行的朝野協商，已於2004年1月12日完成，且
該第八十三條條文於委員會討論時，係委員臨時提出，並獲無異議通
過。司法院方面卻無人被告知。顯見無論是部際關係或院際關係的協
商（bargaining）與協調（coordination），仍有相當的改善空間。否
則，任由情況持續下去，不但增加行政成本，衝擊官僚體系整體之運
作，也同時影響民眾的集體權益（陳敦源，2000：243）。而問題的核

心，或正如學者所言，官僚體系的合作問題（the problem of cooperation）的根源有二，一是制度上，二是行爲上的原因。制度方面的原因，又可分爲組織與政策兩方面（陳敦源，2000：241）。以上兩大根源，或正可提供公共行政學者與實務界反省與參考。

四、 從本法立法過程，淺析領導因素

由於立法院對法律案所完成的朝野協商結論，一般都只在進入二讀時，始印發出席委員並由議事人員宣讀，所以非十分關心並留意法案進度之人或部會，應不會主動索閱或探聽協商之進度與結論；何況原本並不知悉內容者，自不會清楚法案之進度及內容。

「兩性工作平等法草案」於完成協商後，因朝野議事之空轉，以致延擱半年（立法院公報第90卷第62期，2001：296），始進行院會二讀程序。而當健保局接獲訊息時，離二讀會進行的時程，約僅有二個小時。在如此短的時間，既要立即取得法案內容，並請示與研商對策，對一個國營事業而言，無疑是一大考驗。

「立法院職權行使法」第七十二條規定：「黨團協商結論一經院會宣讀通過，出席委員不得異議；逐條宣讀時，亦不得反對」。限縮了可以運作的空間。所幸獲李明亮署長充分授權的張鴻仁總經理，在進入立法院議場後，密集的與新黨負責盯場的營志宏委員；執政黨的黨鞭蔡煌瑯、林豐喜、周伯倫等委員溝通；在獲得諒解後，由蔡煌瑯委員陪同向主席饒穎奇副院長報告原委，取得：先完成草案二讀，再針對第十六條條文，由執政黨黨團提請復議，讓全案回復到二讀前之狀況的共識。初步化解了危機。

由12月6日進行「兩性工作平等法草案」二讀與完成復議提案程序；迄法案於12月21日，執政黨黨團撤回復議，順利完成三讀並作出附帶決議。在這半個月的時間，行政院、立法院、主計處、勞委會、衛生署、中央健康保險局迺至婦女團體等仍積極用心處理，方才得以

呈現此一各方都可以接受的成果。而在探求領導因素在其中的影響程度方面，茲僅概述如下：

- 從二讀前，倉促的時間內，能做有效的處理，顯示張總經理的勇於任事與對國會運作嫻熟之程度，深獲李明亮署長的信任（訪談對象002證實）。
- 在立法院議場走道與行政院某組長及勞委會官員的衝突；事後，能獲得行政院諒解，顯然李明亮署長曾用心緩頰（訪談對象002證實）。
- 二讀後，行政院與勞委會所達成的由「就業安定基金」補助之方案，顯示行政院並不認為健保局擋下法案之理由與做法不當。
- 法案進行三讀後，立委所作之附帶決議提案，行政院在現場之官員十分在意（勞委會對此未表示意見），並試圖擋下；惟最後仍照案通過（深度訪談對象007證實）。
- 本案完成，健保局無人受到嘉獎，顯示行政院方面可能有人並未完全釋懷；但亦無人受懲，顯見署長調和鼎鼐之難為。
- 綜合而言，署長與總經理二位領導一條心，艱難局面因此也可圓滿收場。

綜合上述情況推論，似乎正好驗證學者馬紹章先生對於公共管理者（如健保局總經理）與政務領導者（如衛生署署長、行政院院長）所研究的關係模式：

由於其工作具有高度的環境敏感性，公共管理者對環境的認知以及對環境的策略與作為，相當程度地決定了他工作的成敗。……就公共管理者的環境而言，約可分為二類，一種是外部的（external），一種是內部的（internal）。外部環境是指公共管理者所屬組織外的社會與政治環境；內部環境是指公共管理者所屬之組織內的結構與文化而言。而其中參與政策過程最深入、影響最大者，外部環境中要屬民意機構為最，內部環境中則以

政務領導為最（馬紹章，2000：178～179）。

官僚體系「分工但不合作」的現象，由來已久。而官僚體系衝突產生的核心原因，常在政策的制定與執行（陳敦源，2000：240）。同時，政府相關部門亦抱持本位主義，難有整體規劃、客觀評估（曹俊漢，1995）。揆諸「兩性工作平等法」立法之過程，張總經理在國會面對即將二讀的行政院勞委會主管的法案，期待對健保強制納保與量能負擔的立法精神，不要產生「潰堤效應」，希冀能稍加研議；但顯然並不獲得勞委會在現場的副主委以降官員的認同。所幸，在與立委的溝通部分取得突破，尤其是執政黨黨團三長的支持與新黨代表的讓步，更是彌足珍貴；而得到會議主席的適時首肯，以復議案提出，讓草案回到二讀前的狀況，更是決定性的結果。

「兩性工作平等法草案」於2001年12月21日完成三讀立法，而第二天的《中時晚報》於二版的一篇由鄭益浚記者署名有關本法立法過程的報導，以〈育嬰期保費，誰埋單？健保局卯上政院〉的斗大標題，敘及有關育嬰假期間雇主保費補助之問題，健保局請求政院支出的種種內幕。文內所述雖未必精準；但是顯見行政系統方面，有人仍難釋懷，否則茶壺內的風暴，豈能描述至此？且對本法有關朝野協商之過程的認知，也如出一轍地並不全盤清楚！惟此一部分，應屬部際（行政院與勞委會、主計處、衛生署及健保局）之衝突，只是涵蓋與衝突的火爆程度似乎大了點。

1996年交通部部長與當時的高鐵局局長，由於對興建高鐵的手段上有認知的差異，在衝突激化與媒體的推波助瀾下，造成高鐵局局長去職的殷鑑。以此對比衛生署署長與健保局總經理在本次事件的整個運作過程，恰可以明顯標示出，兩者的互動十分的良好，並無衝突之跡象；同時，由於李署長一貫的低調行事風格，與尊重部屬、信任、授權的領導方式，使得本案在有風波，但無對錯的情況下畫下句點。

政務領導（political executives）與公共管理者的關係，並非理所當然的是一種合作的團隊關係（Crew, 1992: 131）。而一般的政務領導

對於變化的價值要求，可能高於穩定的價值；比較重視績效，甚於形式；比較傾向於速見績效，甚於慢工出細活；政治的判斷，可能高於專業的判斷（馬紹章，2000：203）。由於政務領導是政治任命的首長，其任期並無固定；同時，他既是機關的首長，也是政治團隊中的一份子，對於政黨的政綱與政策，有較強烈的動機與義務去執行與貫徹。所幸「兩性工作平等法草案」進入院會二讀時，李署長已擔任這個工作一年半以上，對於健保與整體醫療政策已然十分熟稔；加上對於張總經理長期的肯定與信任。所以，在國會的衝突中，他自然十分授權。至於與行政院高層的折衝，與勞委會之間的協調，也因著李署長本身十分優越的人格特質，才得以有效化解其後遺症。

　　回顧整個事件，筆者得到的結論是：一種看似無為而治的領導風格，在長期的信任與共事下，將士用命，合作無間的整體戰力，可以在分工合作下，展現突破國會成例，彌補部際關係裂痕之功能。似此應已超越學者所設定的公共管理者與政務領導的四個關係模式（馬紹章，2000：214～215），而為一特例；但李署長之立身處世，確實令人景仰，而為官場所難得一見。

五、 從本法立法過程，初探利害關係團體與運作

　　「兩性工作平等法」之立法，從 1990 年，由立委主動以臨時提案方式在立法院建案開始，參與運作的利害關係團體即已白紙黑字的寫在草案總說明上（立法院公報第 79 卷第 34 期，1990：71），此是趙委員少康版，被稱為婦女新知版或新晴版之由來（即由婦女新知基金會與晚晴婦女協會所撰擬）（賴友梅，聯合報，2001 年 1 月 16 日，33版）。而女性團體認為，女性就業及職場當中的主要障礙，大約可分為二個方面，一為父權社會對於女性的歧視所造成的不利待遇；一為女性生理上的先天限制。前者主要指來自父權意識形態對於女性的傳統偏見，因而將女性限定在某些職業類別及職位，形成所謂職業隔離的

現象；而後者卻又往往被拿來作為前者推論的重要依據（靜夜思，台灣時報，1995年3月1日，6版）。於是婦女新知基金會，乃參酌先進國家之立法保障男女工作平等之精神，以期確保女性享有與男性平等之工作機會及待遇，並貫徹憲法保護母性，實施婦女福利政策之精神，兼顧我國經濟發展之現況，撰擬出本法之草案。此亦顯示婦女團體在追隨世界潮流，創造婦女權益方面的付出與用心；渠不直接介入政權競爭，但試圖影響政府政策的有組織的作為，也難怪被稱為壓力團體（pressure group）（陳敦源，2000：157）。

從「民法」親屬編之修訂、「家庭暴力防治法」與「性侵害防治法」及「兩性工作平等法」之制訂，婦女團體一直在累積經驗，企圖能以最短的時間，達到立法之目的。而1992年「就業服務法」案的修訂通過，更對歧視女性員工有更明確的禁制規範（中央日報社論，1995年1月8日，3版）。所以，婦女團體與勞工團體更加緊密結合，此對於「兩性工作平等法草案」由1993年起之審議，實際上是有相當幫助的。這些作為，包括：向立委助理舉辦研討會、積極遊說主管官署與立委、隨環境之變遷，適時修正草案版本、不停地透過媒體發聲並投書，以擴大共識面等方式，諸般努力，無非在喚起立委與行政部門之重視，早日完成立法之宏願。

1999年底，在整部草案九個版本且僅通過第一條條文之際，交付黨團協商，包括負責召集之新黨黨團相關人員，及原參與提案或審查之立委諸公，對於黨團協商之前景，實也不敢抱持樂觀；但相關婦女團體（如表4-1）與勞工團體的強勢運作，使得立委諸公又有不得不為之難處。於是交付黨團協商，遂成為終結委員會聯席審查會各說各話的唯一方案。此亦可視為利害關係團體的初步成果。

由於「立法院職權行使法」第七十條有關黨團協商的規定，雖對負責召集之黨團與紀錄有所規範；但誰有權代表其所屬黨團參與協商？人數若干，可否超過？主審委員會之相關委員或召集委員是否為當然代表？立法院職權行使法並無直接、明白的規定（羅傳賢，

2001：378）。復由於「兩性工作平等法草案」的利害關係團體的訴求，在本質是屬於成本分散於全民，利益亦分散於全民的「多數決政治型態」（majoritarian politics）的利害關係團體（陳敦源，2000：158～161）。其政策執行成本與利益，都是由全民負擔與享用的；而其遊說範圍，在國會方面亦確實遍及朝野各政黨，此亦符合黨團協商使意見整合的速度加快、減輕議案完成的困難度，以及增進議事效率及和諧朝野之功能（羅傳賢，2001：376）。

　　謝啓大委員於1999年底，按該年初制定的「立法院職權行使法」接手負責協商工作後，她決定先訂協商原則，並據於擬定協商大綱。其擇定的協商重點有二：一是一位女性（或男性）如果為了照顧嬰兒，是否可以有育嬰假並讓女性（或男性）樂於利用？二是當女性（或男性）在照顧嬰兒的階段性任務完成而渴望再度投入職場時，社會是否能提供其二度就業的機會？並因顧及條文的龐雜，所以請各政黨共同推薦一個六人小組，組成專案小組負責整合所有版本的意見；至於後勤支援，則完全委由行政院勞委會負責。如此，經過十四次的專案會議，八次的協商，才有2001年12月6日二讀會之協商條文的完成。

　　從院會宣讀的黨團協商時間係2001年5月31日；而謝啓大委員認知的最後一次協商時間是2001年6月5日，其後仍陸續有非正式的協商，且謝委員清楚地表示：「第十六條第二項是正式二讀前才臨時加上去的。」因相關人員認為雇主部分免納而當事人可緩繳保費，可以提高整個請育嬰假的誘因與法的完整度，與會人員因無社會保險相關人員參與，遂因此定案。雖說整個「兩性工作平等法草案」之協商，在當時的時空背景下，能協商出如此完整的條文已是十分不易；而負責秘書後勤業務的主管機關若能稍加知會，或可使整部法案之立法過程更趨完善（據訪談對象007表示，本案最後非正式協商時，主計處曾以國庫困難，無法補助之理由提出異議，但不為謝委員接受）。惟此一情況亦符合：歷經十多年的無數次協商，我國的各黨仍然無法形成

一個穩定的協商模式,每一次的協商彷彿都是特例,難以爲政黨互動
建立典範的說法(楊泰順,2001b:148)。

從法案草擬到六人小組的組成,有關對利害關係團體運作的評
價,據某位參與協商的代表回憶後表示:「強勢且積極,更清楚地說
是有反客爲主的主導意圖。」或許是出於長期投入的熱忱;亦可能忽
視了國會文化中妥協的藝術,婦女團體與相關的勞工團體,或因此失
之於操切。

以協商達成決議,勢將模糊多數黨或執政黨的政治責任,並不見
得符合民主運作的常態。顯然,協商確實是個不穩定生態下的選擇
(楊泰順,2001 b:134)。但是,利害關係團體在本法立法過程中的
運作,雖說並不涉及利益的授受;惟顯然忽略了朝野立委及工商團體
乃至各部會的主觀意願,此所以草案一拖逾十年,少有進展。也因爲
他(她)們鍥而不捨的努力,確實軟化了政黨的立場,形成協商的有
利環境,使得整個黨團協商得以穩定而有效。「兩性工作平等法草案」
此一高難度、高技巧的立法協商,確實可以說爲往後的國會法案的協
商,立下了一個典範(本案相關大事紀,如附錄表九)。

表4-1 推動「兩性工作平等法」立法有關之婦女團體一覽表

團 體 名 稱	成 立 時 間	備　　考
婦女新知基金會	1987	
台北市婦女救援會	1987	
晚晴協會	1988.05	
台灣勞工教育資訊發展中心女工團結生產線	1991	
中華民國女性學學會	1993.09	
台北市女性權益促進會	1994.02	
台北市上班族協會	1996.08	
行政院婦女權益促進委員會	1997.03	
財團法人婦女權益促進發展基金會	1997	
台灣女人連線	2000.01	
台灣婦女團體全國聯合會	2001.04	

資料來源:作者整理。

第三節　全民健保「擴大費基案」的修法過程

一、修法緣起

2002年3月14日，行政院將最新的[9]「全民健康保險法部分條文修正草案」案，送請立法院審議。草案說明：由於全民健康保險實施迄當時已滿七年，依精算結果，原來的五年平衡費率，已不敷支應醫療費用的支出，近年來因受經濟成長趨緩、人口結構快速老化及醫療科技發展等因素影響，健保財務問題益趨嚴重；惟費率之調整事關重大，鑑於目前經濟仍然不甚景氣，考量民眾負擔，不宜調整費率；故先就健保財務之收支再行檢討、努力，務使保費負擔更為公平，給付效益更為提升，以增裕健保財務。而衛生署及中央健康保險局，透過加強保險費催繳、提高部分負擔、擴大總額預算之實施，以及調降藥價基準等開源與節流之措施，對於增加收入、抑制浪費已有相當成效，且仍將繼續處理；但是有關落實保險費負擔之公平性問題，如投保金額上限過低、軍、公、教人員未以全薪納保、各類被保險人間，保險費負擔未盡合理等，均涉及現行「全民健康保險法」之規定，非經修法，無法解決，且現階段有其急迫性〔安全準備依健保法第六十七條規定，低於一個月或高於三個月實付金額（一個月約290億元），應調整保費或安全準備提撥率〕，所以，本次修法的重點有下列三項：

　·投保金額分級表最高一級與最低一級之差距，由原來三點八

---

9 由於法案屆期不連續之規定，故第四屆包括行政院版在內的三十四個「全民健康保險法部分條文修正草案」案，皆予廢棄，必須重新提案。

倍,提高為五倍以上。並預估如獲修正通過,每年可增加26.1億元保險費。

· 軍、公、教人員比照民間企業受雇者採「全薪精神」納保,自付保險費之比率,亦配合下降為三成(原本自付四成)。預估如獲修正通過,每年可增加82.1億元之保險費。

· 第二類至第六類保險對象之保險費,改以受雇者之平均保險費,定額收繳。預估如獲修正通過,每年可增加12.3億元之保險費(依主管機關之立意,係要將第二類無一定雇主之勞工與第三類之農、漁民的部分,調高保費;而第六類之地區人口,則酌降保費)。

　　立法院於2002年4月8日,於第五屆第一會期衛生環境及社會福利委員會第十次全體委員會議召開審查會。同時併案審查的有:龐建國委員等40人的提案、張蔡美委員等33人的提案、沈智慧委員等60人的提案、張蔡美委員等51人的提案,以及陳道明委員等36人的提案等六個版本。除了沈智慧委員等之提案係要求將居家照護納入健保給付範圍;與龐建國委員等之提案要求地方政府之欠費,上級政府得自補助款中扣抵;另並規範經濟弱勢民眾申貸紓困之範圍等外,其餘與行政院版之訴求,差異並不大(如表4-2)。

　　當行政院版修法草案送到立法院後,張鴻仁總經理隨即攜帶說帖拜會朝野各黨團(3月26日──親民黨團;3月27日──國民黨團;3月29日──台聯黨團;4月1日──民進黨團)及衛生環境及社會福利委員會之召集委員與委員,希冀能取得共識,爭取最大的支持。由於1998年時,單純的「擴大費基案」(即指公、教全薪納保,二、三、六類定額兩部分),亦曾交付朝野協商,但當時的反對黨某立委以:「全案未全面考量……。」強烈反對,以致功敗垂成(立法院公報第91卷第38期(下),2002:223~224)。而今,成為在野黨的國民黨某委員,對此仍耿耿於懷;惟願以健保永續為念,未再多作杯葛。此是拜會中的花絮。

　　2002年4月8日委員會正式將六個版本的「全民健康保險法部分條文修正草案」的提案，進行併案審查。地方政府的欠費問題、IC卡讀卡機補助問題、居家照護納入健保給付問題、民眾紓困問題、農、漁民及無一定雇主工會會員之保費問題、老人醫療支出問題、公務員負擔比例問題等等，都是委員會立委發言的重點。審查結果，因主席及部分委員對於第二十七條：公務員負擔比例部分仍有歧見（有委員提議應從自付額40%降成25%），以致爭持不下。最後主席雖仍裁示：下星期一繼續審查；但攸關第二類至第六類保險對象之保費調整之第二十三條條文，本日已以無異議依行政院版修正通過（立法院公報第91卷第38期（下），2002：205～254）。

　　4月15日，衛生環境及社會福利委員會繼續審查「全民健康保險法部分條文修正草案」案。由於前次開會後，張鴻仁總經理銜署長之命，仍繼續對委員會相關的委員及黨團持續溝通，企盼能將疑慮消除，拉近彼此的看法以爭取支持。會議開始，主席宣布直接審查保留條文，結果主要的爭執點除了軍、公、教自付部分由40%降至25%此一問題外，並同時要求勞工部分亦要政府再負擔5%，即政府原本幫勞工分擔支出的10%，要求增加至15%。而且提案委員要求，不管是軍、公、教或勞工增加的5%部分，應由政府支出，不可由民眾口袋挖出來。執政黨的委員則力陳，如此將危及健保體制之制度與衡平性，且依行政院版國庫所增加之負擔也超過100億元，國庫的負擔也委實太重了。其後，經休息協商，始以附帶決議方式處理。而第二十七條條文則照行政院版通過（立法院公報第91卷第40期，2002：210～213）。

表4-2 健保「擴大費基案」各版提案主要訴求比較表

提案來源	主 要 訴 求	備 考
行政院	1. 投保金額上下限維持五倍以上差距。（21條）	照案通過
	2. 軍公教人員全薪納保，自付比例降為30%（22，22-1，27條）	照案通過
	3. 2至6類保險對象以定額收繳保險費。（14，18，23，26，73條）	維持原條文
張蔡美、張昌財等33人	1. 投保金額上下限維持五倍以上差距。（21條）	照案通過
	2. 軍公教人員全薪納保，自付比例降為30%（22-1，27，87-4條）	照案通過
	3. 政府財力許可範圍內，軍、公、教人員之退休基礎應比照健保費做調整。	撤案
龐建國等40人	1. 投保金額上下限維持五倍以上差距。（21條）	照案通過
	2. 軍公教人員全薪納保，自付比例降為30%（22，22-1，27條）	照案通過
	3. 明文規定停保及復保之相關要件。（新增16-1，16-2條）	照案通過
	4. 明定地方政府欠費，上級政府得自補助款扣抵。（29條）	照案通過
	5. 區域外就醫及暫行拒絕給付就醫核退。（43條）	照案通過
	6. 滯納金、利息費用、申貸紓困基金範圍。（新增87-1，87-2條）	照案通過
沈智慧等60人	居家照護健保應給付。（31條）	協商後做附帶決議
張蔡美等51人	醫事檢驗機構改「指定」為「特約」。（55條）	照案通過
陳道明等36人	山地離島居民之保費，應予減免或補助。（32條）	照案通過

資料來源：作者整理。

　　最後，委員會主席裁示：沈智慧委員之提案，由沈委員及行政部門共同協商後提出：（一）各醫院如有空床，應提出計畫，鼓勵逐步開放作為慢性病床，以供慢性病人住院之用。（二）俟政府財源充裕時，再由政府編列預算，將合格安養機構的慢性病患之醫療給付納入等二個附帶決議。而第三十一條條文則仍依現行條文通過。其次第三十二條條文，則將現行條文中「山地離島地區」修正為「原住民地區及山地離島地區」；另外，第十六條之一、第十六條之二、第四十三條三個保留條文，仍依現行條文通過。同時，本案審查完竣，提報院會討論；院會討論本案前，不須再交由黨團協商（立法院公報第91卷第40期，2002：218～222）。

二、朝野政黨協商與法案二、三讀

　　委員會於4月15日完成審查，且決議院會討論本案前，不須經政黨協商的「全民健康保險法部分條文修正草案」案，於4月25日再排入院會討論事項的第九案（事前已風聞某委員可能針對第二十三條提回復原條文之議，惟在開會前一天，仍未見到提案）（因民進黨團提案變更議程將原討論事項第八案「所得稅法修正案」改列為討論事項第十三案通過；所以本案改列為討論事項第八案）進行院會的二讀程序。當主席請議事人員宣讀相關審查報告完畢後，並請召集委員說明（不在場），接著向院會報告：「本案經審查會決議，不須再交付黨團協商。現有委員○○○等28人提出異議，本院委員○○○等28人，針對一讀通過之「全民健康保險法」修正條文第二十三條，因事涉調高保費，影響民眾權益甚鉅，爰請維持原條文。是否有當？提請公決。」〔依「立法院職權行使法」第六十八條第二項之規定：立法院院會於審議不須黨團協商之議案時，如有出席委員提出異議，20人以上連署或附議（現修正為10人），該議案即交黨團協商。〕

　　最後，主席裁示：現在有委員○○○等24人針對討論事項第八

案提出異議。依照「立法院職權行使法」第六十八條第二項之規定，本案作如下決議：「交付黨團進行協商。」（某委員的提案於院會討論前提出時，原有23人參與，健保局透過相關人員瞭解連署委員以某在野黨立委爲主，因時間急迫，遂緊急請求四位分屬執政黨與國民黨籍之委員撤銷連署；但在簽署撤銷連署書時，某位立院工作人員將上情告知提案委員，提案委員遂趕回正在開會之該黨黨團，請成員五人再連署。使得撤銷連署，讓提案少於法定人數，以致不能成案之作法，功敗垂成。此亦所以院會主席對同一提案，何以前後所報告的提案人數不一之眞相。）（立法院公報第91卷第28期，2002：351～400）

又此一提案之眞正幕後策劃者，是該在野黨的另一位工會出身之立委（嗣後之協商等亦證明此事，而他本人亦承認）至於另一位代表工會出任不分區立委的國民黨籍立委，則以本案在委員會已充分討論，且大家也都認同委員會審查之結果；若爲了選票（如第六類無工作之地區人口之保費，比二、三類都高，此是明顯不合理與不正義；但若第六類降到比第二類低，則工會會員可能流失）去阻止公平與健保永續發展，她認爲不妥。畢竟健保幫助的人是經濟能力較弱的人。所以，此後有關本案之協商等，渠均保持持續關心；但未參與第二十三條維持原條文案之連署。

有關委員會審查通過之「全民健康保險法部分條文修正草案」第二十三條修正條文與現行條文之比較（如表4-3），顯示審查會通過之行政院版提案，是整合了現行條文第二十三條與第二十六條條文之結果；同時，其精神並仍維持在：保險人得視該三類[10]保險對象之經濟

---

10 該三類，分別是指：

　第二類：（一）無一定雇主或自營作業而參加職業工會者。
　　　　　（二）參加海員總工會或船長公會爲會員之外僱船員。
　第三類：（一）農會及水利會會員，或年滿十五歲以上實際從事農業工作者。
　　　　　（二）無一定雇主或自營作業而參加漁會爲甲類會員，或年滿十五歲以上實際從事漁業工作者。

能力調整之。也就是衛生署長所說的：是依據第一類第一目到第三目[11]的平均保險費，再乘以農民與非農民的所得比例[12]（立法院公報第91卷第38期（下），2002：217）。此一意思明白表示，健保財務精算後的擴大費基案，有關該三類保險對象的保費調整，第二、三類調升以每月不超過30元；第六類則降低保險費之原則（衛生署新聞稿，2002）。

　　回顧在委員會審查「全民健康保險法部分條文修正案」時，一向代表勞工團體發言的兩位委員，渠等針對本案發言之重點謹分述如後。

　　親民黨籍的林惠官委員主要在關心：各縣市政府的欠費、經濟弱勢或失業民眾的健保權益維護，並表示在縣市政府沒有繳清積欠中央的健保費，及未杜絕醫療浪費之前，反對軍、公、教以全額或打八折繳交保費（立法院公報第91卷第38期（下），2002：211）。而國民黨籍的侯彩鳳委員之重點則擺在：因第二類無固定雇主之勞工，目前所負擔之保險費高於第三類的農、漁民，致使工會會員紛紛轉為農保身分，造成工會會員日漸減少；主要原因在這些工會會員的勞工，其收入並不會高於農、漁民，且工作狀況甚不固定。所以，希望修法時能儘量替第二類勞工設想，以防變相瓦解工會，而衛生署竟成為幫兇

第六類：　（一）榮民、榮民遺眷及家戶代表。
　　　　　（二）第一款至第五款及本款前目被保險人及其眷屬以外之家戶戶長或代表。
11 第一類第一目到第三目分別是指：
　第一類：（一）政府機關、公私立學校之專任有給人員或公職人員。
　　　　　（二）公、民營事業、機構之受僱者。
　　　　　（三）前二目被保險人以外有一定雇主之受僱者。
12 農家與非農家之平均每人可支配所得為71.40%，即0.71：1。
　農家與非農家之平均每戶可支配所得為78.52%，即0.79：1。
　（行政院主計處，2002）。

（立法院公報第91卷第38期（下），2002：219）。在隨後進行逐條討論時，再無任何一位委員觸及第二類勞工之話題。因此，第二十三條草案進行處理時，主席徵詢委員會：「請問各位，對第二十三條照行政院草案條文通過有無異議？（無）無異議，通過。」足見本條條文，在委員會審查通過，早具共識。

2002年4月25日本案經院會交付政黨協商後，依例即由國民黨團負責協商之召集，該黨黨團並責成時任衛生環境及社會福利委員會召集委員，也是兩次委員會審查會主席的張蔡美委員負責召集協商之重責。5月2日第一次政黨協商會議，在立法院請願接待室召開，衛生署由李明亮署長領軍，副署長及健保局總經理均與會，立法院各黨（政）團代表均齊聚，歷時數小時，訴求似未完全集中在第二十三條有關條文，致協商無結論。而第二次的朝野協商，訂於5月10日；屆時卻因故取消。

本案在院會決議交付朝野協商之時，健保局衛署長之命，張鴻仁總經理等人即已分頭拜會相關委員；署公關室並於2002年4月22日發布新聞稿，明白表示：

全民健康保險實施以來保險費負擔的公平性問題，一直備受爭議，行政院衛生署曾多次提出「全民健康保險法」部分條文修正草案，以求改善此一不公平現象，該修法案已於民國91年4月15日在立法院衛生環境及社會福利委員會審查時通過一讀（實乃委員會審查會之誤會）。其中第二、三、六類保險費計算內容為：依第一類第一目至第三目（受僱者）被保險人之平均保險費計算，但保險人得視該三類保險對象之經濟能力調整。

有關第二類（職業工會會員）、第三類（農、漁民）、第六類（榮民及地區人口）保險對象雖改以定額收費，但保險人仍得考量其經濟負擔能力等因素，加以調整。前述之考量因素，如

果以主計處公布最近三年之農家與非農家平均每人可支配所得比率百分之七二點五二（1998年至2000年）作為基準，試算結果第二類保險對象將較現制每月增加76元，第三類增加38元（第六類則降低保險費）。惟行政院衛生署考量國內經濟景氣仍尚未完全復甦下，於行政院討論後送立法院審議之修法草案，其試算調整比率低於70%。衛生署最近已囑健保局對於將來增加第二類、第三類保險對象自付保險費之金額，應以每月不超過30元為原則考量」。

行政部門儘量的釋出善意，並且不針對立委於法案二讀前之提案所附之說明：在原條文與修正條文對第二、三、六類被保險人之影響所稱之：「第二類將由原繳交之490提高到780元；第三類將由原繳交之245元提高到390元；第六類亦將由原繳交之604元提高到780元。」（立法院公報第91卷第28期，2002：399）情況，有任何刺激性的文字；僅再次重申：第二、三類自付之保險費每月以不超過30元為原則；第六類則降低自負的保險費。惟行政單位的努力，似乎效果並不好（5月10日之協商被取消）。

2002年5月30日，立法院朝野針對本案舉行第三次政黨協商會議，行政單位出席人員仍是5月2日第一次協商時之原班人馬；而各政黨之代表亦均出席，主席由張蔡美委員擔任。會中，侯彩鳳委員認為由於經濟不景氣，第二類被保險人不宜再調高保費；林惠官委員則仍強調，第二、三類被保險人都是經濟弱勢團體，若賦予衛生署行政裁量權，所謂「得視保險對象的經濟能力調整」，分明是幌子，他也不認為衛生署只會調高每月30元的保險費而已[13]。

其實，在院會將本案交付朝野政黨協商之後，衛生署與健保局對

---

13 立法院之政黨協商，僅提報院會（或委員會）結論。結論中載明：協商之時間、地點、主持人、協商代表與協商結論而已；所有協商過程均不被紀錄或刊出。此即何以朝野協商被學者認為是黑箱作業之原因（2008年5月9日已修正）。

表4-3 「全民健康保險法部分條文修正草案」第二十三條條文對照表

審查會通過之條文	現行條文	說明
（照行政院提案通過）第二十三條 第二類、第三類及第六類保險對象之保險費，以第八條第一項第一款第一目至第三目被保險人之平均保險費計算之。但保險人得視該三類保險對象之經濟能力調整之。前項各類被保險人眷屬之保險費，由被保險人繳納；超過三口者，以三口計。	第二十三條 第三類被保險人之投保金額，以第八條第一項第一款第二目、第三目及第二款所定被保險人之平均投保金額計算之，但保險人得視該類被保險人及其眷屬之經濟能力，調整投保金額等級。	一、第二類、第三類及第六類被保險人同屬無固定所得者，故皆採定額計收保費，並以有一定雇主受僱者之平均保險費為計算基礎；另賦予保險人得視該三類保險對象之經濟能力一併調整之權利，爰修正現行條文列為第一項。 二、增列第二項，規定第二類、第三類及第六類被保險人眷屬之保險費，由被保險人繳納；超過三口者，以三口計，現行條文第二十六條並配合刪除。 三、現行第二十六條條文：第六類保險對象之保險費，以精算結果之全體保險對象每人平均保險費計算之。眷屬之保險費，由被保險人繳納；超過三口者，以三口計。

資料來源：作者整理。

於相關朝野立委之溝通，可以日日穿梭在立法院來形容，而共識之取得十分困難；惟在本日協商過程中，實已初步達成第二、三類被保險人調高保費10元；第六類被保險人調降10元之共識（親民黨代表提出之底線），且已獲得署長及張總經理之同意。但是，由於親民黨團之代表陸續「走人」（記者用語），以致協商破局（民生報，2002年5月31日，A15版）。在場之各黨立委對此只能無奈。而林進興委員眼見為使達到保費公平性的修法受制於某一些立委同僚，遲遲無法過關，同時沒有工作卻負擔比第二、三類還重的第六類民眾，只因為沒有組織，以致無人聞問。他憤慨的表示：將籌組第六類人口的組織，來向不公義的社會與立法院討公道。此雖屬朝野政黨協商之插曲，但實際的道出了：無組織卻真正弱勢的民眾，在最高民意殿堂所呈現的實況。

　　6月11日立法院院會，本案仍排入當天議程的討論事項第六案，惟因黨團協商迄無結論，所以院會乃決議：另定期討論。由於立法院議程已然進入延會期（5月31日以後，經院會同意之議程即屬之）。且本會期預訂於6月21日休會。所以，署長對於本案協商之進度十分關心；而在健保局方面，張總經理鑒於整個健保應有之安全準備餘額僅剩102億元（依法應有不低於一個月的醫療費用260億元）（衛生署新聞稿，2002年8月19日）。而部分地方政府的健保費補助款欠費，由於已向銀行貸款（利息由各欠費政府支付），所以僅影響健保局現金調度之問題；比較嚴重的是，此案若不通過，則健保局之安全準備金於2002年12月就勢必要見底。於是張總經理召集幕僚研商的結果，認為有關本法第二十三條修正案回復原條文之提案，相關委員要的就是：「第二、三、六類不調高，也不調低。」以確保工會不致於被瓦解，而影響到相關人員之利益（立法院公報第91卷第38期（下），2002：218～219）。綜合研判，認為上選之方案應為：放棄堅持第二、三類應象徵性調漲；第六類應調降用以符合公平正義之主張，以換取相關提案立委之支持。

　　由於休會在即，若繼續堅持行政院版草案，勢必將面臨更不可測

之境遇。所以，把握最後的時機，於6月14日傍晚，經緊急請示署長後，獲得署長同意；隨即報告協商主席張蔡美委員：行政單位願棄守第二十三條相關條文，以換取其他部分過關。張蔡美委員立刻去電正代表國家在歐洲參加世界勞工會議之林惠官委員，擬告知上情；張蔡美委員電話接通時，林委員適巧正在與駐WTO代表顏慶章先生晤談。彼此交換意見後，林委員承諾提前兼程返國。本案終於趕在6月17日達成朝野政黨協商簽字；並於6月20日完成院會二、三讀程序。而與第二十三條相關之第二十四條、第二十五條、第二十六條、第三十一條、第四十三條、第七十三條等條條文，均維持現行條文，不予修訂。

健保局從此次修法原可望增加的保費收入，因此僅剩下從級距擴大（從三點八倍擴大至五倍）所得之26億元，與軍、公、教全薪納保打八折後之82億元等，共約110億元（其中80億元來自政府的支出）。

本案的修正完成，誠如賴清德與趙永清兩位委員於修法完成後的發言：「本案修法雖達成了二個公平，但非常遺憾的是第三個公平，也就是所謂第二、三、六類定額納保的規定，失業的人繳交的保費比有職業的人還多，這部分因為○○黨○○○委員之反對而無法完成。」「我們的張蔡美委員主持朝野協商，也是忍辱負重，達成任務。」（立法院公報第91卷第45期（一），2002：198～200），堪為註腳。同時，也印證學者長期認為立法院議事，已淪為「院會委員會化」、「委員會個人化」的功能替代現象，此不僅重複浪費時間，也使得議事品質大打折扣（何鴻榮，2001：116；陳淞山，1995：115）。

而在本案協商期間，筆者曾直接向提案委員所屬黨團的幹事長請教有關該黨對本案之態度，幹事長的答覆：「黨團對此案從未正式討論或作過決議，所以個別委員有意見，你們應加強溝通，相信委員會諒解。」此就朝野協商而言，某些委員雖無黨團之支持，卻仍可將法案置於不確定狀態，某種程度來說，似乎違背了：「政黨協商的進行

應恪遵程序正義和利益迴避的原則。」（何鴻榮，2001：118）此亦坐實了訪談對象005所言：「這是個人反對，黨團放縱，而立委變成利害關係人之結果」。沉重的連任壓力，寫實的舖陳在整個過程，易地而處，您又會有何選擇？

三、從修法過程，初探有關之部際關係

有關公、教健保保費全薪打八折納保條款（此時軍人尚未納保），於1999年間本來併同：眷口數由五口降為三口、降滯納金及罰鍰、擴大納保範圍、放寬投保資格、設紓困基金、低收入戶保費補助及原住民醫療促進方案等條款，送請立法院審議。但經過委員會審議及四次的朝野協商；最後，勉強於立法院第四屆第一會期休會前的最後一天（1999年6月22日），通過公、教健保保費全薪打八折納保條款以外，所有增加健保支出或減少健保收入的法案修正案，完成三讀程序。總統府並於1999年7月15日公布實施。

前述的朝野協商，由於公、教人員的健保保費支出，大部分都由政府支應。所以，主管公、教人員銓敘、福利的考試院銓敘部及行政院主計處、財政部等單位的態度就十分重要。而在四次的協商過程，銓敘部都由政務次長莊碩漢先生全程參與；主計處與財政部，也都指派相關人員與會，跟衛生署詹啓賢署長（大部分時間由政務副署長楊志良先生出席）健保小組王怡人簡任技正、健保局總經理賴美淑、副總經理劉見祥、朱澤民等人，齊一態度與立法院各黨團的代表，據理力爭。其中，有關公、教健保保費全薪打八折納保的相關法律修正案，之所以一直協商不下，乃是由於當時為在野黨的某位對健保素有研究的民進黨籍立委，於協商會中，提出：有關全薪打八折的精算數據有問題、應以所得稅扣繳為依據，取代現行六類重新分級、要想公、教以全薪納保，應先做全面性的改革之後再來評估等等反對理由，以致公、教健保保費全薪打八折納保條款，於1999年修法時未克

在朝野協商達成簽字（立法院公報第91卷第38期（下），2002：223
～224）。此是2002年3月14日行政院版所以再次提出有關修正案之遠
因。

　　而從四次的朝野協商中，不管是行政院所屬的財政部、人事行政
局、衛生署或主計處、還是考試院的銓敘部，都發揮了良好的行政部
際與院際的協調性，有志一同，引經據典的與朝野立委展開協商。其
間，甚至銓敘部還主動幫助主計處與財政部說明相關立場，呈現難得
的團隊作戰樣貌。可惜，由於該位當時身為反對黨的委員，堅持己
見，終致使公、教健保保費全薪打八折納保條款功虧一簣。但此一作
為，在民進黨成為執政黨（2000年5月20日）之後，行政院再次的提
案於委員會審查時，由原先執政黨變成在野黨的國民黨籍某位身兼高
級黨工身分的女性立委，即以這位健保專家立委當年反對軍、公、教
健保保費全薪打八折納保條款之時空因素，現在都仍存在，用以反對
相關條文之修正（立法院公報第91卷第38期（下），2002：224）。歷
史的嘲諷，迅速至此。而全民健保此一高度政治性之議題，之容易成
為朝野操弄，從此也可輕易見證。同時，中央健康保險局此一小媳婦
角色的被定位（訪談對象008語），更是再清楚不過了。

　　行政院於2002年3月14日函請立法院審議之「全民健康保險法部
分條文修正草案」案，由前文所述，歷經多次與各黨團溝通，二次的
委員會審查，四次的朝野協商的艱辛，始達成朝野協商之程序，完成
三讀修正。而此一過程，在部際與府際關係中，所呈現的有關資訊與
行為、制度與協調等情況，筆者認為可以套用經濟學家所認知的：科
層組織是由許多可見與隱藏的契約所組成的實體，此一理論來印證
（Alchian & Demsetz, 1972）。也就是學者所言，在官僚體系當中，上級
單位依據政務人員的決策內容與內部組織命令結構（如行政院或衛生
署）「委託」下級單位（如衛生署或健保局）照辦執行，而在每一層
「委託——代理」的關係中，都存在著隱藏資訊與隱藏行為的問題（陳
敦源，2002a：157）。

如本案前三次的政黨協商，李明亮署長均親自出席，但因行政單位與立委間，彼此對資訊（如行政單位之底線何在？立委之底線何在？）與行為（如某黨協商代表於第三次協商有結論時突然離席）均有所未知與隱藏，此無疑加深了彼此的疑慮，無助於協商之達成。而行政單位方面，因署長在場，健保局自然唯署長馬首是瞻，就健保局相關人員而言，行為必要有所隱藏以免僭越；惟協商的政治敏感度與臨場之決斷等，均關係協商之成敗。所以，政務人員之資訊隱藏與公共管理者之行為隱藏（甚或兩者兼有），都將有害於協商之達成。所幸，衛生署與健保局之間，在此次「擴大費基案」的健保法修正案中，發揮了從制度解決協調問題的功能（陳敦源，2002a：150），在健保局積極與立委溝通，並將相關資訊提供給政務人員作為適時決策之憑據下；不但紓解了跨域管理的二個首長的壓力，果然爭取到院會休會前的最後時間，為政策（衛生署）與資源的爭取（健保局）創造了一個雙贏的局面（就署長而言，可能勉強可稱之為慘勝）。

就部際關係來說，對於健保「擴大費基案」有關之健保法修正案，原先的想法，應該是：投保級距從三點八倍提高為五倍，軍、公、教全薪打八折納保，與第二、三類提高保費、第六類降低保費等三大訴求。且此一議題早從1998年就已在談，依法確實早就應該調整了；若順利通過，正可以解健保經營的燃眉之急。所以當委員會的順利審查且不須經朝野協商之決議，更使得整個法案的修訂，倍覺樂觀；但進入了院會以後的情況，變得不可臆測，遂使衛生署與健保局的互動，變成一個戰鬥體。

三次的朝野協商，隨著會期休會的壓力迫近，終於使得決策機關放棄幻想，往爭取最大利基著眼；從而將遠在歐洲的主要協商對象說服並及時趕回，完成朝野協商的簽字與修正法案的三讀。部際關係的流暢，在摒棄本位主義，建立模式以後，確實可以創造彼此更大的共同利益，提升治理績效，降低「統治成本」（ruling transaction costs）（陳敦源，2002a：165）。

四、從修法過程，淺析領導因素

學者說：領導（leadership）是關鍵時機選擇政策方向或是執行方向的焦點（focal point）（陳敦源，2002a：162）。從通稱健保「擴大費基案」的此次「全民健康保險法部分條文修正草案」的審查與協商情況來說，親自參與朝野政黨協商，體會在折衝樽俎間，對於個別或團體立委在面對法案內容的字斟句酌，與對弱勢族群、社會公平正義實現的是否眞誠用心，在在都必將使來自慈濟的李明亮署長點滴在心頭；而在隨時獨自或陪同李署長前往立法院溝通或協商的健保局總經理來說，署長的親力親爲，換得的是打折的擴大費基案（第二、三、六類被保險人保費均未調整），此一以「斷尾求生」面對健保財務危機的處理方式，確實感受到李明亮署長的失望（ET today，2002.08.24）。

本案通過後的二個月，李明亮署長在宣布因「健保擴大費基案」未完全依照健保局之規劃通過，對健保財務挹注有限，致必須將原訂於2002年底或2003年初調漲的健保費率案，提前在2002年9月1日實施後，向行政院游院長提出辭呈（渠在2002年2月及7月均曾提出辭呈），並於8月24日獲行政院同意，於9月1日交接（中國時報，2002年8月25日，7版）。政務官來得、去得的瀟灑，毫不拖泥帶水。至於對擔任政務官的感想，李署長說：「老實話不能講，謊話說不出口。」惟健保「擴大費基案」的修法，則無疑是他傾全力演出的「畢業作」（中國時報，2002年8月25日，2版）。

健保「擴大費基案」，原係在1998年即已根據健保法精算之規定，被提出且經過廣泛討論的議題；李明亮署長於2000年5月20日就任前，即曾明白表示：上任後將委由國家衛生研究院成立「健保體檢小組」，從節流、民眾教育方向樽節開支、向各地方政府催討積欠的款項，以縮小健保財務黑洞，就陷入財務危機的健保體制，優先強化改革的步調；他因此決定暫不調整健保費率（中時晚報，2000年5月12

日，7版）。

　　自接掌衛生署以迄卸任，李明亮署長在立委心目中的評價，與初接觸立委時立委所給予的「很樸素」、「很坦白」、「有誠意解決問題」、「不太適應國會生態」、「一個好人」看法，幾乎沒有改變過（民生報，2000年5月13日，7版）。他秉持重視衛生教育、用心解決醫療浪費、偏差醫療行為的理念；並認為步入二十一世紀的醫療衛生藍圖，不能停留在看病吃藥、花錢買醫療的階段，而應提升到注重個人衛生、講究運動、強調預防醫學的全民健康時代；同時，呼籲媒體要發揮社會道義責任、宣導衛教觀念，蔚成風氣。如此，積極的投入政務的推動，其認為要解決健保財務問題，不一定只考慮調漲費率一途，應可從費基公平性進行調整入手（中華日報，2000年5月13日，10版）。顯見擴大費基修法案，是其一直堅持用以解除健保財務危機的處方之一，也難怪在對整個衛生體系之業務熟稔之後，對於健保資源的開拓，在使用：總額支付、部分負擔、藥價調查降低藥價、醫院合理門診量、高科技醫療審查等財務節流手段後，將醫療費用從1998年的11.42%年成長率，降至2001年的4.47%，有效緩和了財務危機。

　　另外，在開源部分，爭取彩券盈餘與菸酒健康捐之挹注，每年約可幫健保財務貢獻80億元；至於汽機車代位求償醫療費用，從1998年到2001年亦累計收入37億元（中央健康保險局，2002：7～9）。在經過這些努力，而健保的安全準備餘額已僅剩102億元，嚴重低於當時法定的平均一個月的醫療支出費用約260億元時，李署長即祭出了他的處方──健保擴大費基修法案。冀求透過收費的公平合理，實現量能負擔之健保精神，緩和健保財務危機。由於主事者對業務的嫻熟，加上執行者長期追隨的默契，健保「擴大費基案」這一役，理當是可以實現李署長部分的理想的。

　　台灣的現代立委選舉，對個別候選人而言，只要爭取到局部選票就可以當選，因此無不力求在同陣營中脫穎而出，這也等於鼓勵候選人必須努力突顯自己與同志的獨特性才能殺出重圍，於是各種走偏鋒

的選戰手法全出爐了，所求唯有在選戰中勝出。此種選舉，既無法深化民主，也無從改善選舉與國會文化，更無從反映一時一地選民的總體意向；反而是扭曲台灣選舉政治與議會政治的主要來源（中國時報社論，2004年4月19日，A2版）。這樣一篇針砭之詞，事實上相當程度描繪了國會文化；另外，政治學者認為「民意」包括兩個指標——偏好與強度（彭懷恩，1998：141～142）。對政治人物而言，偏好就是對選票、政策所持的贊成或反對的意見，也就是價值的偏好；而強度則是指對於偏好所感受的程度，是極贊成呢？還是沒意見？還是極反對呢？在實際政治競爭或衝突中，兩者是一樣的重要。前述的文字，先後凸顯政治人物，在現在選舉制度下連任的艱辛；但也同時刻畫出特有的價值觀。國會的文化，正是在此一氛圍中孕育出其與世俗有所差異的面向。

李署長自認對健保與民眾最溫和、公平與有效的擴大費基修法案，在他對健保與國會最熟稔之時推出。在委員會經兩次審查輕鬆過關，而相關立委也給了無須朝野協商的善意；迨全案進入二讀交付政黨協商之後，相關委員從：「若只調漲30元，可以接受。」到「若只調漲10元，可以接受。」李署長均咬牙接受，希望至少保住僅存的象徵意義；想不到此時某些立委竟然「走人」。三次的協商，一再的觸礁，顯然他才真正體會到政治人物的價值觀與國會文化。惟李署長在此一情況下，仍期待著國會的善意；但是隨休會日的逐漸逼近，他不得不授權健保局張總經理做最後的努力。此時，打折求售的心應在淌血。

6月20日，三讀通過「打折的」擴大費基「全民健康保險法修正草案」，總統府於7月17日公布。由於此案的第二、三、六類投保人保費未調整，致無法有效紓解健保的財務壓力；所以，隨後李署長將最不願意考慮的定額部分負擔與調漲費率兩案（即俗稱的「健保雙漲」案），分別公告及陳報行政院，並遞出辭呈，堅辭現職，回歸校園與學術。

　　回顧這段歷史場景，讓筆者重溫李署長與健保局張總經理間，政務領導與公共管理者兩者共事之情況。有關國會的運作，張總經理總是秉持李署長的決心，全力以赴，能不勞煩署長之處，也都盡心調處；而整個修法過程，李署長全程真是以拼「畢業作」的心情，不怕麻煩，盡心盡力的溝通與衝刺。此一情況，與學者朋斯（Burns, 1978）提出之看法：「轉換型領導」（transformational leadership）是幫助部屬提升自我目標實現層次，超越個人利益到社區或者國家的整體利益之上；此反映出一位領導者為組織發展出價值基礎的願景，並擁有將願景落實與維持之能力，此也就是所謂的「道德性的領導」。就領導論而言，轉換型領導是一種人格特質，與傳統特質論的差別是在於充分授權、鼓勵部屬參與組織變遷及革新的共享過程（盧建旭，2000：488），兩者實在是相當吻合。此亦顯示政務領導之典型在此。

　　至於，賓尼斯及那樂斯（Bennis & Nanus, 1985），則認為真正的領導者則是確保所進行的整體目標與決策是在正確的方向，為求確保正確的努力方向，領導者應是轉換型領導思考（盧建旭，2000：488～489），其建議的策略如下：

・創立共同的願景，以確立方向。
・透過有效溝通達到願景實現。
・選擇正確方式達成成功目標。
・領導者自我正面認知與明瞭自我能力的限制。
・以謹慎的心情來承受改革的風險，鼓勵正面成功的事例。
・充分授權。

　　筆者認為，上述六項完全符合李署長之領導風格；而驗證在李、張二氏的領導因素方面，或應再加上「有擔當」會更確實。

五、從本法修法過程,淺析有關之利害關係團體及 其運作

有關國會立法與修法方面,相關利害關係團體的運作,來自國會的學者專家,有以下兩段十分貼切的說法。立法權的作用,是政府決策取得正當性與合法性必經的重要過程,同時也是國家意志的總體表現,更是政治角力的場所。同時,立法決策的過程,並不在於求得最佳的結果或方案,而在於獲致最大多數人的支持與同意。因此,其過程充滿著各種政治、經濟、社會的因素,同時也呈現出許多壓力團體角逐與妥協的複雜表現(古登美、沈中元、周萬來,2001:17)[14]。寫實的場景,深刻描繪出國會對於法案的修、立所呈現的真實面貌;於此也可見利害關係團體之運作乃中外皆然。

過去立法院由於沒有遊說法規的規範,立法院迴避自身利益的法規(「立法委員行為法」第五章)形同虛設,使利益團體近年來在立院的強勢介入愈演愈烈;而增額立委集團化的發展,透過問政團體及基金會進行檯面下運作,以團體名義對相關法案進行杯葛,已成為新的模式(陳淞山,1995:303)[15](如附錄表十,第五屆第一會期各委員會召集委員暨委員名單;及附錄表十一,第五屆第一會期各黨(政)團名單)。惟第五屆立委以來,問政團體有式微之趨勢;但「三娘教子」[16]的關切議案模式,則有增加的現象(2007年7月20日通過遊說法後

---

14 周萬來:台灣大學政治學研究所碩士,曾任立法院議事組主任;現任立法院議事處處長,係國內國會議事實務與理論兼具的活字典之一。

15 陳淞山:中興大學法律研究所碩士,曾任立法委員陳水扁國會辦公室主任、福爾摩沙基金會執行長、民進黨正義連線秘書處處長;現任考試院保訓委員會委員。是第一位出專書有系統地介紹立法院與各國國會制度作比較的人。

16 所謂「三娘教子」的關切模式,係當有一位立委對某一單位的某一議題有意介入時,即邀集二至三位立委一起約見相關官員,「討論」此一議題,會中明示或暗示本案若不能妥適處理,將損及數位委員之面子,此謂之「三娘教子」。

之情況，則仍有待觀察）。

　　本「擴大費基案」之「全民健康保險法部分條文修正草案」，連同行政院版之修法提案與立委的修法提案共有六個版本，在委員會審查時，如前所述，相關委員也都盡情的就選區狀況與所關心的議題儘量的發揮，並未見到有利益團體運作的軌跡；甚至第二次審查會時，主席將全案審查完畢，在無任何保留條文之情況下，徵詢審查會，本案逕送院會審查，不須再送朝野政黨協商之提議，亦獲得審查會無異議通過。此一情況，顯示了委員會審查的周延，與先期溝通的效果（所有版本除了沈智慧委員版因事涉社會福利層面，在渠以大局為重的考量後，以協商作附帶決議處理，堪稱圓滿）。

　　至於在委員會審查時，委員們所關心的舉凡：縣市政府欠費的借支處理、繳不起保費又非屬低收入戶之民眾的就醫權利的確保方案、老年人口醫療的照顧、居家照護的逐步周全、原住民及離島醫療的特殊考量、藥價黑洞的處理與解決等等議題，都在李明亮署長及張鴻仁總經理的答覆下，未有後續之問題。但是，綜合起來，比較政治性的詢答有兩個部分，一是國民黨籍身兼中常委又深具醫藥背景的黃昭順

委員，她針對過去國民黨執政時期的1999年間，多次的朝野協商有關公、教全薪打八折納保案，一再遭到當時在野黨的民進黨籍某位醫師背景出身之立委的杯葛，終致無法早日實現；而至政權更迭，執政與在野政黨轉換，但當初反對的原因仍存在，所以她反對本法之修正。此一部分，經過溝通，黃委員認為她是識大體的人，健保體制事關大眾福祉，所以她並未再反對。本案從此到三讀完成，均未再見到黃委員有任何杯葛之情況（立法院公報第91卷第38期（下），2002：223～224）。二是同屬國民黨籍亦為中常委並身兼中華民國全國勞工聯盟總會理事長的侯彩鳳委員，她對於第二類無固定雇主之勞工，所負擔之保險費（490元）竟然比農、漁民（245元）要高，肇致工會會員紛紛轉保農保，使總工會理事長憂心工會會員日漸減少；她認為應為這些勞工設想，以防變相瓦解工會，也希望衛生署不要成為幫兇。侯委員對於李署長之答覆表達尊重，但她除了希望多考量勞工之立場外，對於之後進行至二讀乃至三讀之狀況，均表達一定之關心，也認同第六類被保險人應優先調降保費；惟卻並未連署院會回復原條文之提案。其中的原因之一，她認為勞工對醫療之需求會較富有者殷切，而健保是一個好的制度，應設法使其永續經營。

公共議題，民生法案的論辯，正需要此類理性且以社會公益為訴求之言論；既表達了對於政策的態度，也展現了對於一個可大可久攸關民眾醫療福祉的社會事業的包容暨期待。此正是立法院多數立委問政的態度（此一看法恰與深度訪談對象002不謀而合）。

對此，古登美、沈中元、周萬來三位學者專家認為：

利益團體乃是根據既有的體制，規劃對其最有利的遊說策略，因此遊說活動與體制中的決策人物形成某種密不可分的共生關係。……，同時，利益團體只關切政府的決策過程為何？只看重於「現在」應該如何影響決策，因此利益團體為了自身利益的達成，有時對遊說的進行甚至不擇手段，無意之間會造成對國家社會整體的傷害。……，利益團體對我國議會政治之傷

害，其中之一因素，即在於立委為爭取表現，卻又無法配合議事規則的執行，議會抗爭的情事層出不窮。換言之，在一個代表全新民意的國會中，立法院雖然塑造出許多明星立委，但民意代表性的提升，只加強了立委個人的影響力，強勢立委的問政，卻弱化了國會整體之政策影響力與監督政府的成效（古登美等，2001：202）。

　　侯彩鳳委員在本案第一次委員會聯席審查會的發言，顯示了各地工會理事長及幹部對於此一議題的重視；而侯委員事後亦表示，本案初審通過見報之後，她接到很多工會幹部的電話，均要求第二類無固定雇主勞工之保費不能調漲，且因為不是每一個人都符合農、漁民身分可以轉投農、漁民健保，所以也希望第六類無工作之地區人口的健保保費，應予調降，但不要調降到比第二類低；以免轉不成第三類農、漁民的第二類加保人口，跳槽到第六類去。如此，很多工會真的會瓦解。惟侯委員仍認為無一固定雇主之勞工朋友收入確實較不穩定，在景氣不佳的情況，應多予考量，才比較符合公平正義的原則。侯委員承受之壓力如此重；而身兼全國總工會理事長的林惠官委員的壓力，自然可想而知。何況全國總工會理事長的競逐一向十分激烈，林委員對於本案的堅持，應是來自其背後的龐大「民意」使然。

　　立法院在增額立委時代，是有勞工團體代表產生之立委席次；而解嚴之後，工運的蓬勃發展，使得全國總工會理事長在政治上更有一定的象徵意義，國民黨籍的李正宗委員、侯彩鳳委員與親民黨籍的林惠官委員，均可謂是以工會理事長身分而晉身不分區立委之代表性人物。在此次健保「擴大費基案」修法的過程中，從上述的引證，約略可以推知相關勞工團體等利害關係團體，發動將第二十三條修正條文回復原條文不予修訂的時間，應是在委員會審查完畢送院會審查見報之後；更確切的說，從提案的連署匆促情況推斷，其發動時間應在4月25日（處理時間是4月25日16時34分）。而從四次政黨協商之進程與立委提案附件所述健保擬對第二、三、六類人之保費調漲的不合理

數據，可知，利害相關團體並未有明確的底線主張與合理的訴求。此所以2002年5月30日第三次朝野協商，代表相關勢力的協商人員一路從不超過30元，協調到以10元為調漲（降）之基準，獲得李明亮署長等人接受後，仍然選擇「走人」，可以窺知。

此一情況，與同屬本次修法提案之一的同法第五十五條有關醫事檢驗機構改「指定」為「特約」的修正條文相比，醫事檢驗團體事前規劃的周到，及與醫師團體、相關醫療機構、協會間的妥協，均是本條條文修正成功之要素。同樣是利害關係團體在民意機關的修法運作，也都具有一定的難度；但醫事檢驗機構可以以一年多的時間，因事前的溝通、妥協，讓切取健保大餅的身段變得柔軟細膩，終於降低阻力，順利達成修法的預期目標；而勞工團體可以說是在朝小野大且朝野議事對立的情勢下，以「摸石頭過河」的方式，讓議事過程在充滿不確定性的情況下，勉強達成了協商的簽字與法案的二、三讀。此不但讓多數參與協商的立委感覺到不受尊重，也降低了政黨協商的有效性，且使議事慣例難以形成（古登美等，2001：174）；更使立委發出要去將第六類無工作的地區人口組織起來抗爭，以求取社會公平的不平之鳴。平白讓勞工團體背負上可以避免的負面印象。

修法的挫折，讓以蒼生為念，兼且領導有方的政務官，提前祭出了健保調費的最後手段——費率調整案。此案一提出，不但原應調整的被保險人也調漲了保費，且激化了朝野對立。這樣的結果，值得後來且領導利害關係團體運作者深思與卓參。

誠如格林華德（Carol. S. Greenwald）所言：「在美國，遊說活動和立法一樣古老，而利害關係團體也與政治一樣古老。」利害關係團體在各個國家的政治發展過程中，占有重要的角色與功能（陳淞山，1995：285～286）。另外，美國制憲先賢麥迪遜（James Madison），從權力分立與相互制衡的美國基本政治制度去看待利害關係團體與其在政府的影響面；此可以證明，美國的國會工作者與利害關係團體的角色是淵源流長連結糾葛的（Thaysen, et al., 1990: 297）。

　　他山之石，可以攻錯。筆者以爲，利害關係團體不必擔心遭受醜化，西方學者Kevin M. Leyden（Leyden, 1995: 432-433）就認爲：利害關係團體在國會中活動可以達成傳達資訊與表達利益的功能，提供給國會議員在政策釐定與立法過程中更具客觀性與可行性之協助，使政府的政策更具周延、正當與民意；也同時協助民眾瞭解政策的困難與爭執點，用以引領民眾關心及討論。但願在立委諸公的努力與利害關係團體的善意協助下，全民健保的支出能夠自給自足，藉由保費與給付內容的調整與節約，來達到合理運用資源之目的；同時也希望全民能瞭解保險的正確觀念，發揮自助人助之精神（徐立德，中央日報，1995年6月24日，3版）讓國人的福祉可以更公平、更有保障（本案相關大事紀如附錄表十二）。

第四節　結　語

　　從健保「軍人納保案」、「兩性工作平等法」案與健保「擴大費基案」的修法及立法的過程，可以明瞭行政部門之間，由於單位屬性的不同與位階倫理的實際情況，確實潛藏著部（府）際的衝突，且此一情勢隨議案的不同，而呈現不同的樣貌。此對於水平的部（府）際單位而言，其衝突或可在行政院院會尋得解決的辦法；惟亦可能懸而難解。但是，在垂直復又摻雜水平部（府）際關係的衝突情況，其問題的解決，因難在行政院內部徹底處理，國會似乎也就很自然的成爲了另一個部（府）際衝突的戰場，健保「軍人納保案」正是一個典型的案例。而健保「擴大費基案」的部（府）際關係，則是一片和諧的代表；另外，「兩性工作平等法」的立法案，則呈現出與上述兩案截然不同的多重垂直與水平的部（府）際關係，且上綱到最高行政單位與首長。此種糾葛雖然是因議題之牽涉使然；但是，此絕非特例。三個案例，三種屬性，僅此一端，倍顯本書所採案例之彌足珍貴。

　　本書以部（府）際關係、領導因素與利害關係團體的運作等三大
主軸，貫穿上述三個案例，在國家理論的架構下，筆者以求眞存實之
心耕耘，雖因初探研究領域而未能游刃有餘；惟在指導教授的循循善
誘與深度訪談對象的支持下，亦能全力以赴。期盼因著實務的結合理
論，而能對行政部門在國會運作的研究，或有尺寸之進境，聊供有志
於此的各界人士，作爲一本入門書。

第 5 章

國會運作的要素與案例之綜合比較

　　本書所引用的與全民健保有關的健保法「軍人納保案」修法過程及其研究；及「兩性工作平等法」的立法過程及其研究；與健保法之「擴大費基案」的修法過程及其研究等三個案例，在經過筆者以參與觀察之記憶所及，配合深度訪談三個個案的決策或長期執行或立法的十位關鍵人物；再輔以蒐羅相關二手資料與文獻的探討分析後，對於指導教授高瞻遠矚的獨到看法，實有另一番深入且銘感的體悟。

　　蓋「軍人納保案」、「兩性工作平等法」案、及「擴大費基案」三者發生的時間，就部（府）際關係而言，分別牽涉中央健康保險局、行政院、行政院衛生署、國防部、行政院勞工委員會、銓敘部、人事行政局及主計處等單位，且各有涉入程度不等與態度迥異的差別。而在領導因素方面，如衛生署的政務首長與健保局之公共管理者之間的磨合狀況、政策優先性看法等，在不同議題上也呈現不同的樣貌；至於行政院的政務領導與國防部、主計處、勞委會的政務領導及衛生署的政務領導乃至健保局的公共管理者間，似乎亦存在若干的歧見。另外，在利害關係團體方面，平日習於協助利害關係團體向行政部門溝通瞭解，與關心政策走向或行政進度的立委諸公們，似乎為了選票也有不避諱成為利害關係人的作法（如擴大費基案）；而同樣地，在以行政中立依法行政自期的行政部門，為了單位的利益，竟亦扮演起利害關係團體的角色，且往往造成部際關係之嚴重衝突（如「戶籍法」第八條規定：年滿14歲者，領身分證應捺指紋，否則不予發給。行政院與內政部基於人權團體的壓力，透過立委提案擬予修訂；但立委在警政署大力的遊說下，委員會審查結果仍維持原議，致引起行政院與內政部及警政署的緊張關係）（中國時報，2004年6月10日，A1版）。

　　凡此種種，隨法案的牽涉層面與各該涉及單位之狀況，乃至領導者之作為，會呈現不同的運作態樣與結果。此一情況，對於最早將「系統」觀念應用到政治分析上並提出此一完整理論模型（model）的大衛·伊士敦（David Easton）（Easton, 1957: 383-408）的「系統論」

（system theory）而言，其固然指出了系統構成的要素；但對於系統構成份子的特質及與其有關的系統狀態（states），和系統狀態之間關係與系統中構成份子之間互動的規律（laws），確實未能滿足（袁頌西，2003：227）。而後兩者卻正是系統內部的部（府）際關係、領導因素與利害關係團體介入互動的規律與寫實。此即麥根奢（W. J. M., Mackenzie）在1967年的著作中表示的：1955年至1965年之間的英國有關國協等重大而複雜的決策（decision），很難用「輸入」、「輸出」等概念予以解釋的原因（Mackenzie, 1967: 110）。也就是路透納（Richard S. Rudner）所說：「系統論仍然是不完全的或局部的（partial）（Rudner, 1966: 89-90）」的情況。所以，本書遂參採以政治秩序之體制為基礎，以法律與哲學推理及演繹組織結構和憲法精義，並以國家及社會結構關係作為探討主軸之國家論，作為研究之基礎理論架構（任德厚，2003：146～150）。希冀在行政部門於國會運作的研究中，因著理論的引領與歸納，可以更具廣度與深度的呈現實務運作的真貌，聊以貢獻管見，填補學界風雨名山之業的罅隙。

於此，謹綜述三個因素對三個案例的影響如下：

在部際關係與領導因素及利害關係團體對「軍人納保案」修法過程的影響方面：綜合相關文獻，及深度訪談心得，與筆者在國會的參與觀察所聞，「軍人納保案」之修法，由於國防部格於預算的排擠，確有其內部部際關係的問題，以致反對衛生署與健保局所提的「軍人納保案」乃是必然的事（深度訪談對象004語）；而「軍系立委」的長期為國防政策辯護，為國防部護航，更使國防部認為在國會沒有相關行政院版提案的情況下，至少，委員提案在其他立委反對下，也會交付政黨協商，所以研判：斷無通過之可能。而就當時的國會情勢與慣例來說，基本上確實是如此。此是部際關係不利於健保局之處。

而在本案的領導因素言，由於李明亮署長充分支持賴美淑總經理在此案的決策，雖然在行政院院會並未能充分討論，但此一情況，正好鬆懈了國防部高層的警覺。此是領導因素的一大利基，既支持部屬

的決策，又充分扮演「欺敵」的角色。

　　至於軍人與軍眷與關心本案之學者專家等利害關係團體，長期的遊說，雖未能說服相關「軍系立委」為渠等提案，但確實軟化了「軍系立委」的立場；而健保局化身的利害關係人，卻已協助立委順利連署提案。於是，「軍人納保案」的修法，就在健保局縱向部際關係良好，橫向部際關係不佳，領導因素默契良好與對手利害關係團體棄守的情況下，以「奔襲」[1]戰術攻擊得逞，完成三讀。

　　就行政部門在國會的運作而言，這個案例不可能歸因於運氣，而是紮實的部際資源的爭奪，與決策的兌現；只是當循正常行政院的管道無以克服時，只好釜底抽薪從國會發動，畢其功於一役。其中，時空因素的掌握、議事障礙的排除（包括立委先期與相關人員的溝通）、先期作業的低調與守密（提到院會討論事項以後，即已公開）、與議事策略的拿捏等，皆是成功的重要原因。

　　部際之間明顯實力的不對稱所形成的戰略鴻溝；戰術上在國會藉助立委形成局部優勢；再在短兵相接的戰鬥上，有備而來地迅速充分瓦解對手的防禦，這與兵學上所謂：「攻擊是最好的防禦」的道理，應有相符之處。筆者以為國會叢林，自有法則，國會聯絡員不應只以「行政叢林的導遊」（郭政瑋，2003：論文摘要）自許；國會運作變化多端，成例難尋，唯能審時度勢，嫻熟規範且與時俱進，才能稱職扮演國會聯絡的跑腿者角色，達成使命。

　　其次，在部際關係與領導因素及利害關係團體對「兩性工作平等法」立法過程的影響方面：就健保局與勞委會在「兩性工作平等法」立法過程的狀況來說，在與行政院的垂直部際關係，與跟主計處及勞委會的水平部際關係上，嚴重傾斜不利於健保局的時候，欠缺衛生署署長在現場的直接強力支撐與潤滑，確實讓健保局張鴻仁總經理在行

1　「奔襲」戰術，係中共的幾個重要戰術運用之一，其原理係集中人力物力以大幅超乎敵方估計之可能時間，提前發動攻勢，達到攻城掠地之目的；此與二次大戰德國隆美爾將軍之「閃電戰術」有異曲同工之妙。

政院這個注重官秩官規的場域，倍顯艱困；學者出身之李明亮署長雖確實十分支持張總經理（深度訪談對象002與003皆親口證實），但因官場倫理與政黨輩分所形成的壓力，非親炙者，常無以體會。此復難訴之於言語。因此，就部際關係言，健保局在本案中居於絕對劣勢。

從伴生部際關係之領導因素看來，本案已非單純的「軍人納保案」可以比擬。因為勞委會的「就業安定基金」必須透過設在行政院的「財團法人婦女權益促進發展基金會」向勞委會申請，所以，行政院與本案可以說是直接相關垂直的領導因素與部際關係，雙重的關係顯示的是行政與政黨的多重壓力。加上政壇長官習慣的隱晦作風，很多的決策未必會訴之於明確的語言或文字，使處於相對低階的公共管理者，往往無法篤定清楚政務首長的決策。此一情形，對於凡事仰體上意或不甚了然於後果者，自不生問題；但對於使命感堅強者，於不確定的無助情況下，轉而尋求利害關係團體慣常使用的援引外部奧援，是可能的一個方向與作為。惟此一情況，無疑地將單位直接變成了利害關係團體，其成敗利鈍，必將衝擊到領導因素且升高部際衝突。而本案之發展，事後來檢視，也確實是如此。

本法自2001年12月21日完成三讀，並依法於2002年3月8日開始實施迄於今，從請育嬰假的受雇者狀況與健保的持續運作來看，健保局張總經理的堅持應有其道理；對國家整體政務的推動也展現了其一貫性與穩健性；對於直屬政務首長的授權也有清楚的交代。難怪，曾任衛生署署長的深度訪談對象002以「上選人才」來肯定張總經理的表現。

最後，探討部際關係與領導因素及利害關係團體對「擴大費基案」修法過程的影響：部際關係的單純和諧與領導因素的交融一致，於直接面對利害關係團體的代言人的挑戰時，往往可以衍生無限韌性，化不可能為可能。而本案在激盪的過程，行政部門的衛生署與健保局，在署長的指示下釋出大量善意與決策資訊；但並未能換得個別立委對堅持的讓步或善意回應。因此，看似單純的法律修正案，隨著時間的

過去，亦有努力化成泡影的可能。所幸，政務領導與公共管理者的信賴與合作，在最後關頭發揮決斷功能；加上負責協商的立委的鍥而不捨，終於挽回局部的優勢。

筆者因本案在政務領導親自領軍下，猶未能貫徹政務領導的完整決策，而認為是健保局國會運作的一個挫敗案例；並確認對於不能等待朝野政黨協商滿四個月表決的情況（2008年5月9日已修正為滿一個月），利害關係團體的運作，在當前朝小野大（第七屆立委是朝大野小）的情勢下，是有顛覆議案的充分能力。事實亦證明「法條在此一生態下，是明確的被交換了」，且「沒有組織，也確實沒有關懷。」

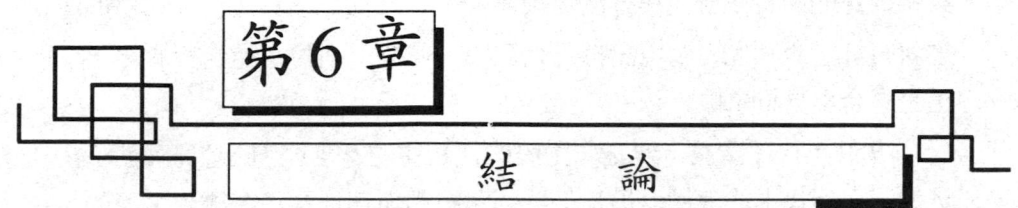

第6章

結　　論

●探討與發現
●反省與建議

　　行政部門在國會運作之緣起，行政院於1953年的作爲固然是濫觴；而1962年起，台灣省議會在諸多俊彥的漸次加入下，頗有引領風騷，開創啓迪民主之功；歷經多年的醞釀、轉型與運作，「霧峰傳奇」遂成爲台灣民主史上，不可更替的一頁。四年一任的選票檢驗，終究與不改選的國會法統，在分流之後淘煉出不同的生態與文化；民意的重新付託，也在此一情境證得責任政治的眞諦，而府會運作與聯絡，正是磨合與見證的軸心。

　　1950年代，雷震、傅正先生等的「民主之聲」，對於當局誠然仍是禁忌，但民主的浪潮與福音仍然逐步浸潤與傳播；而在風起雲湧的思潮與行動中，繼台灣省議會的「五龍一鳳」之後，立法院的增額立委接續啓動了民主列車；到1978年中美斷絕邦交，國會民主化已是此一主要舞台的重點訴求。行政部門在國會的運作，自此轉入另一個層次，從此與先進國家行政、立法的關係與運作，逐步接軌。

　　民主之常態，國會是行政之助力而非阻力，國會不是橡皮圖章，民意也各有區隔及訴求，若不明其來龍去脈、因果關係；復不察眞僞與首從，就算戶限爲穿，仍可能茫無頭緒，遑論登堂入室，自以爲即可窺見堂奧。觀微知著，此非偶發之事件或觀念。現任中研院李遠哲院長以「中央研究院的新春宏願」爲題，於2001年1月12日的《聯合報》「民意論壇」爲文，發抒其對國會審查預算案的看法（如附錄四），通篇見解即爲明證。筆者不揣淺陋於2001年1月20日即修書冒昧陳述淺見（如附錄五），冀求管見或有一愚之得；因腹笥甚儉，再無餘墨，致與李院長之貴屬梁啓銘博士緣慳一面；而筆者誠眞意切，躍然紙上。

　　政壇或媒體人每以「叢林」形容立法院。叢林望之生意盎然，無數已知或未知的生態體系在其間發榮滋長；亦有無數已知或未知的生物，因著大自然的氣候、環境、天敵生態的遞移，已然滅絕或瀕臨存亡絕續，而水系、旱地、平地、山地；乃至樹底層至樹冠層；草食與肉食、雜食；夜行性與日行性；水棲、陸棲、兩棲等等，各有其適合物競天擇鐵律，而有以決定其榮枯之現狀。此與競選立法委員之難測

過程，同出一轍。以此觀之，行政部門之首長與公共管理者，面對其權力來源之代言監督者與政黨江山之拱衛者，能不對廟堂之上的國會諤諤多士，多一分敬意？也多一分謙卑？

現行「半總統制」的政治體制，由於行政院長並不需經國會的同意，以取得民意基礎；而總統亦不對國會負責，此一情況下，執政黨等於掌握了所有的政經資源，在野黨則或爲了個人政治生命；或爲了政黨的生存，遂處心積慮企圖擴張與執政當局的對話及監督。因此，作爲在野黨唯一合法政治舞台的國會，自是衝突不斷；甚且由於朝小野大，益加使得行政部門在國會的運作，倍加艱困與重要。而「關鍵少數」的需索，自然成爲行政部門的最痛。

中央健康保險局係屬行政院的三級單位，本書直接以中央健康保險局作爲研究撰寫之主體，實或不免有體例與政務、事務之落差；惟在國家理論著重推理與演繹的方法上，筆者已以「軍人納保案」、「兩性工作平等法」案及「擴大費基案」等三個案例，證明部（府）際關係、領導因素與利害關係團體之運作等要素，實乃關係行政部門國會運作成敗之關鍵；且充分顯示國會之所有議題，均可在國會運作的「魚骨圖」上標示出其正確的位置與各種關係，確認多變的國會，也有不易之眞實運作核心。

國會體系，從過去國民黨長期執政，到政權更迭之後的少數政府(2008年5月20日以後，又是多數政府時代)，政黨協商早已取代了次級團體在法案與利益的攫取方式；而掌握政黨協商之各政黨黨鞭產生的方式，亦從「民主與倫理」(即票選與資深)，轉化爲「民主與輪流」(即票選與短任期)，在國會的各個場域，政黨黨鞭恆常是議事事務順暢與否的關鍵角色。因此，各黨黨鞭除民進黨團是一年一任外，其他黨團皆爲一會期一任（無黨聯盟在第五屆第五會期及第六會期亦未更動)。此雖增加了立委歷練黨鞭的機會，但對國會資深制之養成，則裨助甚微。

國會無常勢，立委無常形，當思暗潮洶湧處，即在於當下。國會

運作宜戒慎以之，或能平安如意。同時，由於本書在利害關係團體運作經典之所謂的兩票：「鈔票與選票」中，似均偏向於選票的爭取乙項，未克澤及其餘，此亦有賴後來之研究及努力。

第一節　探討與發現

　　本書從國家論之國家政治結構與國家社會互動的角度，來處理相關之問題，將「系統理論」中視為「黑盒子」的政治系統的邊界（boundary）圍籬拆除，並以實例之國會運作，證明政治系統之部際關係於垂直、水平兩面，皆有其自主性，且隨議題之不同而有：或馴服、或有條件的溝通、或對立、或甚至援引媒體及民意等外力造勢、或對抗等不同情況；而其間之部（府）際關係、領導因素與利害關係團體等要素，或受政治面之影響、或有利益之交換、或純為選票之考量，凡此種種，俱將產生過程與結果的質變或量變。茲僅就有關之發現條列於後。

一、　國會聯絡體系之建構與國會運作

（一）　國會聯絡體系之建構

　　國會聯絡之起源就行政院而言，動念甚早，亦頒有相關規定，但因法統體制之故，規律經民選洗禮更迭的省議員的強勢問政以求連任，直接造成省政府為因應與省議會互動之需要，反而有後來居上的作為，並建構能與時俱進的制度。此對中央於1978年以後的強化國會聯絡機制，與1990年的正式在行政院設立國會聯絡組，都有其一定之脈絡與催化功能。顯示民主的國會制度，規則性的民主改選程序之必要；也唯其如此，所以，行政對立法之負責，是神聖而不可迴避的責任。而行政部門在國會之運作，正是取得法定執行之法律與預算的依

據所必不能消減的工作。隨國會幕僚之增加與專業程度之提升，此一工作必將逐漸增加其比重，方能符合民眾與時代之需求；而對擔負此一國會運作體系尖兵工作的國會聯絡員而言，可謂任重而道遠。

（二） 國會運作

・分裂（少數）政府，公共議題稍一不慎，即可能泛政治化，備添國會議事與議案過程及結果的不確定性；而政務首長在詢答時，更應少觸及意識形態，多論述專業，並適時給予立委「面子」，為日後之政策尋求支持，先期創造「裡子」。

・政黨協商只公布結果而不紀錄過程的作法，給予利害關係團體充分運作的空間，且實質上相對弱化了次級團體的運作與存在意義（2008年5月9日已修正相關法規）。

・國會職員常是立委問政的顧問，深諳國會運作之訣竅，所以是行政部門在國會運作的重要工作夥伴。

・國會聯絡在實務運作上，質的重要性遠大於量；而時機的掌握在瞬息萬變的國會，更是彌足珍貴。

・法案的新訂與預算項目的新增或擴大，先期的充分溝通，裨助於日後的審查及通過，效果甚大。而牽連廣泛的重要法案，必要時可徵得執政黨之同意，以黨團之名在國會召開公聽會，以凝聚共識減少阻力；同時，特須強化與提案立委的溝通，以存異求同，提高共識。

・行政部門在國會的運作，執政黨團之比重極重，各單位政務首長與公共管理者，應充分與黨團三長及相關委員保持良好互動。

二、 就「軍人納保案」、「兩性工作平等法」案與「擴大費基案」三個案例之研究發現

（一） 部（府）際關係方面

・由於資源的有限與政策目標優先順序的落差，部際關係在垂直

面上，即可能發生下級直屬單位與上級單位；甚或下級單位與上上級單位直接或間接衝突的情況（如「兩性工作平等法」案與「戶籍法」案）。

· 部際關係隨議題之不同，而有不同之面向呈現，絕非無自主性的一言堂。

· 部際關係可能因實力的不對等而產生強者完全抑制弱者的局面，且在表面上未發生任何衝突或對抗（如「軍人納保案」之國防部與衛生署及健保局）。

· 部際關係的嚴重失衡，弱的一方在久經壓抑後，可能尋求媒體、民眾或國會等體制外的援手；惟此一情勢，對於當事單位之首長或公共管理者間，將引發關係的考驗（如「戶籍法」第八條條文修正案之行政院、內政部與警政署之間）。

· 部際關係，在捐棄成見，摒除本位主義以後，確實可能創造彼此更大的利基，提升治理績效，降低「統治成本」。

（二） 領導因素方面

· 政務領導於溝通無效後，可能默許屬下的公共管理者，捨棄行政體系正常管道，挑戰他部會的政策，用以貫徹施政理念（如「軍人納保案」的衛生署與健保局）。

· 公共管理者與直屬上上級政務領導者及水平部際關係政務領導者間之衝突，可能因直屬政務領導者之充分支持，而得以有效緩和；或至少不致於因此去職（如「兩性工作平等法」案的健保局之公共管理者）。

· 政務領導者有可能因對上級領導者之有關看法掌握不足，或資訊的不明確，致使下級公共管理者陷入艱困的政治環境（如「兩性工作平等法」案二、三讀及其間狀況）；甚或因此錯失力挽狂瀾的機會。

· 政務領導者的突然身先士卒，有可能打亂與公共管理者間習慣的互動情況，此在政務推動或議案進度如預料時，固然無礙；

但當議案在國會的進度進入不明確狀態時，則可能因公共管理者的輕忽或政務領導者之誤判，發生難以回復的情形。

（三）　利害關係團體方面

- 利害關係團體，沒有組織，就沒有關懷；或少有關懷（如「軍人納保案」之軍人與「擴大費基案」中的第六類地區人口）。
- 利害關係團體，當其身分是立委時，可能捨「民意」而就行政單位之「官意」。即在選票考慮上，捨「零售」（個人），而就「批發」（國防部與退輔會或人民團體）之現象（如「軍人納保案」）。
- 利害關係團體其目的為推動公益法案時，可能因目標之正當，而忽略手段的不合理或不合法，甚至引發部際衝突（如「兩性工作平等法」）。
- 弱勢的部會或下級行政單位，為救濟行政體系之不公待遇，是可能援引國會之助力，形成實質的利害關係團體（如「軍人納保案」與「兩性工作平等法」案之健保局、國防部、勞委會均屬之）。
- 利害關係團體當其身分是立委時，一旦議案進入政黨協商，則行政部門將付出的代價會變得比較難以估算；惟此亦因人因案而有不同。若行政部門急於通過且不能等待四個月之後再表決之議案，付出之代價相對較大（如「擴大費基案」）；若議案有法定期限（如總預算案），須剋期完成，因朝野黨團均有一定壓力，則付出之代價相對較小。

綜合本書之三個要素在三個案例中的強弱影響，筆者發現在「軍人納保案」方面，由於國防部之長期強勢的作為與衛生署為顧及行政團隊之和諧，使得健保局的無奈顯露無遺；惟在部（府）際關係之影響強度上，顯然並未徹底挫折健保局；另在領導因素方面，由於衛生署長的傾力支持，使得健保局的公共管理者得以放手一搏，經縝密之

設計，逐步達成「軍人納保案」之目的；至於在利害關係團體的運作方面，軍人及軍眷等的利害關係團體，其對政策的影響力顯然不大，尤其在「軍系立委」配合國防部扮演強勢的政策捍衛者的情況下，更顯得難以著力（換個角度來說，國防部與軍系立委等之利害團體力量真大）。但是，當健保局以利害關係團體的身分介入後，整個的影響力驟升，終於完成軍人修法納保的使命。所以，就「軍人納保案」而言，部（府）際關係、領導因素與利害關係團體在議案運作之強弱影響，分別是★★、★★★、★★★。

而在「兩性工作平等法」案之立法上，在法案進入二讀時，由於復議案的提出，說明健保局與勞委會部際關係的嚴峻形勢；其次，健保局之公共管理者，從國會迄行政院，均力主健保「潰堤效應」的不應發生，卒使相關費用由行政院統籌補助，力挽狂瀾；至於利害關係團體之婦女團體，在本法之立法過程，本就一貫的強勢，何況二讀後，健保局亦大力介入，所以綜合「兩性工作平等法」案立法有關之三個要素影響之強弱，筆者一致給予★★★之評價。

最後，就「擴大費基案」修法過程之部際關係來說，從行政院各部會及院際之考試院銓敘部等，均一片祥和，毫無爭執；而在李明亮署長親自領軍下，與健保局之公共管理者等的領導階層亦是同心協力一致對外，惟當本案在二讀遭逢挫折時，領導者的堅毅特性與決心是法案能否修正通過的關鍵因素之一；尤其當立委本身即是利害關係人時，雙方的堅持一旦成為僵局，則勢必使法案胎死腹中。所以本案雖言慘勝通過，考量部際關係、領導因素與利害團體之運作等三大要素之強弱影響，筆者分別以★、★★★、★★★用以顯示（如圖6-1）。

相關團體 法案名稱	部 際 關 係	領 導 因 素	利害關係團體
「軍人納保案」	★★	★★★	★★★
「兩性工作平等法」	★★★	★★★	★★★
「擴大費基案」	★	★★★	★★★

資料來源：作者整理。

註：★★★ 強　　　★★ 中　　　★ 弱

圖6-1　部（府）際關係、領導因素與利害關係團體三大要素在三個
　　　　法案運作之強弱影響圖

第二節　反省與建議

　　國會動態，變動不居，叢林的競爭，自然而激烈。當政權更替已
是常態，此後的政務首長，要想像過去久任一職之情形，可能性已然
不多；而政務官出自政治任命，都想藉政策之推動，在有限的任期，
實現抱負，此一理想的具體化，非國會支持不為功。因此，若政務首
長或公共管理者，對國會文化與行政互動的具體作為均屬陌生；復難
以覓得適當人選協助國會運作，則將難以發揮功能，甚至成為誤入政
治叢林的小白兔。

　　本書因係以中央健康保險局為例，從研究的內容不難瞭解國會運
作之本質大同小異；但行政部門隨其位階之高低、資源之有無、政務
首長或公共管理者之政治色彩與意識形態之濃淡等等，可能會在國會
享受到不同的待遇，而所謂待遇，其實多數是人為，少部分才是制度
使然。此所以有志於擔綱政務首長或公共管理者，必須以人為鑑，細
膩、嫻熟且謹慎於政務及國會事務，或可保宦途順遂，為民興利。茲

筆者僅作如下反省與建議：

一、 反省

　　鑒於行政部門在國會運作之千頭萬緒，從研究之結果，筆者發現領導因素在三大議題的國會運作上，均居關鍵地位。唯有領導者能徹底理解合議制的國會成員，事實上是代表整個國家的各個階層；並從問政中，兌現其政見以取得選民及相關人員之持續支持。所以，院會之決議，並不在求得最佳結果或方案，而是在獲致最大多數立委的支持與同意；從而悟出國會運作之真諦與奧妙，才能發揮兵隨將轉的國會運作功能。但因此一實務作為甚少有文獻顯示，甚至有些政務領導或公共管理者，在主觀的觀念上，即已對國會聯絡或運作抱有成見，並因此造成預算被刪減或法案的遲滯立法；甚至引發政黨的對抗與國會的空轉。為拋磚引玉，筆者謹以向李遠哲院長陳述國會運作之函件內容（如附錄五），提供作為本書之反省，敬請　方家、先進惠予指教。

二、 建議

　　行政對立法負責。近年來的國會發展，在朝小野大的情況下，泛政治化的結果，每每形成議事僵局，惟有關政治層面之政黨惡鬥，不在本書之討論範圍；回歸政府運作之常規，立法與行政之合作是最重要的基礎（本書之三個案例，確實均有行政主動推動、配合立委運作之軌跡，且因此才有前述之結果）。此所以行政部門需耗費大量人力、物力從事國會運作之根本原因。本乎此，筆者僅作如下建議：

　　‧體察民意的脈動，行政部門應充分釋出資訊與國會分享，以減
　　　少誤會，並增進共識，從而促進政策與法案或預算案之順利審
　　　查與推動。

- 政黨競爭是民主的常態，政務首長與公共管理者為取得國會之支持，應勤於與國會溝通，以爭取支持；尤其是在新法案草案推出前，及預算有新增項目時，特須注意。
- 部（府）際關係的衝突，大部分源於本位主義作祟，國會運作之相關人員與行政部門中級以上的管理者，應放大格局，強化部際協調與資訊交流。
- 利害關係團體之運作，已是民主國家之常態，行政部門不應一味排斥，以免誤會孳生，浪費更多成本，用於事後溝通。
- 政務領導與公共管理者在國會之言談，應側重專業，因為政策績效常常是爭取國會議員支持的最大法寶。
- 國會運作是功能取向，若熟悉業務，政務人員與事務人員皆可擔綱；惟應保守行政中立之原則。
- 立法委員多數來自地方，各有其包袱與專業，政務領導或公共管理者若因公赴地方，不妨事先向當地立委洽詢在地方見面之可能，釋出善意，此對尋求立委支持，常有相當幫助。
- 某些單位的國會聯絡部門由於分工太細，以致直接影響長官之授權與工作效能，甚至造成部（府）際誤會，似此應有改善空間。

　　本書走筆至此已近尾聲。行政部門在國會的運作是一個永續性工作，作為國會聯絡員，筆者非常認同我國駐美國代表程建人先生在2004年6月11日接受聯合報記者楊清順先生專訪時對華府工作的評價：「華府有如一所永遠畢不了業的學校，在這裡學習沒有止境。」「駐外人員初到華府，一心只想到自己國家的利益，然後到了某個階段，會開始從不同角度看事情，從而發現自己是橋樑、傳話人，所負的任務是替兩邊服務，不是只有負責維護自己國家的利益。」誠哉斯言！

　　國會聯絡的本質，原來就是外交工作；惟外交重政治手段與國家利益，而作為行政部門的政務領導與公共管理者，於行政、立法兩院求取秤桿平衡的互動中，固然應多多體察立委之立場，且更宜將百姓的福祉置於秤錘的位置，則國家甚幸，國民甚幸！

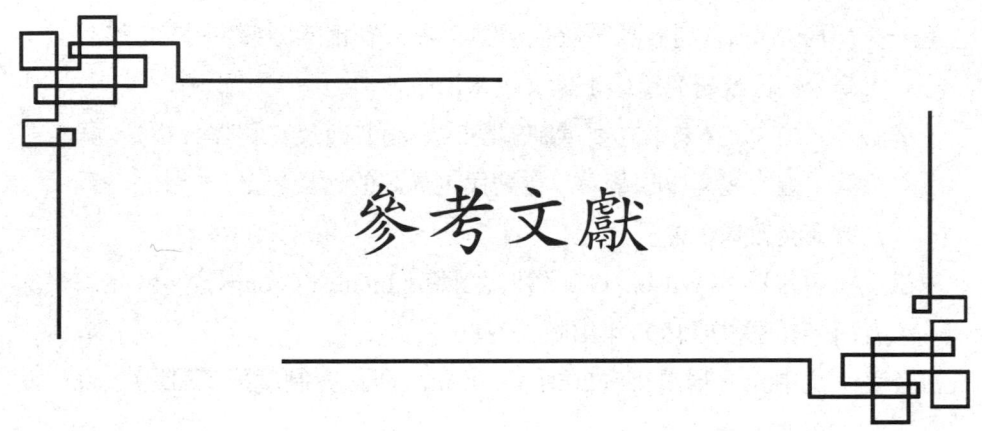

參考文獻

一、中文書籍與期刊論文

中華民國國會功能改革會（1992）。《立法院國會功能白皮書第一號》。台北：國改會。

王千美（1992）。《利益團體遊說活動對政策制定的影響》。國立政治大學公共行政研究所碩士論文，未出版。

王業立（2001）。〈未來立委選制調整的幾個方向及其利弊分析〉。蘇永欽主編，《國會改革——台灣民主憲政的新境界？》。台北：新台灣人文教基金會。

王鐵生（1993）。（Wilson, G.）《利益團體（Interest Groups）》。台北：五南。（原書於1993年出版），頁9。

古登美、沈中元、周萬來（2001）。《立法理論與制度》（三版）。台北：空大。

田麗虹（2001）。《國會助理工作手冊——國會生態地圖總導覽》。台北：新自然主義。

石曜堂、葉壽山、高森永（2000）。《國軍官兵納入全民健保之後就醫選擇取向》醫院，33（3）。

任德厚（2003）。《政治學》（增訂6版）。台北：三民。

朱志宏、謝復生（1989）。《利益團體參與政治過程之研究》。台北：行政院研考會。

朱鎮明（2003）。《政治管理》。台北：聯經。

江大樹（1992）。〈國會黨團的定位〉。林嘉誠等著，《民主制度設計》。台北：業強，頁223。

羊憶蓉（2004）。〈重建民主的素養〉。朱雲鵬、林萬億、陳小紅、陳東升，《面對公與義——建構宏觀包容與分享的社會》。台北：時報文化。

何鴻榮（1996）。《再造效能政府——行政重組、國會控制與改造》。

台北：時英。

何鴻榮（2001）。《台灣行政體系國會聯絡機制之研究——以行政立法
　　互動關係為觀點》。台大博士論文，未出版。

余致力（2000）。〈公共管理之詮釋〉。黃榮護主編，《公共管理》。台
　　北：商鼎，頁7。

吳定（1992）。〈利益團體與政策運作的關係〉。《行政管理論文選
　　輯》。第16輯，頁473～492。

吳春來（1991）。《行政院與立法院在政策制定過程中互動關係之研究
　　——行政院組織法修正案分析》。政治大學公共行政研究所碩士論
　　文。

吳德敏、王運昌等（1997）。〈軍人加入全民健保的態度與意願之先驅
　　研究〉。《醫學研究》。18（3），頁152～164。

呂亞力（1999）。《政治學》。台北：三民。

李文朗（1993）。《福利社會的省思》。台北：幼獅。

李建良（1996）。〈國會自律與國會議員免責權之基本概念〉。《台灣
　　法學會報》，第17輯。

李基勝（2004）。〈關於國會自律與搜索許可問題之分析〉。立法院法
　　制局，《立法原理與制度》（增訂一版）。台北：立法院。

李遠哲（2001，1月12日）。〈中央研究院的新春宏願〉。《聯合
　　報》，15版。

李鳳鈴（1996）。《遊說法第七年之癢》。威肯公關公司內部刊物選
　　輯，頁44～47。

李鴻禧（1997）。〈議會自律權之比較憲法地修正〉。《憲法與議會》。
　　台北：植根。

李譫（1992）。《政府公共關係》。台北：理論與政策雜誌社。

沈中元（2001）。〈立法機關之運作〉。古登美編著，《立法理論與實
　　務》。台北：空大。

沈君山（2004）。《浮生後記》。台北：天下遠見。

周育仁（1995）。《政治與經濟之關係——台灣經濟與其理論意涵》。台北：五南。

周旺生（1988）。《立法學》。中國：北京大學。

周萬來（2000）。《議案審議——立法院運作實況》。台北：五南。

林水波（1996）。〈形塑政黨協商體制及政黨社群〉。《國家政策雙月刊》，138期，頁4。

林水波、張世賢（1983）。《公共政策》。台北：五南。

林紀東（1979）。《法學緒論》。台北：五南。

林添貴譯（2003）。《李潔明回憶錄》。李潔明（James R. Lilley）著。台北：時報文化。

林博文（1999）。〈政府再造與公共財務管理——國防財務管理的觀念性架構再探〉。孫本初等，《公共管理論文精選（I）》。台北：元照。

邱太三（2001）。〈國會質詢制度的改革芻議〉。蘇永欽主編，《國會改革——台灣民主憲政的新境界？》。台北：財團法人新台灣人文教基金會。

林萬億（2004）。《台灣民主深化及政治改革之四大阻礙》，朱雲鵬等著。台北：五南。

柯雅琪譯（2003）。〈彼得杜拉客暨聖吉：柯維等23位大師談管理策略〉。《無疆界領導——縱橫四海》。台北：英屬維京群島商高寶，頁348。

紀俊臣（2001）。〈預算審議程序迫切需要的改革〉。蘇永欽主編，《國會改革——台灣民主憲政的新境界？》。台北：財團法人新台灣人文教基金會。

徐仁輝（2000）。〈公私管理的比較〉。黃榮護主編，《公共管理》。台北：商鼎。

徐立德（1995，6月22日）。〈全民健保面面觀（一）〉。《中央日報》，3版。

徐立德（1995，6月23日）。〈全民健保面面觀（二）〉，《中央日報》，3版。

徐立德（1995，6月24日）。〈全民健保面面觀（三）〉，《中央日報》，3版。

徐立德（1995，6月25日）。〈全民健保面面觀（四）〉，《中央日報》，3版。

徐立德（1995，6月26日）。〈全民健保面面觀（五）〉，《中央日報》，3版。

袁頌西（2003）。《當代政治研究》。台北：時英。

郝龍斌（1998）。《新路》。台北：中原，頁13～21。

馬紹章（2000）。〈民意機構及政務領導〉。黃榮護主編，《公共管理》。台北：商鼎，頁178～179。

高森永（1998）。〈軍醫院病人轉介至民間醫院之可行性評估〉。《國防醫學》。26（5）。

高森永、白璐、陳育忠（2000a）。〈國軍官兵對於加入全民健保之意願調查〉。《國防醫學》。31（5）。

高森永、陳育忠（1997）。〈美軍醫療體系民營化之經營與啓示〉。《國防醫學》。25（5）。

高森永、葉壽山、王運昌、陳育忠、黃純昭、白璐（2000b）。〈國軍官兵對「就診憑證」的看法與認知情形〉。《國防醫學》。31（5）。

國防部（1997，12月31日）。（86常帑字第8993號令）。

張世賢，林水波（1983）。《公共政策》。台北：五南。

張道義（1995，3月19日）。《中國時報》，11版。

張潤書等（1985）。《行政學（上）》。台北：教育部空中教學。

張蔚德（1991）。〈台灣省政府府會聯絡員的任務與功能〉。《台灣文獻》。42（1），頁123～145。

張耀懋（2001）。〈全民健康保險〉。《發現台灣公衛行腳：台灣十大公衛計畫紀實》，李淑娟等撰稿。台北縣：玉樹圖書。

曹俊漢（1995）。〈立政策評估導向的總體行政革新-從審計部的決策
　　審核報告談起〉，台灣大學政治系主辦，「加速行政革新之行動策
　　略」學術研討會論文。

梁玲郁（2003）。《醫療服務與醫療財務負擔——公平性探討》，未出
　　版。

許介麟譯（1972）。《現代立法過程的種種問題》。台北，憲政思潮，
　　17期。

許劍英（2000）。〈立法院委員會議事法規適用問題探討（八）〉，《立
　　法院院聞》，28（9）。

郭政瑋（2003）。《台北市政府府會聯絡機制之研究：行政立法資訊交
　　易的觀點》。世新大學碩士論文，未出版。

陳浩譯（1990）。（J. A. Basso著）。《壓力團體》。台北：遠流。

陳清雲（2004）。〈論立法機關之功能〉。《立法原理與制度》，立法院
　　法制局。台北：立法院。

陳淑芳（2001）。〈從體制觀點看立法院院長的角色〉。蘇永欽主編，
　　《國會改革——台灣民主憲政的新境界?》。台北：財團法人新台灣
　　人文教基金會。

陳淞山（1995）。《國會制度解讀——國會權力遊戲手冊》。台北：月
　　旦出版社。

陳敦源（2000）。〈民意與公共管理〉。黃榮護主編，《公共管理》。台
　　北：商鼎。

陳敦源（2002a）。《民主與官僚——新制度論的觀點》。台北：韋伯。

陳敦源（2002b）。《政府結構間隙的「掮客」——府會聯絡人》，取自
　　http://cc.shu.edu.tw/~ppm/

陳敦源，郭承天（2001）。〈基督教倫理與民主制度發展：從美國經驗
　　看台灣〉。《公共行政學報》，5期。

陳學聖（2001）。〈如何改進委員會的功能〉。蘇永欽主編，《國會改
　　革——台灣民主憲政的新境界?》。台北：新台灣人文教基金會。

彭懷恩（1998）。《政治學》。台北：風雲論壇，頁305。

黃文鴻、李玉春、張鴻仁、楊銘欽、陳春山（1995）。《全民健保──制度、法規、衝擊》（再版）。台北：景泰。

黃世鑫、徐仁輝、張哲琛（1995）。《政府預算》。台北：空大。

黃光國（2004，4月10日）。《中國時報》，A4版。

黃秀端（2002）。〈國會倫理優質化〉。《群策會國政研討會論文集001》。台北：財團法人群策會。

黃東熊（1994）。〈日本國會議員免責權與國會之自律〉。《憲政時代》，第19卷，第4期。

黃國鐘（2001）。〈經驗反射與理性抉擇──立法程序總批判〉。蘇永欽主編，《國會改革──台灣民主憲政的新境界？》。台北：新台灣人文教基金會。

黃越宏（1996）。《觀念──許文龍和他的奇美王國》。台北：商周。

黃清龍（2001）。〈立法院的一面鏡子〉。田麗虹《國會助理工作手冊──國會生態地圖總導覽》。台北：新自然主義。

黃煌雄（2004）。〈重建民主的素養〉。朱雲鵬、林萬億、陳小紅、陳東升，《面對公與義──建構宏觀包容與分享的社會》。台北：時報文化。

黃榮護（2000）。〈政府公關與行銷〉。《公共管理》（二版）。台北：商鼎。

楊日青（1992）。《立法院常設委員會之結構與功能分析》。台北：民主基金會。

楊日青（1994）。《立法院的危機與轉機》。台北：民主基金會。

楊作洲（1999）。〈主要民主國家國會與改革後立法院之比較研究〉。《立法院院聞》，17（4）。

楊泰順（2001a）。《被誤解的國會》。台北：希代。

楊泰順（2001b）。〈當前立法亟待改正的缺失〉。蘇永欽主編，《國會改革──台灣民主憲政的新境界？》。台北：新台灣人文教基金

會。

楊茹憶（1999，1月1日）。《工商時報》，29版。

葉金川（2002）。《全民健保傳奇》。台北：董氏基金會。

詹中原（1999）。《立法院生態發展趨勢之研究》。國家安全局委託研
　　究計畫論文。

詹啓賢（2003）。〈台灣衛生體系的未來與挑戰〉。《九十二年總統府
　　資政、顧問言論選集》。台北：總統府。

廖忠俊（1998）。《台灣地方派系的形成發展與質變》。台北：允晨。

管歐（1981）。《法學緒論》。台北：自刊本。

劉文仕（1993）。〈國會朝野協商的法律定位〉。《立法院院聞》。21
　　（10），頁246。

劉國深（2002）。《當代台灣政治分析》。台北：博楊文化。

劉淑惠（1996a）。〈立法院與台灣民主化〉。《國家政策雙月刊》。138
　　期，頁2～3。

劉淑惠（1996b）。〈第三屆立法院運作的展覽〉。《國家政策雙月
　　刊》。129期，頁5～7。

劉淑惠（2002）。〈國會運作效能化〉。《群策會國政研討會論文集
　　001》。台北：財團法人群策會。

盧建旭（2000）。〈組織、領導與溝通〉。黃榮護主編，《公共管理》。
　　台北：商鼎。

蕭新煌（2004）。《台灣民主深化及政治改革之四大阻礙》，朱雲鵬等
　　著。台北：五南。

賴友梅（2001，1月16日）。《聯合報》，33版。

靜夜思（1995，3月1日）。《台灣時報》，6版。

謝長廷（2001）。〈國會助理潛力可期〉。《國會助理工作手冊──國
　　會生態地圖總導覽》，田麗虹。台北：新自然主義。

謝復生（2001）。〈對國會選舉制度改革的幾點建議〉。蘇永欽主編，
　　《國會改革──台灣民主憲政的新境界？》。台北：新台灣人文教

基金會。

羅志淵（1979）。《中國憲法與政府》。台北：國立編譯館。

羅名威（1998）。《違憲審查權控制立法權之界限》。中興大學法律學研究所論文。

羅傳賢（2001）。〈當前立法亟待改正的缺失〉。蘇永欽主編，《國會改革──台灣民主憲政的新境界？》。台北：財團法人新台灣人文教基金會。

羅傳賢（2004）。〈立法院單純決議的種類與效力初探〉。《立法原理與制度》，立法院法制局。台北：立法院。

羅傳賢（2007）。《立法學實用辭典》。台北：五南。

羅聰欽（2002）。《選舉買票與資金回收──以公共工程為例》。世新大學碩士論文，未出版。

關中（1992）。《國會改造論》。台北：財團法人民主基金會。

饒祖康譯（1990）。（Lucian Pye著）。《中共的協商談判作用》。台北：風雲時代，頁4～50。

二、政府關係文書

《立法院議事先例集》（1993）。台北：立法院秘書處。

《全民健保雙月刊》（2004.1.1），47期。

《全國婦女人身安全會議特刊》，〈行政院勞工委員會推動兩性工作平等業務報告〉（2000.4）。台北：財團法人婦女權益促進發展基金會，頁42。

中央健康保險局（2002）。《調整保險費率及部分負擔Q&A》。

立法院（1998）。《八十四年度中央政府總預算案審查專輯》，第一冊。台北：立法院預算委員會。

立法院（2002）。《全民健保剪報輯》。台北：立法院。

立法院（2004）。「九十三年度中央政府總預算案」朝野協商結論。台

北：立法院。

立法院人事室（2004）。《立法院第五屆第五、六會期立法委員通訊錄》。台北：立法院。

立法院公報（1990）。第79卷，第34期，頁70～71。

立法院公報（1991）。第80卷，第51期，頁36～45。

立法院公報（1991）。第80卷，第86期，頁153～171。

立法院公報（1992）。第81卷，第6期，頁258～278。

立法院公報（1993）。第82卷，第41期，頁419～435。

立法院公報（1998）。第87卷，第10期，頁307，332，333。

立法院公報（1998）。第87卷，第39期，頁6，7，12。

立法院公報（1999）。第88卷，第33期，頁238，243。

立法院公報（1999）。第88卷，第38期，頁3～9。

立法院公報（1999）。第88卷，第4期，頁49～50。

立法院公報（2000）。第89卷，第45期，頁5。

立法院公報（2001），第90卷，第15期，頁5～6。

立法院公報（2001），第90卷，第58期，頁237～359。

立法院公報（2001），第90卷，第5期（二），頁624～650。

立法院公報（2001），第90卷，第62期（上），頁101，289，297。

立法院公報（2002），第91卷，第28期，頁351～400。

立法院公報（2002），第91卷，第38期（下），頁205～254。

立法院公報（2002），第91卷，第40期，頁210～222。

立法院公報（2002），第91卷，第45期（一），頁197～201。

立法院公報（2002），第91卷，第76期，頁276～283。

立法院公報（2004），第93卷，第6期（一），頁122～123。

立法院法制局（2004）。《立法原理與制度》（增訂一版）。台北：立法院。

立法院法制局（2004）。《立法原理與制度》。台北：立法院。

立法院法律案專輯（1994）。《全民健康保險法案》，169輯（上）。內

政（七十五）。台北：立法院，頁11。

立法院法律案專輯（1994）。《全民健康保險法案》，169輯（下）。內
政（七十五）。台北：立法院。

立法院第四屆第一會期第七次會議議案關係文書，頁381～407。

立法院第四屆第一會期第十次會議議案關係文書，頁273～274。

立法院第四屆第三會期第十八次會議議案關係文書，頁政九～政七十
三。

立法院第四屆第六會期衛生環境及社會福利委員會會務報告，（2001
年9月1日～2002年1月8日），頁31。

行政院主計處（2002）。《中華民國台灣地區家庭收支調查報告》。台
北：行政院。

行政院函（2002.04.04）。院授主忠字第〇九一〇〇二五二二號。台
北：行政院。

行政院函（2002.08.05）。院授主忠四字第〇九一〇〇五四六一號。台
北：行政院。

行政院衛生署（2002）。《全民健康保險的財務危機與因應》分析報
告。台北：行政院衛生署。

行政院衛生署中央健康保險局（2002.08.02）。《健保雙調》說帖。台
北：中央健康保險局。

行政院衛生署新聞稿（2002.04.22）。台北：行政院衛生署。

行政院衛生署新聞稿（2002.08.19）。台北：行政院衛生署。

財團法人婦女權益促進發展基金會函（2002.08.14）。（九一）婦權發
字第二六二號。

三、報章雜誌

E. T. taday（2001，12月21日），政治要聞。

E. T. taday（2002，8月24日），政治要聞。

工商時報（1999，1月1日），29版。

工商時報（2004，6月2日），4版。

中央日報社論（1995，1月8日），3版。

中時晚報（2000，5月12日），7版。

中時晚報（2001，12月22日），2版。

中國時報（1995，3月19日），11版。

中國時報（2000，5月13日），9版。

中國時報（2002，11月14日），6版。

中國時報（2002，8月25日），2版。

中國時報（2002，8月25日），7版。

中國時報（2004，4月19日），A2版。

中國時報（2004，5月23日），A4版。

中國時報（2004，5月25日），A11版。

中國時報（2004，5月29日），A2版。

中國時報（2004，5月31日），A4版。

中國時報（2004，6月10日），A1版。

中國時報（2004，6月11日），A2版。

中國時報（2004，6月12日），A2版。

中國時報（2004，6月3日），A4版。

中華日報（2000，5月13日），10版。

民生報（2000，5月13日），7版。

民生報（2000，6月20日），7版。

民生報（2002，5月31日），A15版。

民眾日報社論（1995，2月18日），2版。

民眾日報社論（1995，2月22日），2版。

自由時報（1987，2月25日），3版。

自由時報（2002，11月14日），6版。

自由時報（2002，8月27日），15版。

自由時報（2004，1月31日），3版。

自由電子新聞網（2000，5月5日）。

自立早報社論（1995，2月22日），2版。

青年日報（1995，3月14日），3版。

青年日報（1998，3月26日），3版。

經濟日報（2004，6月2日），6版。

聯合晚報（1991，7月28日），3版。

聯合報（2004，4月10日），A11版。

聯合報（2004，6月12日），A11版。

四、英文書籍與期刊

Alchian, A. and H. Demsetz (1972), "Production, Information Costs and Economic Organization." *American Economic Review*, 62 (5): 777-795.

Almond, G. A. and G. B. Powell, Jr. (1988), *Comparative Politics Today: A World View*. Glenview, IL: Scott, Forseman and Company.

Bagehot, W. (1955), *The English Constitution*. London: World's Classics.

Baker, G. P., M. C. Jensen & K. J. Murphy (1988), "Compensation and Incentive: Practice vs. Theory." *Journal of Finance*, 43: 593-616.

Bennis, W. & B. Nanus (1985), *Leaders*. New York: Harper & Row.

Burns, J. M. (1978), *Leadership*. New York: Harper & Row.

Cheng, T. M. (2003), "Taiwan's new national health insurance program: genesis and experience so far." *Health Affairs*, 22 (3): 61-76.

Claire, Guy S.(1934), *Administocracy:The Recovery Laws and Their Enforcement*. New York: The Macmillan Company.

Congressional Quarterly (1983), *How Congress Works*. Washington, D.C.: ongressional Quarterly Inc.

Crew, Robert E. Jr., *Politics and Public Management: An Introduction*. Saint Paul, MN: West Publishing Company.

Downs, A. (1957), *An Economic Theory of Democracy*. New York: Harper Collins Publishers.

Downs, Anthony (1967), *Inside Bureaucracy*. Glenview, IL: Scott, Foresman and Company.

Dye, T. R. (1981), *Understanding Public Policy*. NJ: Prentice-Hall.

Easton, D. (1957), "An Approach to the Analysis of Political Systems." *World Politics*, Vol. IX: 393-400.

Easton, D., J. G. Gunnel and L. Grazuano, eds. (1991), *The Development of Political Science*. London: Routledge.

Eccles, R. (1985), *The Transfer Pricing Problem: A Theory for Practice*. Lexington, Mass.: Lexington Books.

Fenno, Richard F. (1966), *The Power of the Purse*. Boston: Little, Brown.

Gamely, Jr., William T. (1987), "Institutional Policy Analysis: A Critical Review." *Journal of Policy Analysis and Management*, 6 (2): 153-169.

Goodnow, F. J. (1990), *Politics and Administration*. New York: Macmillan.

Hammond, Susan Webb, Arthur G. Stevens, Jr. and Daniel P. Mulhollan (1983), "Congressional Caucuses: Legislators as Lobbyists." in Allan J. Cigler & Burdett A. Loomis, eds., *Interest Group Politics*, Washington, D.C.: Congressional Quarterly Press.

Hammond, T. H. & P. A. Thomas (1989), "The Impossibility of A Neutral Hierarchy." *Journal of Law Economic, and Organization*, 5 (1): 155-184.

Hrebenar, R. J., Matthew J. Burbank and Robert C. Benedict (1999), *Political Parties, Interest Groups and political Campaigns*. Boulder: West View Press.

Jansen, R. G. (1989), "Contracting out Military Health Care." *Military Medicine*, 154(8).

Jogerst, Michael (1993), *Reform in the House of Common*. Lexington, KY: The Univ. Press of Kentucky.

Keef, William J. & Morris S. Ogul, eds. (1993), *The American Legislative Process*. NJ: Englewood Cliffs.

Keefe, W. J. & M. S. Ogul (1973), *The American Legislative Process: Congress and the States*. NJ: Prentice Hall.

Kettl, D. F. & H. B. Milward, eds. (1996), *The State of Public Management*. Baltimore, M. D.: The Johns Hopkins University Press.

Lee, H. C. Niu, K. L. Huang (1994), "Diving Pattern of Fishermen in the Pescadores." *Undersea Biomedical Research*, 21: 145-158.

Leyden, K. M. (1995), "Interest Group Resources and Testimony at Congressional Hearings." *Legislative Studies Quarterly*, 20 (3): 432-433.

Lindbloom, C. E. (1959), "The Science of Muddling Through." *Public Administrative Review*, Vol. 19: 79-88.

Macinko, J. A. and B. Starfield (2002), "Annotated Bibliography on equity in health, 1980-2001", *International Journal for Equity in Health*, 1 (1): 1.

Mackenzie, W. J. M. (1967), *Politics & Social Science*, Baltimore: Penguin Books.

Malbin, Michael J. (1979), *Unelected Representatives: Congressional Staff and the Future of Representative Government*. New York: Basic Books.

Manz, C. C. (1986), "Self-Leadership: Towards an Expanded Theory of Self-Influence Processes in Organizations." *Academy of Management Review*, 11: 585-600.

Mill, John Stuart (1951), *Utilitarianism, Liberty and Representative*

Government. Cambridge: Harvard University Press.

Mill, John Stuart (1962), *Consideration on Representative Government: 1861*. Cambridge: Regency.

Miller, G. J. (1991), *Management Dilemmas: The Political Economy of Hierarchy*. New York: Cambridge University Press.

Mintzberg, H. (1979), *The Structuring of Organization*. Englewood Cliffs, NJ: Prentice-Hall.

Mintzberg, Henry (1983), *Power in and Around Organizations*. Englewood Cliffs, NJ: Prentice-Hall.

Oleszek, Walter J. (1983), "Integration and Fragmentation: Themes of Congressional Change." *Annals*, 466: 193-205.

Olsen, M. (1965), *The Logic of Collective Action*. Cambridge: Harvard University Press.

Otto K. (1959), "The Waning of Opposition in Parliamentary Regimes." John C. Wahlke & Heinz Eulau, eds., *Legislative Behavior: A Reader in Theory and Research*, Glencoe, IL.: The Free Press.

Pipe, G. R. (1996), "Congressional Liaison: The Executive Branch Consolidates Its Relations With Congress." *Public Administration Review*, 26: 14-24.

Pyle, C. H. & R. M. Pious (1984), *The President, Congress, and the Constitution: Power and Legitimacy in American Politics*. New York: The Free Press.

Rahim, M. A. (1992), *Managing Conflict in Organizations* (2nd Edition), NY: Praeger.

Rockman, Bert A. (1984), "Legislative-Executive Relations and Legislative Oversight." *Legislative Studies Quarterly*, 9 (3): 387-440.

Rudner, R. S. (1966), *Philosophy of Social Science*. Englewood Cliffs, N. J.: Prentice-Hall.

Thaysen, U., Roger H. Davison and Robert Gerald Livingston (1990), *The U. S. Congress and the German Bundestag*. Boulder: West View Press Inc.

Truman, David (1971), *The Governmental Process* (2nd Edition), New York: Knopf.

Van Doorslaer, E., A. Wagstaff, H. van der Burg, T. Christiansen, et al. (2000), "Equity in the delivery of health care in Europe and the US." *Journal of Health Economics*; 19 (5): 553-583.

Wakle, J. C. (1970), "Policy Determinants and Legislative Decisions." Sidney Ulmers, ed., *Political Decision-Making*, NY: Van Nostrand.

Waldo, D. (1980), *The Enterprise of Public Administration*. Novato, CA.: Chandler & Sharp Publishers, Inc.

Wernimont, P. F. (1972), "A System View of Job Satisfaction." *Journal of Applied Psychology*, 56(2): 173-176.

Williams, A., E. van Doorslaer, H. van der Burg, S. Calonge, T. Christiansen, G. Citoni, et al. (1999), "Equity in the Finance of Health Care: Some Further International Comparisons." *Journal of Health Economics*, 18 (3): 263-290.

Wilson, J. Q. (1989), *Bureaucracy*. NY: Basic Books.

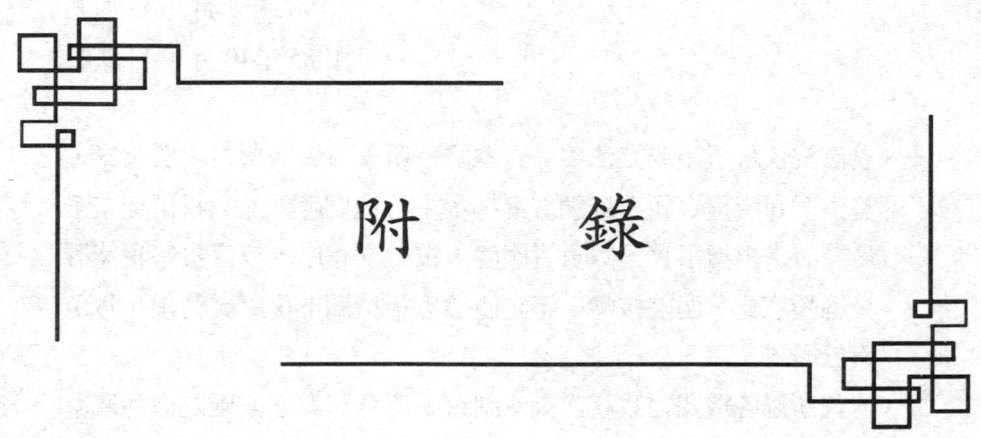

附　　　錄

附錄一　行政院與立監兩院聯繫注意事項

1978年7月14日訂定

1982年1月30日修正

1985年10月19日修正

一、立法院決議事項或立法委員對本院暨所屬各機關所提之質詢案，監察委員所提之糾正或調查案，各主管機關應詳加分析研究或派員調查，根據事實，以負責態度，按行文程序，或直接答覆或擬具答覆意見，函院核轉，不宜僅據下級機關申覆原文轉復，以免流於形式。

二、本院所屬各機關之政務次長或副首長應負起與立監兩院溝通聯繫之主要負責。並視業務需要指派聯繫人員，經常與兩院及其關係委員會溝通聯繫，俾各委員能瞭解行政部門之工作實況。於立監兩院院會及關係委員會開會時，聯繫旁聽。

三、法案之擬定送審前，各機關政務次長或副首長，應與立法院有關委員會密切聯繫，就立案之主要精神及立法原則，充分交換意見溝通觀念。

四、本院所屬各機關所提法案送審之順序宜縝密研究策劃，有關法案，應依其主從關係，順序送審。以便利立法院之審議。

五、涉及二部會以上之法案，送達立法院就主管業務說明時必須密切配合精神一致。遇有問題發生，主管應立即約請有關機關研商，決定本院應持之看法及立場。

六、法案在立法院委員會審查時，各部會如有意見應迅即向各委員解說，爭取支持，避免在委員會審查過後再立法院院會中要求改變增加洽商之困難。

七、行政院送達立法院審議之法案，各機關在立法院說明時，務須採取與行政院同一之立場。如有與原案不同之意見，應先透過本院再行提出。

八、送請立法院審議之法案，應注意立法院會期及作業程序。適時提出，並準備必要之參考資料，儘可能分散於各月份平均送達，以便立法院審議。

九、立法院決議事項或立法委員所提之質詢案，監察委員所提之糾正或調查案，本院均列管追蹤。各機關對此種案件之處理情形，應定期檢查，務期依限辦理如期答覆。

十、本院處理監察院所提重要案件，除轉行主管機關辦理外，得視需要派員深入調查瞭解，其涉及人事或財務問題者，按情況指由本院人事行政局或主計處調查，答覆之重要文稿，必要時指請政務委員審核。

十一、本院所屬機關對立、監兩院之報告及答覆，有關定之期限者，應注意時限。如期送出。

十二、行政命令規章或解釋，不可與法律牴觸，應由本院法規委員會協調各部、會、處、局及省、市政府就主管範圍，分別檢討如經發現，迅速改正。

十三、立法委員、監察委員對行政部門及事業單位之考察巡察，各主管機關應予適切聯繫安排。

附錄二　行政院暨所屬各機關國會聯絡人員業務聯繫實施
　　　　要點

1990 年 11 月 9 日台（79）參字第 32603 號

一、為加強國會聯絡業務之運作，本院暨所屬各機關國會聯絡人員除
　　應切實依照「行政院與立監兩院聯繫注意事項」辦理外，並依本
　　要點實施。

二、本院暨所屬各機關國會聯絡業務，由本院國會聯絡組綜合協調聯
　　繫，以促進靈通信息，彼此觀摩，相互支援，密切配合，發揮團
　　隊精神與整體功能。

三、各機關除政務次長或副首長負責與國會機關聯繫外，並應指派適
　　當人員專責處理國會聯繫業務，其人員及人數視業務需要而定。

四、各機關聯絡人員主要工作如下：

　（一）蒐集立法委員對本機關之質詢資料。

　（二）蒐集立法院院會、委員會，以及立法委員對本機關有關法律
　　　　案、預算案之審查情形、重要意見有關資料。

　（三）蒐集立監委員對本機關各項施政措施之意見與批評資料。

　（四）立法委員對本機關各項施政或法案有疑義或不同意見者，適
　　　　時解釋、溝通與協調。

　（五）對立監委員託辦服務案件之處理。

　（六）對國會機關秘書處及本院國會聯絡組織聯繫。

　（七）對監察院議事動態及調查、糾彈案件之瞭解與聯繫。

　（八）對國民大會有關動態之瞭解與國民大會代表之聯繫。

　（九）對中央政策會及各國會黨部之協調聯繫。

五、各機關聯絡人員應依本機關規定之程序處理有關聯繫業務；下列
　　事項得以抄件或影本送國會聯絡組協助處理：

　（一）前項（一）、（二）、（三）款之資料。

　（二）其他重要案件須報院處理者。

六、各機關聯絡人員對國會機關相關委員會之委員應切實聯繫與服務，對於委員助理、委員會職員均應隨時聯繫，以建立良好關係。

七、各機關聯絡人員對於國會聯絡業務應主動積極進行運作。密切注意國會動態，切實蒐集相關資訊。事先瞭解立委質詢意向或法案審議意見及可能爭議問題，提報機關首長妥為因應。於質詢或法案審議過程中，隨時進行溝通協調，務期順利完成。

八、各機關聯絡人員對於本機關所提送之法案，應負責推動進行審查。於立法院委員會或院會進行審議時，應安排業務主管人員在場旁聽，注意審議過程，如遇立法委員對法案內容有爭議或重大修正時，應一面隨時將狀況報告機關首長，請示處理方式，一面迅作必要之溝通協調，並告知本院聯絡人員，適時予以支援。

九、各機關聯絡人員對蒐集之立委質詢資料，如有關係其他機關部分，應隨時知會該機關聯絡人員。

十、各機關聯絡人應與本院駐立法院聯絡室保持密切聯繫，隨時交換資訊，進行溝通協調時，應互相支援。

十一、各機關聯絡人員對於國會各委員會之考察、巡察、訪問，應妥為聯繫安排，並通知本院國會聯絡組，必要時得邀請本院派員參與。

十二、本院暨所屬各機關國會聯絡人員工作會報每年舉辦二次，於立法院開會前擇期舉行，由本院國會聯絡組主辦。

十三、本院暨所屬各機關國會聯絡人員聯誼活動每年舉辦二次，由本院暨所屬各機關輪流主辦。

十四、各機關維為施本要點所需經費，得在本機關年度預算內相關科目項下列支，或在相關經費內勻支。

十五、各機關聯絡人員辦理聯繫業務之績效，應列為考績及升遷之重要依據，其有重大優劣事蹟者，得適時給予獎懲。

附錄三　行政院暨各部會行處局署聯絡人員議事配合事項

1999年5月6日台（88）聯字第17782號

一、基本運作原則

（一）各機關在立法院的運作應秉團隊精神，群策群力，資源共享，由行政院統合協調議事運作方向和步調。

（二）各機關在立法院法案審議、預算審查及備詢等一切議事作為請與行政院國會組密切聯繫，行政院國會組除統籌協調行政院議事運作之外，要積極協助各機關的議事業務和請求支援事項。

（三）各部會對立法院例行性的業務和個別的事項，請與行政院國會組相關承辦人員聯繫，在法案預算審查或與委員溝通上，如有困難可請求行政院國會組出面協調，爭議事項若牽涉整體原則或事關重大，得召開聯絡員會議共同解決，或簽請秘書長召開副委員長會議處理。

（四）請行政院國會組於每會期結束後兩週內，依據各機關聯絡人的表現以及對行政院的協助情形，簽報獎勵措施，提請副委員長會議審定後函送相關機關配合辦理。

二、具體配合事項

（一）行政院國會組要加強與法案及預算主管部會、法規會及主計處協調作業。平時聯繫法案主管機關就該部會之重要法案，協助排入委員會審查；並於每週五接獲分週預算表後，聯繫法案排入委員會審查的相關機關，概略瞭解並預判狀況。

（二）在委員會審查階段，各部會應與委員長保持聯繫提供說帖資料，全力維護院版條文內容，如有困難或必要時可請求行政院國會組或黨團協助，適時介入協調。委員會審查完成的條文內容如與行政院版條文有所出入時，務必通知行政院國會組在分案協商階段加以補救。

（三）行政院國會組負責將朝野協商分案資料儘速傳送相關部會預作準備，如有狀況請各部會事先通知國會組知會黨團先行溝通協商。

（四）本分案協助階段，各黨團或委員意見如與行政院版本有重大出入時應即時通報行政院，以便深入運作協調，倘完成版本有歧異時，簽報行政院在二讀審議前加以補救。

（五）法案二讀審查時，主管部會副首長與聯絡員應在議場待命，掌握現場狀況隨時協調。

（六）各機關應積極推動所主管優先法案的立法工作，對於行政院急切通過的待審法案，除擬逕付二讀的法案提報政策會黨政運作之外，應儘速拜訪該當委員會召集委員並協調黨團優先排入審查，俟委員會審查完成後，即刻敦請黨團透過朝野協商優先列入法案分案協商，協商完畢後再請程序委員會或召集委員優先排入院會審查。部會如因情勢變遷有調列法案審查優先順序的必要時，請先循正常管道簽請行政院協調，如有私下運作的情事一經發現請行政院國會組即刻簽報並通知黨團及相關委員作適當之處置。

（七）各機關對立法院議事工作如遇困難，可依規定報請行政院透過黨政運作處理。擬請黨團或政策會協調之法案或預算，應先通知行政院國會組或報請行政院出面協調為之，如有私自請託且違反行政院原先核定之原則和規定時，簽報議處。

（八）請行政院國會組與法規會相關人員於立法院會議程排定後，先行與相關部會、立院議事處、黨團洽商並沙盤推演後，至遲於該次院會進行前一天面報秘書長。

附錄四　李遠哲院長「中央研究院的新春宏願」一文

　　時間如梭，轉瞬已邁入二十一世紀。面對著新的時代，新的挑戰，我相信中央研究院的同仁不僅不會在各種壓力下畏懼退縮，而且會勇往直前，百尺竿頭，更進一步，同心合力把中央研究院推上世界舞台，在國際學術研究領域占據重要的地位。

　　我們的院訓是真理、創新、卓越。我希望中研院同仁都能時時以此為念，不要因循苟且，把思維自我侷限於傳統老舊的框架內，而要勇敢提出新的見解，不要怕曲高和寡，只怕求證不全，而致所得非實。

　　台灣社會現在有一個很大的毛病，那就是常常不究真相，只求曲解成理；似乎只要講得通，黑的也可以說成白的。此種例子不勝枚舉，牽涉到本院的就有好幾樁。以最近的例子來說，本院今年的預算大部分被立法院暫時凍結，有人說本院一定是沒有人去立法院溝通遊說，所以才會有此結果。許多人誤信這樣的說詞，進而批評本院「不食人間煙火」，甚至連「不務正業」的形容詞都用上了。事實上，在過去幾個月內，中研院相關主管及行政人員一直努力地和立法委員溝通，希望能化解不必要的誤解。他們先後親自拜訪的立委不下數十位，電話溝通更是不計其數，而且也都定期向我報告。對於他們的努力，我知之甚深。在立法院開會審核總預算那天（1月3日），我們院內有兩位一級主管在立法院議場為中研院的預算努力與相關立委溝通，爭取支持。他們留到隔天（1月4日）凌晨二點多本院預算復議未成後才回家。此外，我也在1月3日晚間設法和立法院王金平院長及民進黨立院黨團幹事長彭紹瑾委員溝通，尋求朝野立院黨團之支持，可惜仍然未能翻案成功。

　　有人建議中研院設立專責的國會聯絡小組，將國會遊說當作「大規模業務」來做。對於這樣的看法，我心中仍然有些保留。大家都知道，科技研發有相當的專業性，因此科研預算的分配，理應在審慎評

估下完成，也應避免以傳統的鞠躬拜託方式為特定科研計畫遊說。中研院的同仁都願意為全國的科研遠景而努力奮鬥，我們只是不希望因為個別學術機構的預算遊說，影響到未來相關科研經費的分配與科技發展的遠景。

　　最後，我希望中研院的同仁能以身作則，不只在學術研究上能實事求是，追求創新卓越，也能作社會的表率，堅持理想，向前奮進。我們也要感謝社會各界以及立法院王院長與許多委員對本院預算的關心與支持。希望我們在新的一年能共同努力，一起導正風氣，讓全民在二十一世紀不斷向上提升，使台灣邁向富強康樂。　（作者李遠哲先生為中央研究院院長）（原文刊於聯合報，2001 年 1 月 12 日，第 15 版）。

附錄五　（陳李院長的信）筆者對國會運作的反省

李院長鈞鑒：

　　薰風初拂，大地春回。謹祝

院長暨夫人闔府安康，萬事如意。

鈞長元月十二日刊於聯合報第十五版「民意論壇」之大作，晚捧讀再三，既難過於崇隆如　您之長者，竟需為如許小事傷懷；復為國會公關工作之見解，外界稍有混沌致有所貽誤於大事，而覺必要抒一愚之想法，若或有尺寸之裨益於　鈞長戮力全國科研之遠景（此乃國祚民命之所繫），則值得矣。僅此一念，晚遂唐突，若有失禮處，尚祈　宥諒。

　　晚從事國會公關工作，向奉首長之理念為圭臬，並參酌大局定位所屬單位，兼以曲達以成做為心理建設之基椿；橫向則輔以專業之熟稔、同仁之熟悉（此用以建言或調兵遣將與立委或助理溝通，可收適合、適格及有效之功。）至於每一事件（可以是一串事件；也可以是獨立事件）之處理「縱深」，則視對象之專業程度或涉入利害之深度，有以區隔，並備供首長作為平日處事與決策處理之參考。蓋二百多位立委，來自不同族群與專業，各有背景與考量；況就算出身同一學門，上駟、下駟之間，也往往差之毫釐，謬以千里，處置稍有不當或時機掌控不佳，則往往不是用力或時間夠不夠的問題，須思量是否根本不得法也。「南轅而北轍」思考與行為之結果，均可能致此。

　　民主之常態，國會是助力而非阻力。立委之意見，愚以為不外來自專業理念之堅持與利害之糾葛兩項。前者，或以舊經驗、舊知識，誤指新政策之謬誤或方式之不當，此類可以說理解決。至若為利益之糾葛，則須辨：首從？目的？企圖？形成方式？牽連範圍？可能之作為？發動時間？一次解決或逐次強化壓力？對本單位可能之影響？等等，究明所以，則將相關訊息陳報長官，並用以擬定對策。往往弭可能之禍於無形，或可以制亂於初動（尤其是可能發酵為政治事件者為然。）最不濟亦可使對手因可能付出慘痛代價而知所進退。公關之為

用在此。

　　院長出身科技，乃化學界之泰斗，對於物質之化學、物理性質瞭如指掌；對時間、溫度與相類或異類物質之摻和與可能引起之變化，亦如數家珍。依晚之見，國會公關亦當如是，而非尋常之鞠躬拜託（此必不可免），吃飯送禮。當然，晚亦承認，絕大多數國會聯絡人功力或不及此，然孜孜矻矻者，亦大有人在。立院此次審查總預算案當天（元月三、四日），晚亦在現場處理相關事宜，且親見 貴院一男一女二位一級主管在場，渠等為公務憂心可以「愁容滿面」形容，但因對偌大國會雖登堂入室，卻無以「窺其堂奧」也缺敲門磚；而各單位人員也難以援手，其結果遂如眾所知。此非不用功也，實不得法也。

　　院長大人，過往國人肯定　李國鼎先生於國家工業起飛乃至電子業興盛之貢獻；而今國人期待生化科技之發展與傳統產業之改良，直如大旱之望雲霓，此一希望亦幾乎繫於 鈞長一身。因此，晚實不忍見為俗務纏身，畢竟國際級之人才，非可世出，亦難替代。愚之管見或難登大雅；惟真誠一片，聊供 鈞參，亦冀求 為國珍重

　　　　　　謹此
　　　　　　敬頌

　　鈞安

　　　　　　　　　　　　　　　　晚 劉省作 拜上 2001.01.20

附錄表一 歷任衛生署署長與健保局總經理任期暨與健保有關大事紀圖

年	月／日	健保大事	署長	總經理
1990	6/2		張博雅	葉金川
		1994.7.19 立院通過健保法（未強制加保） 　　　9.16 修正健保法（強制加保） 　　　增11-1，69-1 修87.		
1995	1/1	1995.01.01 健保局籌備處成立 　　　03.01 全民健保開始實施 　　　03.21 署健保規劃小組改制健保小組 　　　04.28 健保監理委員或成立		
1997	8/31			
1998	2/9		詹啓賢	賴美淑
		1998.03　　保險收入開始少於支出 　　　平均眷口數降爲0.88（原1.36； 　　　1.1；0.95） 1998.0701 牙醫總額制實施 1999.06.22修正健保法（眷口五口降爲三口） 　　　修19,26 　　　（降滯納金及罰鍰）修30,69.Y 增 　　　87-3 　　　（擴大範圍、放寬投保資格）修 　　　10,11,14 　　　（設紓困基金）增87-1,87-2 　　　（低收入戶保費補助）修8,9,12		
2000	5/19		李明亮	
		（加強山地離島照顧）修32,36 2000.07.01 中醫總額制實施 2001.01.04修正健保法（軍人納保）修 　　　8,9,11,13,14,18,19,21,22,24,25,27,2 　　　8,29…………‧（case1）		
2001	2/14			張鴻仁
		2001.07.01 西醫基層總額實施 2001.12.29 立院通過兩性工作平等法…… 　　　…………（case2） 2002.06.20 修健保法（擴大費基案）……		

年	月／日	健保大事	署長	總經理
		………… （case3）		
		（投保級距提高為5倍以上）修21		
		（軍公教全薪納保）修27,增22-1		
		（解決地方欠費）修29		張
		（紓困）增87-1,87-2		鴻
		2002.07.01 醫院總額實施		仁
		2002.07.27 衛屬公告定額部分負擔		
		2002.08.02 行政院同意調健保費率（4.25%調至4.55%）		
2002	8/31			
		2002.09.01 實施健保雙調（部分負擔與費率）	涂醒哲	
2003	5/16			
	迄	2003.06.06 修正健保法（協助弱勢就醫）修30,87-1,87-2,87-3, 增87-4,87-5	陳建仁	
		2004.01.01 I.C.卡全面實施		
2004	6/21			
	今			劉見祥

資料來源：作者整理。

備註如下：
張博雅：高雄醫學院醫學系、台大公衛碩士、美國約翰霍普金斯大學公衛碩士、日本吉林大學醫學博士、高醫教授兼主任、嘉義市長（二屆）、立法委員
詹啟賢：中山醫學院醫學系、美國波莫那學院企管研究、奇美醫院院長
李明亮：台大醫學院醫學系、美國邁阿密大學生化學分子生物學博士、英國劍橋大學MRC分子生物研究室Helen Hay Whitney研究員、美國邁阿密大學助理教授、台大客座副教授、新澤西州立醫科大學遺傳醫學科主任
涂醒哲：台大醫學院醫學系、台大預防醫學碩士、美國加大洛杉磯分校公衛博士、衛生署防疫處處長、疾病管制局局長、副署

長、台大公衛副教授

陳建仁：台大理學院動物學系、台大公衛碩士、美國約翰霍普金斯大學公衛博士、台大公衛教授、所長、院長、美國哥倫比亞大學公衛客座研究員、國科會副主任委員、中研院院士

葉金川：台大醫學院醫學系、台大公衛碩士、哈佛大學公衛碩士、衛生署醫政處副處長、處長、技監、副署長、中央健康保險局籌備處處長

賴美淑：台大醫學院醫學系、匹茲堡大學公衛碩士、公衛博士、衛生署保健處副處長、處長、副署長

張鴻仁：陽明大學醫學系、台大公衛碩士、哈佛大學公衛碩士、衛生署藥政處副處長、防疫處處長、疾管局局長、副署長

劉見祥：台大社會系、政治大學公共行政碩士、文化大學法學博士、勞工保險局醫療給付部經理、勞委會勞保處處長、健保局副總經理、健保局總經理

附錄表二　深度訪談對象、代號、簡歷、訪談時間與相關
　　　　　法案關係及訪談大綱

　　本「行政部門在國會之運作──以中央健康保險局爲例」的研
究，採取實務個案案例舖陳，再以部（府）際關係、領導因素與利害
關係團體的運作等三大因素爲脊柱貫穿全案的研究方式；而筆者以親
身參與觀察並遍採相關的文獻、二手資料，蒐集國會議事運作關係文
書與相關大作等，擷取先行者之智慧的方法用以相互佐證，冀求呈現
最大事實。然而，諸多關鍵內幕如決策過程、協商實情、法條或利益
的交換等的一手資訊，未能取得，則知其然而不知其所以然，雖可構
成架構，卻無以充實內容達成信而有徵的研究責任。因此，就三大個
案相關人、事，從眾多可能受訪的候選人中，挑出下列具代表性的人
物：曾任衛生署署長者、卸任的衛生署副署長且曾任健保局總經理
者、現任勞委會之中高階主管、國防部資深的國會上校聯絡人、與曾
任兩個軍醫院院長者各一人，另外，現任立委四人及卸任立委一人，
皆是熟諳相關議案決策或協商過程之政務首長、公共管理者或常任官
員及立委；甚至根本就是決策或協商的當事人。苦心孤詣，無非爲實
踐還原眞相塡補學者風雨名山之業的罅隙的初衷；另爲對研究結果及
深度訪談者有所交代，所有訪談提綱均先經渠等過目後再進行訪談，
且過程內容，也都於整理完竣後，請當事人簽名，以資證明；惟爲確
保當事人免受不必要之困擾，筆者僅以代號示知被訪人之背景，並不
公布訪談答覆內容，但爲證明所有訪談之進行及內容屬實，相關正本
內容均出示予本研究之三位指導教授。謹此報告，並臚列相關表單、
大綱於後：

深度訪談被訪談人之簡歷與相關法案之關係表

代號	身分或經歷	訪談時間	備註
001	卸任立委（三任立委）	2004.5.3　14:00-16:00 2004.5.4　21:00-24:00 2004.5.5　21:20-22:05	「兩性工作平等法」
002	卸任衛生署署長	2004.5.18　13:30-16:00	三大案例
003	卸任衛生署副署長、健保局總經理	2004.5.4　10:00-12:00	三大案例
004	卸任國防部資深國會聯絡人	2004.5.7　14:30-15:30	「軍人納保案」
005	現任立委（兩任立委）	2004.5.7　12:00-13:00	三大案例
006	現任立委（一任立委）	2004.5.7　10:30-11:30	「擴大費基案」
007	勞委會中、高階主管	2004.5.10　10:50-12:00	「兩性工作平等法」
008	現任立委（兩任立委）	2004.5.4　13:30-15:00	三大案例
009	現任立委（一任立委）	2004.5.7　10:30-11:30	「擴大費基案」
010	卸任的兩個軍醫院院長	2004.5.1　18:00-19:00 2004.5.8　22:00-24:00	「軍人納保案」

資料來源：作者整理。

附錄表二～一　深度訪談對象001訪談大綱

鈞鑒

　　晚為應研究：「行政部門在國會之運作——以中央健康保險局為例」之需，對於健保議題的某些關鍵因素實欠缺一手的資訊佐證，故冒昧拜會請益，敬祈　指正。謝謝！

晚劉省作 敬上 2004.05.03

受訪者：　　　　　職稱：　　　　　　　代碼：001
訪問人：　　　　　地點：
時　間：

一、1990 起提出的「兩性工作平等法草案」案，歷經法案屆期不連續（1999 年）的重新再提出，迄1999 年底才在送院會二讀時進行朝野協商，請問委員，您是在怎樣的一個心情下，接下此一重任？當時乃至事後，很多立委均認為本案難以協商，您的看法呢？又育嬰假之樂於利用及二次就業機會之提供，是否為您的重點？

二、協商本案六人小組成員：郭玲惠教授、黃國鐘律師、劉梅君教授，焦興凱教授、劉志鵬教授、尤美女律師等六人是如何產生的？幕僚作業是否全由行政院勞委會負責？

三、歷時近二年的協商，十四次版本整合的會議與八次的協商，您認為最困難的部分何在？又如何化解？

四、有關本法第十六條第二項：「原由雇主負擔之保險費，免予繳納。」此一條文在行政院版及委員提案中俱無，請問它是在哪一次協商中被提出的？又係何人提出？何時形成協商結論？原因為何？

五、協商簽字時間是：因院會協商紀錄時間為2001 年5月31日；而您的感言說法是2001 年6月5日？

六、2001年12月6日本法法進行二讀時，由於健保有關法條之問題未能完成二、三讀程序，您曾受到婦女團體責難嗎？

七、本法於2001年12月21日通過，相關請育嬰假之軍公教人員及勞工朋友之雇主應負擔之保費，均由「就業安全基金」透過婦女權益促進會支應（至2003年1月1日以前），是否出乎您的預料之外？

八、就本法三讀時所作附帶決議：「受僱者育嬰留職停薪期間，原由雇主負擔社會保險之保險費，改由行政院負擔協調全額補助。」您認為是否有必要？對行政院某些官員的反對您的看法？

九、對於此一高難度高技巧的協商，您以「立委畢業作」肯定對本法的努力，全國民眾亦加以肯定，請問您的確切想法？

十、就本法而言，您對勞委會的整體評價如何？又對相關利害團體的婦女與勞工團體，您有怎樣的評價？

十一、就協商過程，請問對相關部會及首長，有需要補充說明的地方嗎？

附錄表二～二　深度訪談對象002訪談大綱

　　　　　　鈞鑒

　　晚為應研究：「行政部門在國會之運作──以中央健康保險局為例」之需，對於健保議題的某些關鍵因素實欠缺一手的資訊佐證，故冒昧拜會請益，敬祈　指正。謝謝！

　　　　　　　　　　　　　　　　晚劉省作 敬上 2004.05.03

受訪者：　　　　　　職稱：　　　　　　　　代碼：002

訪問人：　　　　　　地點：

時　間：

一、可否請您概述對「全民健保」業務的看法？

二、「軍人納保案」立法院於1999年5月31日曾在朝野協商第三次會議時決議將2001年1月1日實施，請問對本案您有何看法？

三、2000年5月12日之健保多元保險人版本，提案內容是第一次有「軍人納保案」之相關修正條文，但本案在冷凍於立法院程序委員會後，遭撤回（2001年4月3日）；但撤回前2001年1月4日本案已通過，您有何看法？

四、本案係健保局拜託委員提案，並協助幕僚作業，之後順利三讀通過，賴前總經理歸功於您的授權？您有何看法？

五、在行政院院會中，曾討論過軍人納保案嗎？

六、您對健保局的未來有何期待？

七、「兩性工作平等法」於2001年12月6日進行二讀前，臨時被健保局張總經理請民進黨（執政黨）提起復議一事，對此您有何看法？

八、「兩性工作平等法」立法之過程讓行政院及勞委會似乎對衛生署

及健保局都有所不愉快，您的看法？又在院會曾正式討論嗎？

九、全民健保法擴大費基案，於2002年4月8日及4月15日兩次委員會審查均十分順利，惟4月25日二讀時一委員提案交付朝野協商，5月2日協商沒有結論；5月10日（取消）；5月30日您已同意第二、三、六類之納保人分別象徵性地調高10元及調降10元，但○○黨之○○○、○○○委員卻「走人」，您有何看法？

十、6月14日您同意張總經理之建議，第二十三條不予修正，由張蔡美委員追回在歐洲的林惠官委員，才有6月17日之協商簽字，您的看法？

十一、從本案之修正，您對立法院有何看法及建言？對相關財、主、勞委會、國防部及銓敘部等相關部會有何看法？

十二、您對賴美淑總經理與張鴻仁總經理在貫徹您的理念方面，請問分別有何看法？

附錄表二～三　深度訪談對象003訪談大綱

　　　　　　　鈞鑒
　　晚為應研究：「行政部門在國會之運作 —— 以中央健康保險局為
例」之需，對於健保議題的某些關鍵因素實欠缺一手的資訊佐證，故
冒昧拜會請益，敬祈　指正。謝謝！
　　　　　　　　　　　　　　　　晚劉省作 敬上 2004.05.03

受訪者：　　　　　　　職稱：　　　　　　　　代碼：003
訪問人：　　　　　　　地點：
時　間：
一、對軍人納保案的通過，請教您的看法？
二、本案在當時的施政程序上是否是優先項目？若不是則什麼是優先
　　項目？
三、您對詹前署長熱衷於多元保險人體制之改造，有何看法？您認為
　　在國家現行體制下，什麼體制可能比較適合健保局？
四、詹前署長之領導特質與李明亮署長有何不同，可否概述？
五、本案通過是在李明亮署長任內，李署長對此案，是否曾有過指
　　示？
六、您在公務員任內，對行政院、衛生署與其他部會在部際關係上有
　　何看法？
七、就公共管理者而言，您對國會的運作有何看法？

附錄表二〜四 深度訪談對象004訪談大綱

　　　　　鈞鑒

　　晚為應研究：「行政部門在國會之運作—— 以中央健康保險局為例」之需，對於健保議題的某些關鍵因素實欠缺一手的資訊佐證，故冒昧拜會請益，敬祈　指正。謝謝！

　　　　　　　　　　　　　　晚劉省作 敬上 2004.05.03

受訪者：　　　　　職稱：　　　　　　　代碼：004
訪問人：　　　　　地點：
時　間：

一、1995年3月14日《青年日報》刊出國防部：軍人不納入全民健保所考量之四個因素（管理、任務特殊、民間資源不均不足、軍機安全），您的看法是？

二、1996年10月重申不宜加入之九大理由，您的看法？

三、1998年7月1日委託健保局提共三格卡之原因？決策過程？

四、1999年5月31日立法院決議於2001年1月1日實施軍人納保？國防部有何積極做法？因立法院一直沒有修法之提案，國防部知否？

五、國防部伍副部長於行政院（2000年5月4日）討論本法時，請行政院協助相關軍人納保費用，您的看法？

六、2001年1月4日通過「全民健康保險法修正草案」，將軍人納保，國防部之看法？為何想延至2001年3月1日才實施？

七、本法拖延甚久，「軍系立委」在其中扮演之角色？國防部對衛生署有何看法？

附錄表二～五　深度訪談對象005訪談大綱

　　　　鈞鑒

　　晚爲應研究：「行政部門在國會之運作──以中央健康保險局爲例」之需，對於健保議題的某些關鍵因素實欠缺一手的資訊佐證，故冒昧拜會請益，敬祈　指正。謝謝！

　　　　　　　　　　　　　晚劉省作 敬上 2004.05.03

受訪者：　　　　　職稱：　　　　　　　　代碼：005

訪問人：　　　　　地點：

時　間：

一、您過去長期在衛環委員會又是召集委員與黨的副執行長，以您對
　　衛生單位之瞭解，您認爲健保業務首先應加強的是什麼？

二、健保於1995年3月1日開始實施，而在歷次健保修法版本中，均
　　未曾見到有關軍人納保之條文，唯一例外是2000年5月12日版，
　　但該版本從未付委一直在程序委員會，之後並撤回之原因何在？

三、1999年5月31日朝野第三次協商健保擴大費基案時，曾決議於第
　　二階段2001年1月1日將軍人納保，但並無任何後續動作，您的
　　看法？

四、2001年1月4日「全民健康法部分條文修正案」即軍人納保有關
　　條文在未經朝野協商之情形下，逕付二讀並順利完成三讀。您身
　　爲四十二位連署人之一，請問有何看法？

五、本案從1995年延至2001年實施，您對國防部與衛生署各有何看
　　法？

六、「兩性工作平等法」之立法院協商過程十分不易，您對此結果有
　　何看法？

七、「兩性工作平等法」在二讀前有關第十六條第二項：「原由雇主

負擔之保險費，免於繳納。」因協商過程從無健保人員加入致衍生提出復議案之情況，其後幸得行政院張前院長指示勞委會以「就業安定基金」支應相關款項，才化解困境。對此，您的看法如何？又對行政單位橫向聯繫與縱向指揮有何看法？

八、2002年6月20日三讀通過健保擴大費基修法案時，在委員會兩次審查並無重大的爭議，且決議本案逕送院會審查，並不須經朝野協商；但是4月25日某黨委員等24人提案對第二十三條修正條文，要求回復原條文，並送朝野協商，您的看法？

九、本案歷經四次協商（一次因故停開），於5月30日第三次協商時，衛生署署長及健保局總經理已同意○○黨某兩委員之提議，即第二、第三類調升10元，第六類調降10元，但他們卻「走人」，您的看法？

十、本次修法，您認為只是完成了二個公平，而第三個公平即第二、三、六類定額納保規定，失業的人繳納的比有職業的人還多，係因○○黨○○○委員反對所致，您的看法？

十一、對於國會議事，行政單位與行政單位間的關係等，您有何建議或補充？

附錄表二～六　深度訪談對象006訪談大綱

鈞鑒

晚爲應研究：「行政部門在國會之運作——以中央健康保險局爲例」之需，對於健保議題的某些關鍵因素實欠缺一手的資訊佐證，故冒昧拜會請益，敬祈　指正。謝謝！

晚劉省作 敬上 2004.05.03

受訪者：　　　　　　職稱：　　　　　　　　　代碼：006

訪問人：　　　　　　地點：

時　間：

一、您深具醫藥背景與素養，對於公共衛生領域有十分清楚的想法，請問您認爲健保現階段的重點工作是什麼？

二、您進入立法院之後，作爲一位執政黨的立委，面對理想與行政政策，您有需要調適的地方嗎？

三、對於健保擴大費基案於2002年5月30日之協商時（前兩次分別爲5月2日沒有結論；5月10日因故取消），有關有工作的第二、第三類人之保險，遠低於第六類沒有工作者的保費，而衛生署署長同意僅象徵性將前者調升10元；後者調降10元，但卻不爲親民黨籍協商代表接受，且隨即離開會場。此時，您的看法爲何？對朝野協商您又有何看法？

四、5月30日協商破局後，您當場發言表示：要幫第六類人組織起來協助他們爭取公道，您的感慨是什麼？您的電台有在做宣導理念的工作嗎？

五、您進入國會爲民喉舌，您對行政單位的部際關係有何體會？

六、您對於所認識的衛生署長與健保局總經理的評價如何？有何建言？

附錄表二～七 深度訪談對象007訪談大綱

　　　　鈞鑒

　　晚為應研究：「行政部門在國會之運作 —— 以中央健康保險局為例」之需，對於健保議題的某些關鍵因素實欠缺一手的資訊佐證，故冒昧拜會請益，敬祈 指正。謝謝！

　　　　　　　　　　　　　　　晚劉省作 敬上 2004.05.03

受訪者：　　　　　　　　職稱：　　　　　　　　代碼：007

訪問人：　　　　　　　　地點：

時　間：

一、可否請您概述「兩性工作平等法草案」研擬之過程？

二、行政院版之「兩性工作平等法草案」勞委會係於1994年5月陳送行政院核議，迄1999年3月31日行政院始函請送立法院審議，其中研議的主要障礙何在？各是哪些部會之業務？

三、對於本案草案歷時近五年才送立法院審議，您認為主要原因何在？

四、立法院於1999年5月31日及6月14日分二次召開委員會聯席會審查本案之各版本草案，僅審查通過第一條條文，其餘條文全遭保留送院會協商之原因何在？

五、1999年底，本案由立院新黨黨團認養並交由謝啓大委員負責召集協商，您的高見為何？

六、謝委員負責之協商，首先組成六人小組負責整合各版本，對於六人小組之組　成您的看法為何？而十四次的整合會議您有何看法？

七、立法院對於本法之協商，認為是高難度、高技巧的協商，您的看法為何？又有關本法第十六條第二項：「原由雇主負擔之保險

費，免予繳納。」並非出於院版或委員提案，出於何處可否告知？何時？

八、本案最後係由就業安定基金透過行政院婦女權益促進會支付上開原由雇主負擔之保費，（2002年3月8日至2002年12月31日）您的看法為何？

九、就本案之訂定，您認為行政院勞委會、國防部、經濟部、衛生署、銓敘部、人事局等單位之協調性如何？

十、有關本案二讀時，因事關健保存續所衍生之二讀復議造成行政院、勞委會均對健保局不滿，請教　您的看法？

十一、請教　您是否有補充意見？

附錄表二～八 深度訪談對象008訪談大綱

鈞鑒

晚為應研究:「行政部門在國會之運作——以中央健康保險局為例」之需,對於健保議題的某些關鍵因素實欠缺一手的資訊佐證,故冒昧拜會請益,敬祈 指正。謝謝!

晚劉省作 敬上 2004.05.03

受訪者: 職稱: 代碼:008

訪問人: 地點:

時 間:

一、2002年4月在委員會審議健保擴大費基案時,您是主席,在六個修正提案中,您有二個提案(投保金額上下限由三點八倍提高為五倍、軍公教全薪納保,及醫事檢驗機構指定改特約),可否請您說明感想?

二、在1999年朝野協商軍公教以全薪納保案時,當時銓敘部的莊碩漢次長也肯定以八折納保,當時是何人一直反對?

三、2002年4月8日在您擔任主席審議「全民健康保險法」擴大費基案有關第二、第三類調升保費;第六類調降保費之相關條文時,委員會並未發生爭議,且即無異議通過?

四、您對於委員會員決議不須經過朝野協商,但2002年4月25日二讀前遭委員提案要求將修正條文第二十三條恢復原條文並交付朝野協商一事,有何看法?又您對提案委員有何看法?

五、5月2日之朝野協商似無具體結論;5月10日之會因故取消;5月30日之協商時,署長已同意親民黨團某兩位委員之第二、第三類調高10元,第六類調降10元的提議,但何以協商破局?

六、6月14日張總經理向您報告接受林惠官委員回復後第二十三條原

條文，您去電歐洲找林惠官委員時，他正和WTO代表顏慶章先生談話，您與他們都講話了嗎？林委員態度如何？

七、6月17日達成協商，6月20日完成三讀，朝野都肯定您對本案之努力與忍辱負重，但也遺憾第三個公平沒有達到，您的看法？如何修正立法院議事「院會個人化現象」？

八、您認為本案是否親民黨團的意見？還是各別委員之意見？

九、您對林進興委員表示：第六類人口因無組織，所以無人聞問，他要組織起來，幫他們爭公道一事，您有何看法？

十、可否請您概述（軍人納保案），提案之緣起與經過？

十一、您在推動這些修法的過程，對相關部會的部際關係有什麼樣的看法？

十二、請教　您有何補充意見？

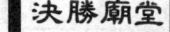

附錄表二～九　深度訪談對象009訪談大綱

　　　　鈞鑒

　　晚為應研究：「行政部門在國會之運作──以中央健康保險局為例」之需，對於健保議題的某些關鍵因素實欠缺一手的資訊佐證，故冒昧拜會請益，敬祈　指正。謝謝！

　　　　　　　　　　　　晚劉省作 敬上 2004.05.03

受訪者：　　　　　　職稱：　　　　　　　　代碼：009

訪問人：　　　　　　地點：

時　間：

一、對於健保體系下的醫療環境，請教　委員有何看法？

二、對於健保在老人急遽增加，新儀器及藥物不斷提升進入，重大傷病人口累積等情況下，面對健保費的難以調整且安全準備金嚴重不足，您認為健保局該如何做？

三、對於2002年4月8日及4月15日兩次在委員會審查「全民健康保險法部分條文修正草案」即擴大費基案時，衛環委員會在沒有異議下分別通過第二十三條條文修正案及送院會二讀時，不須朝野協商之決議，在4月25日遭到某委員等二十四人提案，要求第二十三條修正條文回復原條文並交付協商之提案通過，您的看法？

四、本案於2002年5月2日協商沒有結論；5月10日因故取消協商；5月30日協商時，衛生署長及健保局總經理已同意：貴黨兩位參與協商委員所提意見，第二、第三類分別由原規劃之調升30元，變為調升10元；另第六類由調降30元，變為調降10元等。何以後來參加協商者離開而未能做成決議？

五、本擴大費基案時於休會前兩天的2002年6月20日完成三讀，但第二十三條條文有關之第二、第三、第六類人之保費維持不動，以

致影響健保財務之原規劃，您認為財務之狀況有這麼危險嗎？又此與李明亮署長提前發動健保雙漲（2002年9月1日）是否有直接關係？

六、以您對健保體系之深入瞭解，您認為行政院、衛生署及健保局各有何應努力之處？其間部際關係如何？

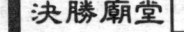 
附錄表二～十 深度訪談對象010訪談大綱

　　　　鈞鑒

　　晚為應研究：「行政部門在國會之運作 —— 以中央健康保險局為例」之需，對於健保議題的某些關鍵因素實欠缺一手的資訊佐證，故冒昧拜會請益，敬祈　指正。謝謝！

晚劉省作 敬上 2004.05.08

受訪者：　　　　　職稱：　　　　　　　　　代碼：010
訪問人：　　　　　地點：
時　間：

一、您曾歷任哪些軍方醫院院長？又曾參與哪些有關「軍人納保案」之重要會議？以何官階退伍？

二、1995年3月14日《青年日報》刊出國防部：軍人不納入全民健保所考量之四個因素（管理、任務特殊、民間資源不均不足、軍機安全），您當時的看法是？事後看法是否有變？

三、1996年10月重申不宜加入之九大理由，您的看法？

四、1998年7月1日委託健保局提供三格卡之原因？決策過程？

五、我國戰略之指導原則既是「固安作戰」與「決戰境外」；依您卓見，國防部是否對當時之衛生體系之緊急醫療戰時轉換民間支援之架構，沒有信心？抑或有其他考量？

六、1999年5月31日立法院決議於2001年1月1日實施軍人納保？國防部有何積極做法？

七、國防部伍副部長於行政院（2000年5月4日）討論本法時，請行政院協助相關軍人納保費用，您的看法？

八、2001年1月4日通過「全民健康保險法修正草案」，將軍人納保，國防部之看法？為何想延至2001年3月1日才實施？

九、健保「軍人納保案」延宕甚久，以您久任重要軍醫院院長之看
　　法，此案軍眷既有呼籲且軍人亦有意願；而「軍系立委」在其中
　　並不主動推動之原因爲何？

十、本案依您卓見國防部部本部與軍醫系統之立場，是否始終一致？
　　若非，則原因何在？

十一、綜合整個情況，您對衛生署與健保局有何看法？對國防部與衛
　　　生署之間的立場與態度有何看法？

附錄表三　立法院第四屆及第五屆各會期各黨（政）團人數

	第四屆					
	第一會期	第二會期	第三會期	第四會期	第五會期	第六會期
民進黨	72	72	68	67	67	60
國民黨	123	126	115	115	113	111
親民黨			17	19	20	20
新黨	11	11	9	9	7	8
其他	10	9	7	4	6	6
無黨籍	8	7	7	6	6	9
	224	225	223	220	219	214

	第五屆					
	第一會期	第二會期	第三會期	第四會期	第五會期	第六會期
民進黨	89	88	88	88	87	80
國民黨	70	66	66	66	66	66
親民黨	46	45	46	46	46	46
台聯黨	13	13	13	12	12	12
其他	7	4	2	9	10	2
無黨籍		8	8	2	2	11
	225	224	223	223	223	217

資料來源：作者整理。

附錄表四　第四屆立法院各次級團體及民進黨內流派一覽表

名稱	人數	成員
台聯會	21	何智輝　高揚昇　謝言信　林建榮　林益世　郭榮振　郭素春　陳清寶　陳榮盛　陳振雄　劉銓忠　邱創良　鄭永金　鍾紹和　穆閩珠　楊瓊瓔　廖婉汝　曾蔡美佐　黃敏惠　張蔡美　廖風德
國改會	12	周錫瑋　李慶安　朱立倫　李先仁　秦慧珠　陳學聖　劉文雄　趙永清　鄭金玲　黃顯洲　鍾紹和　賴士葆
新台灣同政聯盟	22	張福興　陳明文　徐少萍　張蔡美　盧秀燕　侯惠仙　陳學聖　林南生　林耀興　張明雄　宋煦光　劉炳偉　鄭憲章　謝章捷　羅金玲　林正二　徐慶元　梁牧養　林瑞圖　陳朝容
親政會	24	周五六　許登宮　李正宗　陳超明　廖風德　蕭苑瑜　陳宏昌　林明山　張明雄　關沃暖　李先仁　黃顯洲　陳傑儒　黃敏惠　羅明才　吳光訓　方醫良　吳池清　邱鏡淳　曾華德　蔡憲恩　葉憲恩　陳進丁　高揚昇
親民會	21	呂新民　王昱婷　李嘉進　劉政鴻　吳政變　吳光訓　方醫良　蔡豪　林宏昌　林源山　吳清池　陳根德　黃顯洲　黃木添　林南生　李添榮　黃明和　游准銀　王令麟　邱鏡淳　曾振農
改革會	16	黃顯洲　丁守中　朱立倫　江綺雯　李先仁　洪秀柱　郭素春　黃明和　盧秀燕　陳學聖　趙永清　許舒博　徐少萍　章仁香　林益世　朱鳳芝
e世代同政聯盟	19	陳鴻基　王昱婷　陳宏昌　林志嘉　林炳坤　林建榮　林國龍　林益世　徐中雄　翁重鈞　張明雄　陳根德　陳傑儒　陳瓊讚　黃敏惠　廖婉汝　鄭永金　劉憲同　鍾利德
厚生會	43	郁慕明　朱惠良　朱鳳芝　佘政道　李先仁　李俊毅　李應元　李顯榮　沈富雄　沈智慧　林志嘉　林耀興　李正宗　邱太三　侯惠仙　洪奇昌　徐少萍　張蔡美　梁牧養　許添財　許榮淑　陳其邁　陳振盛　曾永權
協和會	33	劉盛良　王天兢　李鳴鞏　李顯榮　林源山　林建榮　徐少萍　陳清寶　章仁香　曹爾忠　黃秀孟　楊吉雄　廖福本　蕭金蘭　張蔡美　靳曾珍麗　宋煦光　游月霞　郭素春　周正之　穆閩珠　洪讚　楊仁福　朱鳳芝
新台灣政策研究基金會	56	劉炳偉　陳明文　楊瓊瓔　郭文欣　林南生　謝言信　周五六　邱創良　陳振盛　林耀興　林瑞圖　張福興　張蔡美　陳超明　林明義　羅明才　劉文雄　徐少萍　盧秀燕　陳進丁　周錫瑋　林源山　林正二　葉憲修　林春德　郭榮振　盧逸峰　謝章捷　李鏡淳　吳兌清　穆閩珠　陳朝容　陳榮盛　張明雄　林益世　張文義　鄭金玲　劉銓忠　吳光訓　黃敏惠　楊仁福　鍾紹和　曾華德　方醫良　鄭永金
國大聯誼會	19	劉憲同　吳光訓　李先仁　郭素春　黃敏惠　廖婉汝　穆閩珠　黃顯洲　宋煦光　林正二　陳進丁　陳鴻基　羅明才　張鴻興　李正宗　楊益雄　楊作洲　蔡鈴蘭　陳瓊讚

附錄表四 第四屆立法院各次級團體及民進黨內流派一覽表（續）

名稱	台聯會	國改會	新台灣問政聯盟	親政會	親民會	改革會	e世代問政聯盟	厚生會	協和會	新台灣政策研究基金會	國大聯誼會
成員								馮定國、黃本添、黃明和、黃昭順、黃敏惠、靳曾珍麗、趙永清、蔡中涵、蔡煌瑯、蔡鈴蘭、鄭龍水、蕭金蘭、賴勁麟、賴清德、營志宏、鍾金江、盧秀燕、葉宜津	廖風德、楊作洲、江綺雯、李全教、范揚盛、高揚昇、許案葉、黃木添、關沃暖	宋煦光、呂新民、陳根德、陳宏昌、曾蔡美佐、黃義交、黃顯洲、侯惠仙、徐慶元	劉憲同
會長或總召	何智輝	周錫瑋	張福興	周五六	呂新民	黃顯洲	陳鴻基	郝龍斌	劉盛良	劉府偉	

資料來源：作者整理。

附錄表四　第四屆立法院各次級團體及民進黨內流派一覽表（續）

名稱	人數	成員	會長或總召
永續發展促進會	15	朱惠良、柯建銘、邱垂貞、洪奇昌、趙永清、蘇煥智、曹啟鴻、賴勁麟、朱立倫、廖學廣、王麗萍、陳學聖、周清玉、楊秋興、郝龍斌	朱惠良
原住民問政會	19	曾華德、高揚昇、朱鳳芝、林正二、張福興、卓榮泰、廖福本、劉盛良、穆閩珠、林春德、劉文雄、陳昭南、鍾金江、蔡中涵、朱惠良、邱議瑩、巴燕達魯、瓦歷斯貝林、楊仁福	曾華德
60社	17	陳其邁、邱太三、彭紹瑾、李文忠、卓榮泰、賴清德、張學舜、唐碧娥、蔡煌瑯、葉宜津、賴勁麟、王麗萍、余政道、王雪峰、陳景峻、周雅淑、陳其邁	陳其邁
大陸台商權益促進會	32	鄭龍水、朱大三、周錫瑋、周清玉、馮定國、郭素春、王昱婷、朱惠良、林建榮、李俊毅、林瑞圖、邱鏡淳、張福興、陳振盛、陳進丁、黃清和、蔡家福、盧秀燕、蕭金蘭、王天競	鄭龍水
巾幗會	12	黃昭順、張蔡美、徐少萍、黃秀孟、黃敏惠、蔡鈴蘭、郭素春、楊瓊瓔、廖婉汝、盧秀燕、蕭金蘭、靳曾珍麗	黃昭順
主流聯盟 — 美麗島（新動力）	6	許榮淑、林豐喜、許鍾碧霞、陳忠信、陳勝宏、陳麗淳	許榮淑
主流聯盟 — 福利國	12	蔡同榮、卓榮泰、周清玉、周慧瑛、邱垂貞、柯建銘、張川田、張秀珍、李慶雄、鄭朝明、劉錦福、李俊毅	蔡同榮
主流聯盟 — 正義連線	11	沈富雄、余政道、林重謨、張悟成、張清芳、陳宜津、葉宜津、蔡煌瑯、鄭寶清、戴振耀、王雪峰	沈富雄
主流聯盟 — 台獨聯盟	4	李應元、林國華、黃爾璇、王幸男	李應元
其他	5	何嘉榮、周雅淑、湯金全、張學舜、許添財	--
新世紀	8	張俊宏、林文郎、徐志明、陳昭南、劉俊雄、林宗男、鍾金江、巴燕達魯	張俊宏
新潮流	15	洪奇昌、李文忠、林濁水、邱太三、翁金珠、曹啟鴻、陳景峻、彭紹瑾、楊秋興、蔡明憲、賴勁麟、賴清德、簡錫堦、蘇煥智、王世勛	洪奇昌

資料來源：作者整理。

附錄表五　立法院第五屆第一會期至第六會期各黨（政）團三長

2002 年 2 月~2004 年 9 月

時間 黨（政）團		第一會期	第二會期	第三會期	第四會期	第五會期	第六會期
民進黨	總召	柯建銘	柯建銘	柯建銘	柯建銘	柯建銘	柯建銘
	幹事長	許榮淑	許榮淑	邱垂貞	邱垂貞	蔡煌瑯	蔡煌瑯
	書記長	王拓	王拓	陳其邁	陳其邁	李俊毅	李俊毅
國民黨	執行長	曾永權	曾永權	曾永權	曾永權	曾永權	曾永權
	書記長	林益世	李全教	劉政鴻	李嘉進	廖風德	黃德福
親民黨	總召	李慶安	沈智慧	鍾紹和	周錫瑋	謝章捷	劉文雄
	副總召	秦慧珠	李鴻鈞	邱毅	鄭美蘭	許淵國	呂學樟
	幹事長	黃義交	劉文雄	林郁芳	蔡中涵	林春德	林正二
台聯黨	總召	許登宮	蘇盈貴	錢林慧君	廖本煙	陳建銘	黃宗源
	副總召	羅志明	廖本煙	黃宗源	陳建銘	程振隆	陳建銘
	幹事長	程振隆	林志隆	程振隆	程振隆	何敏豪	黃政哲
無黨聯盟	總召			瓦歷斯貝林	邱創良	顏清標	顏清標
	副總召			呂新民	呂新民	陳進丁	陳進丁
	幹事長			陳進丁	鄭余鎮	朱星羽	朱星羽

資料來源：作者整理。

註：1.每一會期之時間，由每年2月1日~5月31日；9月1～12月31日，必要時得
　　　經院會通過延會之。

　　2.無黨籍聯盟由於本屆第一會期開議後，一直無法有效解決成立之人數門檻，
　　　所以迄第三會期始有黨（政）團幹部產生。

附錄表六　立法院第四屆第一會期各委員會召集委員暨委員名單

衛生環境及社會福利	預算及決算	內政及民族	經濟及能源	司法	外交及僑務	科技及資訊	國防	財政	教育文化	交通	法制
徐中雄	劉盛良	蔡家福	鄭永金	郭素春	李先仁	王昱婷	王天競	羅明才	黃秀孟	林炳坤	劉光華
李應元	沈智慧	黃木添	許舒博	謝啟大	關沃暖	蘇煥智	周錫瑋	何智輝	林政則	陳朝容	朱鳳芝
黃明和	林文郎	簡錫堦	邱垂貞	林瑞圖	王雪峰	馮定國	周伯倫	朱星羽	林宗男	蔡煌瑯	林濟水
沈富雄	林忠正	葉菊蘭	柯建銘	李慶雄	施明德	馮定國	張旭成	許添財	王世勛	陳其邁	黃爾璇
賴清德	蔡明憲	陳定南	洪奇昌	王兆釧	蔡同榮	鄭寶清	王幸男	張俊宏	陳營瞻	王拓	周雅淑
周清玉	何嘉榮	戴振耀	唐碧娥	徐志明	林國華	陳昭南	湯金全	余政道	曹啟鴻	楊秋興	張俊雄
林重謨	葉宜津	鄭朝明	林豐喜	劉俊雄	許鍾碧霞	陳忠信	李文忠	顏錦福	范巽綠	張川田	陳瓊讚
賴勁麟	巴燕達魯	翁金珠	李俊毅	彭紹瑾	陳學聖	張學舜	梁牧養	陳勝宏	周慧瑛	鍾金江	陳健治
張蔡美	楊仁福	卓榮泰	張清芳	林進春	讚	丁守中	周正之	邱太三	洪秀柱	張秀珍	王金平
陳鴻基	劉政鴻	張明雄	鍾紹和	高育仁	洪昭男	林明義	盧秀燕	林耀興	李慶安	鍾利德	楊吉雄
趙永清	韓國瑜	李正宗	廖婉汝	劉炳偉	范揚盛	游淮銀	李鳴華	陳榮盛	穆閩珠	林源山	洪玉欽
蕭金蘭	陳進寶	許啟旻	李嘉進	黃昭順	饒穎奇	呂新民	江綺雯	謝章捷	黃敏惠	吳清池	曾永權
蔡玲蘭	劉文雄	曾華德	吳克清	蕭苑瑜	楊作洲	方醫良	游月霞	潘維剛	章仁香	盧逸峰	王令麟
周五六	廖福本	廖風德	林益世	洪性榮	劉松藩	黃顯洲	宋煦光	楊文欣	許榮淑	林南生	羅福助
李全教	吳光訓	邱鏡淳	高揚昇	林宏宗	營志宏	陳傑儒	張福興	陳振雄	鄭逢時	陳明文	
陳宏昌	徐少萍	曹爾忠				侯惠仙	鄭金玲	楊瓊瓔	林國龍	林建榮	
曾振農	朱立倫	林正二				劉憲同	李顯榮	郭廷才	翁重鈞	陳根德	
鄭龍水	蔡碧珠	林春德				陳振盛	靳曾珍麗	張文儀	朱惠良	郝龍斌	
	李柱峰	李慶華					馮滬祥	賴士葆	瓦歷斯貝林	劉銓忠	
	林志嘉	黃義交					徐慶元	葉憲修		陳進丁	
	邱創良	蔡中涵						蔡豪		伍澤元	

資料來源：作者整理。

附錄表七　立法院第四屆第一會期各黨（政）團名單

民進黨（72）

巴燕達魯	李慶雄	林重謨	徐志明	許添財	黃爾璇	賴清德
王　拓	李應元	林國華	翁金珠	許榮淑	楊秋興	戴振耀
王世勛	沈富雄	林濁水	張川田	許鍾碧霞	葉宜津	鍾金江
王兆釧	卓榮泰	林豐喜	張旭成	陳其邁	葉菊蘭	簡錫堦
王幸男	周伯倫	邱太三	張秀珍	陳定南	劉俊雄	顏錦福
王雪峰	周清玉	邱垂貞	張俊宏	陳忠信	蔡同榮	蘇煥智
朱星羽	周雅淑	施明德	張俊雄	陳昭南	蔡明憲	
何嘉榮	周慧瑛	柯建銘	張清芳	陳勝宏	蔡煌瑯	
余政道	林文郎	洪奇昌	張學舜	陳景峻	鄭朝明	
李文忠	林宗男	范巽綠	曹啓鴻	彭紹瑾	鄭寶清	
李俊毅	林忠正	唐碧娥	梁牧養	湯金全	賴勁麟	

國民黨（123）

丁守中	李先仁	林炳坤	（秦慧珠）	陳明文	游月霞	趙永清	穆閩珠
方醫良	李全教	林益世	翁重鈞	陳振雄	游准銀	（劉文雄）	蕭金蘭
（王天競）	李嘉進	林國龍	高育仁	陳根德	黃木添	劉光華	蕭苑瑜
王令麟	李鳴皋	林進春	高揚昇	陳健治	黃秀孟	（劉松藩）	謝言信
王金平	（李慶安）	林源山	張文儀	陳清寶	黃昭順	劉政儒	（謝章捷）
王昱婷	李顯榮	林耀興	張明雄	陳傑儒	黃敏惠	劉炳偉	鍾利德
朱立倫	（沈智慧）	邱鏡淳	張福興	（陳朝容）	黃顯洲	劉盛良	（鍾紹和）
朱鳳芝	周五六	侯惠仙	張蔡美	陳榮勝	楊仁福	劉憲同	韓國瑜
江綺雯	周正之	洪　讀	曹爾忠	陳學聖	楊文欣	潘維剛	羅明才
何智輝	（周錫瑋）	洪玉欽	許素華	陳鴻基	楊吉雄	蔡玲蘭	關沃暖
吳光訓	林正二	洪秀柱	許登宮	陳瓊讚	楊作洲	蔡家福	饒穎奇
吳克清	林明義	洪性榮	許舒博	章仁香	楊瓊瓔	鄭永金	
吳清池	林南生	洪昭男	郭廷才	曾永權	靳曾珍麗	（鄭金玲）	
呂新民	林建榮	范揚盛	郭素春	曾振農	廖風德	鄭逢時	
宋煦光	林政則	徐中雄	郭榮振	曾華德	廖婉汝	盧秀燕	
李正宗	（林春德）	徐少萍	陳宏昌	曾蔡美佐	廖福本	盧逸峰	

新黨（11）

朱惠良	（李慶華）	張世良	馮滬祥	賴士葆	謝啓大
李炷峰	郝龍斌	馮定國	鄭龍水	營志宏	

其他或無黨（18）

瓦歷斯貝林	林宏宗	徐成焜	陳超明	（黃義交）	蔡　豪
伍澤元	林瑞圖	（徐慶元）	陳進丁	葉憲修	蔡中涵
林志嘉	（邱創良）	（陳振盛）	黃明和	劉銓忠	羅福助

資料來源：作者整理。

註：（）內委員於第三會期（2000年5月）加入親民黨

附錄表八　「全民健康保險法」有關軍人納保案之大事紀

年	月／日	軍人納保案重要事件
1993	1.8	楊敏盛委員等25人提案。（在軍人納保方面未與行政院版不同）付委。
	3.19	沈富雄委員等70人提案。（在軍人納保方面未與行政院版不同）付委。
	3.24	立法院內政及邊政、財政兩委員會聯席會第一次審查「全民健康保險法草案」。
	10.27	行政院函請立法院審議「全民健康保險法草案」；草案第十一條第一項第一款將現役軍官、士官、士兵軍校學生及軍方聘雇人員排除在加保行列之外。
	12.3	吳東昇委員等29人提案。（在軍人納保方面未與行政院版不同）付委。
	12.8	第二次聯審會繼續審查「全民健康保險法草案」。
	12.24	林正杰委員等18人提案。（在軍人納保方面未與行政院版不同）付委。
1994	3.21	第三次聯席會繼續審查「全民健康保險法草案」。
	5.26	第四次聯席會繼續審查「全民健康保險法草案」。
	5.27	陳哲男委員等41人提案。（在軍人納保方面未與行政院版不同）付委。
	6.23	第五次聯席會繼續審查「全民健康保險法草案」。僅43個條文有共識，決議併同保留條文送院會審查。
	7.12	立法院第二屆第三會期第三十六次院會進行二讀。
	7.16	於凌晨五時十分開始討論第十二條有關強制加保規定，表決失敗，變成自願加保。
	7.19	完成「全民健康保險法」三讀，咨請總統公布。
	8.9	總統公布。
	9.16	廖福本委員等27人提出「全民健康保險法第十一條之一，第六十九條之一及第八十七條條文修正草案」建請院會列討論事項第一案逕付二讀。當天完成三讀程序，健保改回原行政院版之強制納保規定。
	10.3	總統公布。

附錄表八　「全民健康保險法」有關軍人納保案之大事紀　（續）

年	月／日	軍人納保案重要事件
1995	3.1	健保開辦。
	3.14	國防部之青年日報社刊出：軍人不納入全民健保，國防部考量四項因素一文。
1996	10	國防部再次發布「促進官兵醫療保健說帖」。
1997	12.31	國防部令頒「國軍官兵（含編制內聘雇人員）至健保特約基層診所就診補助作業規定」。
1998	7.1	一卡三格正式實施。
	7.10	上項服務擴及中醫與藥事服務機構。
1999	1.13	劉盛良委員提軍人納保附帶決議（1999 年度中央政府總預算案審查時）。
	5.31	政黨協商決議：於2001 年 1 月 1 日正式將軍人納入健保體系。
2000	5.12	行政院版健保法修正草案，首次將軍人納保條文列入修正並撤回1999 年 4 月 19 日版；惟本案從未付委，直到2001 年 4 月 3 日被撤案。
2001	1.4	張蔡美委員等42 人提出「全民健康保險法部分條文修正案」即軍人納保案，逕付二讀，完成三讀修正。
	1.30	總統公布。（2 月 1 日生效）。

資料來源：作者整理。

附錄表九　「兩性工作平等法」相關大事紀

年	月／日	「兩性工作平等法」重要事件
1985		十信女職員於工作前，須預立：「結婚願意辭職」承諾書。
1987		國父紀念館強迫年屆30或懷孕之女性服務員離職。
1990	3.13	吳德美委員等28人提出「男女僱用機會均等法草案」付委。
	4.27	趙少康委員等39人提出「男女工作平等法草案」付委。
1991	10.19	內政、司法兩委員會第一次聯席審查「男女工作平等法草案」。
1992	1.11	第二次聯席會以公聽會方式邀請產、官、學界對話。
1993	6.10	第三次聯席會通過草案名稱：「男女工作平等法」及第一章章名。
1994	5	行政院勞工委員會將「男女工作平等法草案」報請行政院審查。
1995	2.21	李進勇委員等24人提出「兩性工作平等法草案」付委。
	3.16	趙綉娃委員等27人提出「兩性工作平等法草案」付委。
	12.14	蔡同榮委員等56人提出「工作平等法草案」付委。
1998	3.16	第四次聯席會繼續審查（僅詢答，不逐條、不大體討論）。
	一	婦女團體以國會助理為對象舉辦「男女工作平等法草案」研討會。
	10.1	王雪峰委員等19人提出「兩性工作平等法草案」付委。
	10.7	第五次聯席會，通過了第一條條文。
1999	3.13	葉菊蘭委員等42人提出「男女工作平等法草案」付委。
	3.20	王雪峰委員等32人提出「兩性工作平等法草案」付委。
	4.3	行政院函請審議「兩性工作平等法草案」付委（3月4日行政院會通過「男女工作平等法草案」；3月11日再修正通過「兩性工作平等法草案」）。
	5.31	第四屆第一會期內政、司法、衛環三委員會第一次聯席審查「男女工作平等法草案」。
	6.8	朱鳳芝委員等34人提出「兩性工作平等法草案」付委。

附錄表九　「兩性工作平等法」相關大事紀（續）

年	月／日	「兩性工作平等法」重要事件
	6.14	第二次聯席會審查，無異議通過逕送院會協商與二讀。
	年底	新黨黨團負責協商，謝啓大委員負責召集。（組成六人專案小組）
2001	5.31	協商結論提出。（惟謝委員認知是6月5日）。
	12.6	院會二讀「兩性工作平等法草案」；行政院、勞委會、健保局官員衝突；民進黨團提出復議。
	12.18	立委質詢勞委會主委有關育嬰假期間雇主應負之保費出處？
	12.21	院會完成「兩性工作平等法」三讀，並做出附帶決議；另明訂實施時間為2002年3月8日。
2002	1.16	總統公告。
	3.8	正式實施。（婦女權益發展基金會補助受僱者之雇主於受僱者請育嬰假期間應負擔之保費。）
2003	1.1	公部門於員工請育嬰假期間應負擔之保費，開始由各單位編列預算支應。

資料來源：作者整理。

附錄表十　立法院第五屆第一會期各委員會召集委員暨委員名單

衛生環境及社會福利	預算及決算	內政及民族	經濟及能源	司法	外交及僑務	科技及資訊	國防	財政	教育及文化	交通	法制
張蔡美	張學舜	章孝嚴	邱垂貞	尤清	張旭成	邱鏡淳	游月霞	朱星羽	曹啓鴻	鍾紹和	林鴻池
趙永清	何智輝	馮定國	朱鳳芝	林進春	孫國華	陳唐山	顧崇廉	蔡正元	穆閩珠	蔡煌瑯	黃昭順
周清玉	林國華	葉宜津	周錫瑋	沈智慧	陳文茜	林志隆	陳忠信	劉億如	羅志明	陳根德	吳東昇
賴勁麟	柯建銘	陳其邁	林豐喜	陳勝宏	蕭美琴	劉世芳	周慧瑛	佘政道	林岱樺	卓榮泰	陳金德
侯水盛	陳道明	張清芳	李俊毅	陳宗義	掌政成	邱彰	湯火聖	林重謨	羅文嘉	王幸男	段宜康
林進興	蘇治芬	邱創進	唐碧娥	何金松	陳宏昌	謝明源	郭榮宗	邱太三	杜文卿	陳景峻	王金平
李鎮楠	鄭貴蓮	藍美津	周雅淑	劉俊雄	饒穎奇	陳朝龍	李文忠	張花冠	王淑慧	魏明谷	黃德福
簡肇棟	盧博基	邱議瑩	高志鵬	羅明才	陳朝龍	郭俊銘	廖婉汝	江昭儀	彭添富	蔡啓芳	許榮淑
林育生	劉政鴻	蔡家福	洪奇昌	陳健治	蔡同榮	郭永仁	洪昭男	陳茂男	李明憲	顏錦福	蔡中涵
蔡鈴蘭	鄭朝明	陳學聖	許舒博	曾永權	江丙坤	郭俊銘	關沃暖	鄭逢時	洪秀柱	吳敦義	呂學樟
徐中雄	林益世	曾蔡美佐	李顯榮	徐志明	劉松藩	張秀珍	林南生	楊文欣	江綺雯	呂新民	王拓
賴清德	李全教	林柄坤	章仁香	陳進興	楊富美	黃敏惠	陳健民	楊瓊瓔	郭添財	廖風德	
徐少萍	盧秀燕	周伯倫	李雅景	蘇盈貴	孫大千	王鍾渝	高仲源	李嘉進	羅世雄	紀國棟	
楊麗環	李和順	張昌財	陳忠信		王政中	王塗婷	梁牧養	沈富雄	陳麗惠	卓伯源	
廖國棟	楊仁福	侯彩鳳	鄭余鎮		湯金全	黃健庭	林郁方	劉銓忠	李慶安	張川田	
高明見	謝章捷	李慶華	邱毅			陳進丁	趙良燕	王雪峰	鄭志龍	劉文雄	
鄭三元	李桐豪	鍾榮吉	陳劍松			徐耀昌	何敏豪	殷乃平	謝鈞惠	林正二	
林惠官	傅崑萁	張俊宏	柯淑敏			李永萍		陳志彬	林春德	鄭金玲	
黃義交	林德福	曹原彰	黃宗源			林政義		鄭美蘭	程振隆	李鴻鈞	
廖本煙	錢林慧君	陳建銘	高孟定			龐建國		許登宮	鄭國忠	黃政哲	
瓦歷斯貝林	邱創良	顏清標				許淵國		蔡豪	高金素梅	吳成典	
						郭正亮					

資料來源：作者整理。

附錄表十一　立法院第五屆第一會期各黨（政）團名單

民進黨 （89）	尤　清	李鎮楠	林進興	洪奇昌	梁牧養	陳勝宏	蔡啓芳	藍美津
	王　拓	杜文卿	林濁水	唐碧娥	許榮淑	陳景峻	蔡煌瑯	顏錦福
	王幸男	沈富雄	林豐喜	徐志明	郭正亮	陳朝龍	鄭余鎮	魏明谷
	王淑慧	卓榮泰	邱　彰	高志鵬	郭玟成	陳道明	鄭國忠	羅文嘉
	王雪峰	周伯倫	邱太三	張川田	郭俊銘	彭添富	鄭朝明	蘇治芬
	朱星羽	周清玉	邱永仁	張旭成	郭榮宗	湯火聖	鄭貴蓮	
	江昭儀	周雅淑	邱垂貞	張秀珍	陳其邁	湯金全	盧博基	
	何金松	周慧瑛	邱創進	張花冠	陳宗義	葉宜津	蕭美琴	
	余政道	林育生	邱議瑩	張俊宏	陳忠信	趙永清	賴勁麟	
	李文忠	林岱樺	侯水盛	張清芳	陳金德	劉世芳	賴清德	
	李明憲	林重謨	柯建銘	張學舜	陳茂男	劉俊雄	謝明源	
	李俊毅	林國華	段宜康	曹啓鴻	陳唐山	蔡同榮	簡肇棟	
國民黨 （70）	王金平	李全教	林進春	高仲源	陳健民	曾蔡美佐	楊麗環	蔡鈴蘭
	王昱婷	李和順	邱鏡淳	高育仁	陳健治	游月霞	廖風德	鄭逢時
	王鍾渝	李雅景	侯彩鳳	張昌財	陳進丁	黃昭順	廖國棟	盧秀燕
	朱鳳芝	李嘉進	洪秀柱	張蔡美	陳學聖	黃健庭	廖婉汝	穆閩珠
	江丙坤	李顯榮	洪昭男	許舒博	陳麗惠	黃敏惠	劉松藩	羅世雄
	江綺雯	卓伯源	紀國棟	郭添財	章仁香	黃德福	劉政鴻	羅明才
	何智輝	林南生	孫國華	陳　杰	章孝嚴	楊仁福	劉銓忠	關沃暖
	吳敦義	林炳坤	徐中雄	陳宏昌	曾永權	楊文欣	蔡正元	饒穎奇
	呂新民	林益世	徐少萍	陳根德	曾華德	楊瓊瓔	蔡家福	
親民黨 （46）	呂學樟	沈智慧	林惠官	殷乃平	陳志彬	黃義交	鄭三元	鍾紹和
	李永萍	周錫瑋	林德福	秦慧珠	陳進興	楊富美	鄭志龍	鍾榮吉
	李桐豪	林正二	邱　毅	高明見	陳劍松	趙良燕	鄭金玲	龐建國
	李慶安	林政義	柯淑敏	曹原彰	傅崑萁	劉文雄	鄭美蘭	顧崇廉
	李慶華	林春德	孫大千	許淵國	湯金全	劉憶如	謝章捷	
	李鴻鈞	林郁方	徐耀昌	陳文茜	馮定國	蔡中涵	謝鈞惠	
台聯黨 （13）	王政中	吳東昇	許登宮	程振隆	黃政哲	錢林慧君	蘇盈貴	
	何敏豪	林志隆	陳建銘	黃宗源	廖本煙	羅志明		
其他或 無黨（7）	顏清標	高孟定	蔡　豪	邱創良	高金素梅	吳成典	瓦歷斯貝林	

資料來源：作者整理。

附錄表十二　　「全民健康保險法」有關「擴大費基案」之大事紀

年	月／日	擴大費基案重要事件
1998		曾交付朝野協商，因當時某在野黨委員之杯葛致功敗垂成。
1999	6.22	行政院函請審議五口變三口及公、教擴大費基案等，惟除公教擴大費基案外，經四次協商其他條文均完成三讀；7月15日公布實施。
2002	3.1	張蔡美委員等33人提出「全民健康保險法部分條文修正草案」付委。
		龐建國委員等40人提出「全民健康保險法部分條文修正草案」付委。
	3.14	行政院函請立法院審議「全民健康保險法部分條文修正草案」付委。
		沈智慧委員等60人提出「全民健康保險法第三十一條條文修正草案」付委。
	3.26	健保局拜會親民黨團。
	3.27	健保局拜會國民黨團。
	3.29	張蔡美委員等51人提出「全民健康保險法第五十五條條文修正草案」付委。
		陳道明委員等36人提出「全民健康保險法第三十二條條文修正草案」付委。
	3.29	健保局拜會台聯黨團。
	4.1	健保局拜會民進黨團。
	4.8	立法院第五屆第一會期衛生環境及社會福利委員會併案審查「全民健康保險法部分條文修正草案」案。
	4.15	繼續審查「全民健康保險法部分條文修正草案」案。審查完竣提報院會，並決議院會討論本案前不須再交朝野協商。
	4.22	衛生署發布相關新聞稿，澄清有關第二、三、六類皆將調漲保費之傳言。
	4.25	院會討論第九案「全民健康保險法部分條文修正案」；傅崑萁委員等24人提案，要求將本案交付黨團協商。

附錄表十二 「全民健康保險法」有關「擴大費基案」之大事紀（續）

年	月／日	擴大費基案重要事件
	5.2	第一次政黨協商，無結論。
	5.10	第二次政黨協商，因故取消。
	5.30	第三次政黨協商，初步達成共識；惟最後協商仍破局。
	6.11	列院會討論事項第六案，因政黨協商未完成，故另定期討論。
	6.14	取得署長同意，張蔡美委員急電人在歐洲的林惠官委員告知訊息。
	6.17	完成政黨協商簽字；確定健保法第二十三條回復原條文不予修正。
	6.20	「全民健康保險法」完成修法三讀程序。健保局增加約110億元之年保費收入。

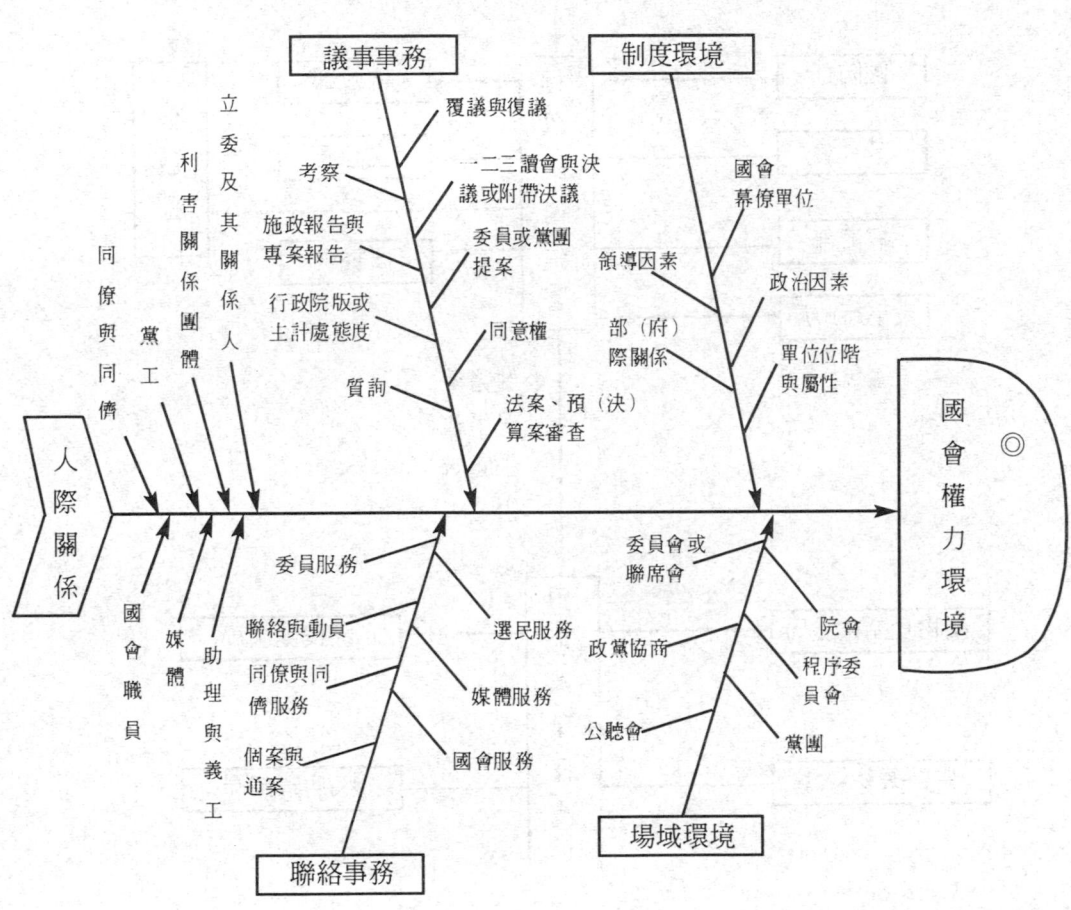

附錄圖一　國會運作地圖（魚骨圖）

資料來源：作者自繪。

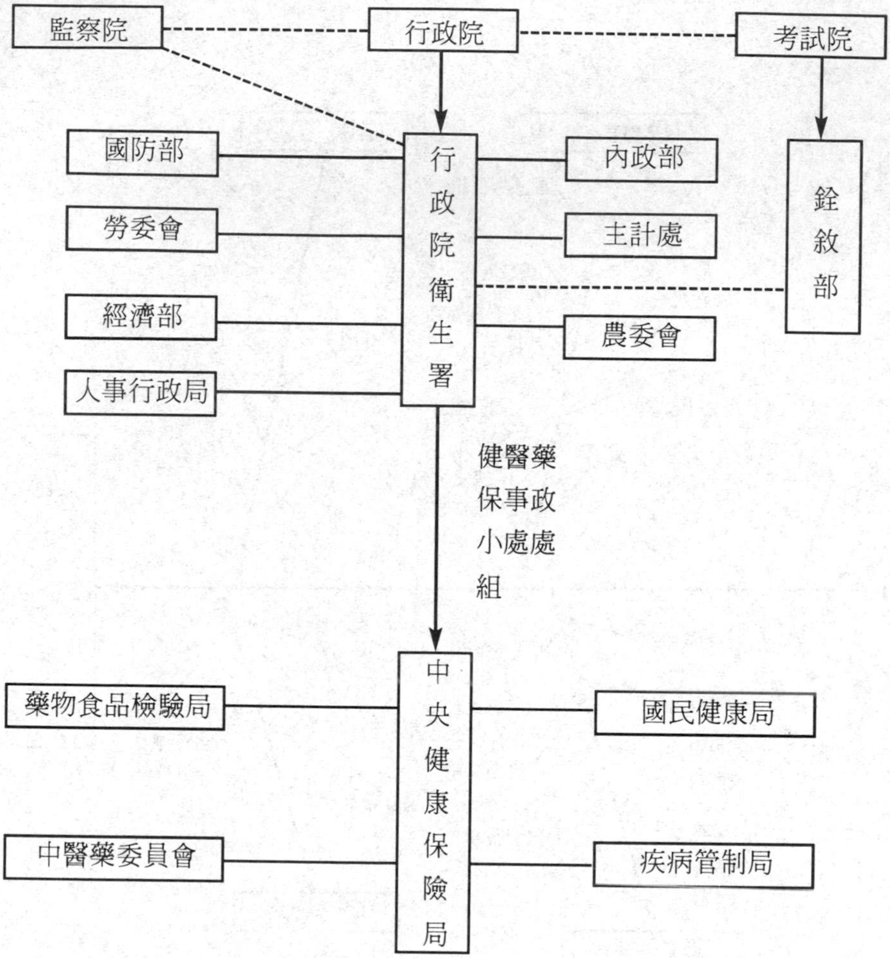

監察院 ----- 行政院 ----- 考試院

國防部 — 行政院衛生署 — 內政部

勞委會 — 主計處

銓敘部

經濟部 — 農委會

人事行政局

健醫藥
保事政
小處處
組

藥物食品檢驗局 — 中央健康保險局 — 國民健康局

中醫藥委員會 — 疾病管制局

附錄圖二　中央健保局之部分部（府）際、院際關係圖

資料來源：作者整理。

決勝廟堂——行政在國會合與戰的真相

作　　者／劉省作
出 版 者／揚智文化事業股份有限公司
發 行 人／葉忠賢
總 編 輯／閻富萍
地　　址／台北縣深坑鄉北深路三段 260 號 8 樓
電　　話／(02)8662-6826　8662-6810
傳　　真／(02)2664-7633
　E-mail ／service@ycrc.com.tw
印　　刷／鼎易印刷事業股份有限公司
　I S B N ／978-957-818-882-2
初版一刷／2005 年 1 月
二版一刷／2008 年 8 月
定　　價／新台幣 350 元

國家圖書館出版品預行編目資料

決勝廟堂：行政在國會合與戰的真相 / 劉省
作著. -- 二版. -- 臺北縣深坑鄉：揚智文化，
2008.08
面； 公分
參考書目：面

ISBN 978-957-818-882-2（精裝）

1.國會

573.65   97013396